U0854364

本书是以下项目的研究成果：

2017 年广东省本科高校教学质量与教学改革工程立项建设项目

——特色专业“汉语国际教育”（粤教高函［2017］214 号）

2012 年度国家社会科学基金项目

“汉语释义元词符集的研制与外向型学习词典的编纂”（12BYY100）

本书出版得到以下经费的资助：

广东海洋大学中国语言文学校级重点学科经费

广东海洋大学文科类学科建设专项扶持经费

广东海洋大学学术著作出版基金

海雅文丛

汉语学习词典多维研究

HANYU XUEXI CIDIAN DUOWEI YANJIU

安华林　刘娅琼　安　妮　李玉晶　编著

暨南大學出版社
JINAN UNIVERSITY PRESS

中国·广州

图书在版编目（CIP）数据

汉语学习词典多维研究／安华林，刘娅琼，安妮，李玉晶编著. —广州：暨南大学出版社，2020.6

（海雅文丛）

ISBN 978－7－5668－2812－5

Ⅰ.①汉… Ⅱ.①安…②刘…③安…④李… Ⅲ.①汉语—对外汉语教学—词典—研究 Ⅳ.①H195－61

中国版本图书馆CIP数据核字（2019）第276690号

汉语学习词典多维研究

HANYU XUEXI CIDIAN DUOWEI YANJIU

编著者：安华林　刘娅琼　安妮　李玉晶

出 版 人：张晋升
项目统筹：杜小陆　潘雅琴
责任编辑：潘江曼　傅　迪
责任校对：刘舜怡　陈俞潼
责任印制：汤慧君　周一丹

出版发行：暨南大学出版社（510630）
电　　话：总编室（8620）85221601
营销部（8620）85225284　85228291　85228292　85226712
传　　真：（8620）85221583（办公室）　85223774（营销部）
网　　址：http://www.jnupress.com
排　　版：广州良弓广告有限公司
印　　刷：佛山市浩文彩色印刷有限公司
开　　本：787mm×1092mm　1/16
印　　张：18.75
字　　数：330千
版　　次：2020年6月第1版
印　　次：2020年6月第1次
定　　价：69.80元

（暨大版图书如有印装质量问题，请与出版社总编室联系调换）

前　言

广义的学习词典既包括为二语或外语学习者而编纂的词典，也包括为母语学习者而编纂的词典。为二语或外语学习者而编纂的学习词典是外向型学习词典，又称“pedagogical dictionary”（教学词典）；为母语学习者而编纂的学习词典是内向型学习词典，又称“school dictionary”或“student's dictionary”（学生词典）。狭义的学习词典只指外向型学习词典。一般所说的学习词典多指外向型学习词典。

无论内向型学习词典还是外向型学习词典，均脱胎于普通语文词典。国外外向型学习词典的编纂始于20世纪二三十年代，随着英语教育在世界范围内的广泛传播而逐渐成为独立的词典品类，以外向型英语学习词典的编纂为最早，也最成熟。代表性的词典有：《牛津高阶英语学习词典》（*Oxford Advanced Learner's Dictionary*，1948）、《朗文当代高级英语辞典》（*Longman Advanced Dictionary of Contemporary English*，1978）、《柯林斯COBUILD高阶英语词典》（*Collins COBUILD English Dictionary for Advanced Learners*，1987）、《剑桥高阶英语词典》（*Cambridge Advanced Learner's Dictionary*，1995）、《麦克米伦高阶英语词典》（*Macmillan English Dictionary for Advanced Learners*，2002），它们合称“五大英语学习词典”，代表了全球学习词典编纂的最高水平，已经形成多元而成熟的编纂范式。

伴随着学习词典编纂实践的进展，国外学习词典的研究也日益发达。得益于语言学和信息技术的发展，国外学习词典的研究视角越来越宽，研究领域越来越广，涉及了学习词典的历史发展、释义模式、编纂技术、用户研究等方面，涵盖了隐喻概念、认知模式、语义框架、原型理论、二语习得、心理构式、中介语理论、语料库技术等多方面的理论和技术。

外向型汉语学习词典的编纂萌芽于明清时期。当时一些外国传教士为了便于在华传教，着手编纂一些外汉双语学习词典，如明代由罗明坚、利玛窦合编的《葡汉辞典》是世界上最早的葡汉辞典。1976年，北京语言学院首次编印了供外国人学习汉语使用的《汉英小词典》《汉法小词典》。1980年，著名语言学家吕叔湘主编的《现代汉语八百词》是第一部主要供母语非汉语的人士学习汉语使用的现代汉语用法词典。20世纪90年代以后，无论数量还是品种，汉语学习词典的编纂都呈现爆发的态势，出现一批有一定影响的成果，如孙全洲的《现代汉语学习词典》（1995），李忆民的《现代汉语常用词用法词典》（1995），李晓琪的《汉语常用词用法词典》（1997），徐玉敏的《当代汉语学习词典》（2005），鲁健骥、吕文华的《商务馆学汉语词典》（2006）等。不过，从总体上看，外向型汉语学习词典还不够成熟，表现为：类型特征尚不显豁，编纂范式尚未定型，编纂技术比较落后，品牌意识尚待加强，等等。

在研究方面，汉语学习词典取得了一定的成绩，出现了一批较有分量的论文和专著，研究队伍不断壮大，尤其可喜的是，不少高校的硕士或博士生撰写学位论文时以外向型汉语学习词典为选题，说明这项研究后继有人。但与国外发达水平相比，差距十分明显，比如：理论研究滞后于编纂实践，对编纂没有起到切实的指导作用；没有形成一套完善的理论、方法和研究范式，学科仍不成熟；“大家”不多，大师级人物更少；学术流派尚未形成，等等。

鉴于上述，我们编著了这本小书，旨在较为全面地梳理学习词典的编纂与研究成果，以期对提高汉语学习词典的编纂和研究水平有所助益。

本书共5章22节，紧紧围绕“汉语学习词典”这个中心题旨，研究范围涵盖汉语语文词典、汉语学习词典和英语学习词典，方法或视角兼顾宏观和微观、个别和综合、历时和共时、理论和技术、比较和实证等，所以取名为“汉语学习词典多维研究”。

我们将全书内容分为5个板块（即5章）：“第一章　汉语语文辞书研究”分4节，选取《新华字典》和《现代汉语词典》两部有代表性的普通语文辞书为研究对象，探讨释义、修订等问题。普通语文辞书是学习词典的母体，研究前者，利于看清学习词典的继承和创新现状。“第二章　英语学习词典研究”分7节，在综述性研究的基础上，着重研究英国的五大英语学习词典以及美国的《韦氏高阶英语词典》，意在借英语学习词典这块“石”，攻汉语学习词典这块“玉”。“第三章　汉语学习词典研究”分6节，既有综述性研究，也有对某部词典的具体研究（如对《现代汉语八百词》语块的研究），还有对新型学习词典编纂操作层面的探讨，更多的是对外向型汉语学习词典的代表性成果《商务馆学汉语词典》与不同类型词典的比较研究以及具体问题的讨论。该章是汉语学习词典研究的主体，既是立足点，也是归宿。“第四章　汉语释义元词符研究”分3节，是对汉语释义元词符界定与应用的研究，是汉语学习词典研究的深度延伸。元词符是释义的工具，如果工具本身不明确，释义就会不清晰，因此必须对释义元词符进行界定，而“应用”是最终目的所在。“第五章 学习词典实证研究”分2节，是对汉语学习词典和双语学习词典使用情况的调查研究。词典使用或用户研究是编纂词典的重要参照。总之，5个板块都围绕汉语学习词典这个主题，尽可能地进行多角度、全方位的探讨。

本书由安华林（广东海洋大学文学与新闻传播学院）、刘娅琼（上海海事大学国际教育学院）、安妮（广东海洋大学文学与新闻传播学院）和李玉晶（广东海洋大学文学与新闻传播学院）四人共同编辑完成。具体分工是，安华林负责确定选题、构建框架、拟制体例、协调分工等，李玉晶负责审改一稿，刘娅琼负责审改二稿，安妮负责审改三稿，并做了修图、校对、统一格式等大量工作，最后由安华林审改定稿。

在写作过程中，我们参考了大量的文献资料，在此对所有作者表示感谢。为了方便阅读，我们将注释和文献一并用脚注形式放在当页，文后不再附列参考文献。

感谢广东海洋大学和广东海洋大学文学与新闻传播学院为本书提供出版资助。

感谢暨南大学出版社愿意出版此书。感谢为此书出版付出辛劳的负责策划、编辑、校对、美工、印刷等工作的所有人员，敬佩他们兢兢业业、一丝不苟的精神。

人生有尽时，探索无穷期。我们深知，这些研究还是初步的，甚至是稚拙的，恳请方家批评指正。

编 者

写于2020年5月16日

目　录

第一章 汉语语文辞书研究

第一节 《新华字典》"形容"类释义格式的调查与分析[①]

《新华字典》是中华人民共和国成立以来影响最大的汉语字典，在语文辞书中具有代表性。选取它作为研究对象，一定程度上可以说明一些问题。本节以《新华字典》第10版[②]（本节内以下简称《新华10》，直接引用仍依原文）为研究对象，对其"形容"类释义格式进行穷尽性的调查与统计，并对相关情况做出分析，以此观察汉语语文辞书某些释义元句法的使用状况。

"形容"类释义格式指释义时使用显性标记"形容……""……的样子""形容……的样子"的语句格式。它们很多时候可以互相替换，所以合在一起讨论，统称"'形容'类释义格式"。为称呼方便，这三种格式以下分别叫作A式、B式和C式。例如：

> **崚** léng líng（又）［崚嶒］（—céng）形容[③]山高。（第284页[④]）
>
> **嶔** qīn［嶔崟］（—yín）山高的样子。（第398页）
>
> **岌** jí［岌岌］1. 形容山高。（第208页）
>
> **亭** tíng［亭亭］1. 形容高耸。（第482页）
>
> **硊** ㊀wéi［硊硊］形容很高的样子。（第500页）

比较同类情况最能说明问题。以上五例都有"高"的意思，却用了三

---

① 此节由安华林撰写，曾以"《新华字典》'形容'类释义格式的调查与分析——兼谈语文辞书释义元句法研究"为题发表于《辞书研究》2011年第1期。此处有改动。

② 中国社会科学院语言研究所．新华字典［Z］．10版．北京：商务印书馆，2004.

③ 方框为笔者所加，是为了突出说明的内容。本节中下同。

④ 若不特别指明，本节的页码均指《新华10》中的页码。

种不同的格式。“峻嶒”和“嵚崟”都是叠韵联绵词，都是“山高”的意思，释义格式却分别用了A式和B式；“岌岌”“亭亭”“硙硙”都是叠音词，释义格式却分别用了A式和C式。而且，任何一种格式都可以换用其他两种，如“峻嶒”条，说成B式“山高的样子”和C式“形容山高的样子”一点儿问题都没有。因此，我们认为这三种格式有相似的功能。

需要说明的是，不是所有带“形容……”“……的样子”“形容……的样子”字眼的释义语句都是“形容”类格式，有些不是。例如：

> **夸** kuā ❶…… ［夸张］2. 一种修辞手法，用夸大的词句来形容事物。（第267页）
>
> **式** shì ❶物体外形的样子：新~.（第442页）
>
> **靦** ㊁tiǎn ❷〈古〉形容人脸的样子：~然人面.（第479页）

鉴别的方法是，看“形容”类字眼能不能去掉，如果去掉后语句不通或违背原义，则不是，反之则是。“夸”条去掉“形容”话就不通了，“式”条去掉“的样子”、“靦”条去掉“形容”和“的样子”，与原义大相径庭。而前面所举的“形容山高”等，说“山高”仍通，加“形容”类说法，只是增强了“摹状”的意味。也就是说，这里的“形容”类格式只是释义习用的显性标记。

一、“形容”类释义格式的统计与分析

事先需要交代以下两点：

首先，本研究按义项统计，而不按字头或词目统计。例如：“［岌岌］1. 形容山高。2. 形容危险。”计作“形容”类格式使用2次。所以下文的数据都是“形容”类格式使用的次数，而不是被释字头和词目的数量。比如表1－1中“A式”“单音节”“31”表示A式用于解释单音节字词有31次。因为有少量多义字头、词目的释义使用了不止一次“形容”类格式，所以字头、词目的数量要略少一些。

其次，特殊情况特殊处理。如“伶”字头下列了“伶俜”（第301页），“俜”字头下也列了“伶俜”（第376页），释义都是“形容孤独”，只计作使用A式1次。再如“趾高气扬”，在“扬”字头下解释为“骄傲的样子”（第555页），在“趾”字头下解释为“得意忘形的样子”（第625页），计作使用B式2次，因为释义不同。《新华10》全部使用“形容”类释义格式只有这两例特殊情况。

经统计，《新华10》全部义项用“形容”类释义格式A式117条，B

式 113 条，C 式 11 条，共计 241 条。A 式和 B 式属强势格式，数量上大体相当，两式约占总量的 95.44%，C 式属弱势格式。

为了摸清三种格式的具体分布，以下分别按被释字词的音节数、双音节被释词语的小类、被释字词的词类进行统计。被释字词音节数的统计如表1－1所示。

表 1－1　“形容”类释义格式在被释字词音节数上的分布

	单音节	双音节	多音节	合计
A 式	31	75	11	117
B 式	30	78	5	113
C 式	0	9	2	11
合计	61	162	18	241

说明：根据《新华 10 · 凡例》，凡“（叠）”注在释义前的计为双音词目，注在释义后的计为单音字头。

由表 1－1 可知，“形容”类释义格式大多数用来解释双音节词语，共计 162 条，约占总数的 67.22%，三种格式都用，C 式用得较少。用来解释单音节字头的次数也不算少，共计 61 条，约占总数的 25.31%，没有出现 C 式。如果把“（叠）”注在释义后的情况也算作双音词的话，那么用于单音字头的数量会减少，用于双音词目的数量则会增加。“形容”类释义格式不大用于解释多音节词语，共计 18 条，只占总数的 7.47%，而且绝大多数都是四音节词语，如“举案齐眉、姹紫嫣红、成年累月、轰轰烈烈、疾言厉色、蹑手蹑脚、哩哩啦啦”等，只有 1 个“假惺惺”是三音节词语。其中不少是作为例证①出现的，用括注方式再进行解释，如“举案齐眉、姹紫嫣红”。

出现上述情况的原因是，《新华字典》毕竟是“字典”，以收单字为主，“收单字（包括繁体字、异体字）10 000 余个”（见第 9 版修订说明），酌收一部分复音词，复音词中又以双音词为主，只有数量极少的三音节以上的多音节词语。第 9 版修订说明交代，收了“带注解的复音词 3 500 余个”。金欣欣说过：“《新华字典》第 10 版增加了一批新的复音词、

① 词典中每个字头或词目释义后所举的例子有“例证”“配例”“用例”“示例”等不同说法，本书一般称为“例证”，但引用从原文。下同不赘。

义项、例证和少量字头，删了少量词条和部分例证。”[①]据此推测，《新华10》增删调整后所收复音词的总量有所增加，在4 000条左右。虽然单字在量上占绝对优势，但单字不便于凸显描摹功能，因此就出现了表1－1“形容”类释义格式大多数用于解释双音词的情况。“形容”类释义格式用来解释单字的情况尽管不少，但不占优势，“形容……的样子”甚至一次都没出现。“形容”类释义格式倾向于用来解释双音词，这是表1－1给我们的最大启示。

下面专门调查“形容”类释义格式用于解释双音词的情况。为了便于更细致地观察“形容”类释义格式的分布，我们把双音词分为联绵词、重言词和合成词三个小类。联绵词是两个音节不同的单纯词，如“璀璨、叆叇、矍铄”。重言词是两个音节相同（写出来字形相同）的双音词，绝大多数是叠音式单纯词，如“彬彬、眈眈、栩栩”，《新华10》不解释单字，而作为词目整体予以解释；小部分是重叠式合成词，如“累累”“戚戚”，《新华10》把它们放在相关的义项之下。本节不作严格区分，合在一起统计，因为它们形式相同，功能类似。合成词主要是复合词，如“跋涉”“捧腹”，以及带后缀“然”“尔”的附加式合成词，如“黯然、勃然、粲然、斐然、莞尔”，不包括重叠式合成词（放在重言词内）。统计如表1－2所示。

表1－2　“形容”类释义格式在双音词上的分布

	联绵词	重言词	合成词	合计
A式	28	40	7	75
B式	31	38	9	78
C式	2	7	0	9
合计	61	85	16	162

说明：“（叠）”注在释义前的计为重言词，否则不计入双音词。

由表1－2可知，“形容”类释义格式主要用于对联绵词和重言词的解释，两项合计146条，占总数的90%以上。其中对重言词的释义使用得更多，占了一半多一点儿。而对合成词的释义使用得很少，只占十分之一左右。这些合成词分别是：跋涉、恩爱、蔓延、捧腹、够戗、咋舌、浊世

① 金欣欣．关于《新华字典》第10版的修订［J］．中州大学学报，2005（1）：56.

（以上用“形容……”释义），黯然、勃然、粲然、斐然、蘧（qú）然、莞尔、焕发、寒酸（以上用“……的样子”释义，“勃然”用了2次）。可见，复合词倾向于用A式，带后缀“然”“尔”的派生词倾向于用B式，都不用C式。

出现上述情况的原因是，语言是反映客观事物的，但这种反映往往是不具体的，因为客观事物具有丰富可感的形体、性状、动态和声音形象，联绵词和重言词（包括一部分拟声词）就是为了增强语言的形象性、可感性而产生的，具有“摹状性”功能，“×然”“×尔”之类的词语同样具有这样的功能。辞书在释义时为了凸显词语的这种功能，就会选择“形容”类格式。

再看“形容”类释义格式在不同词类上的分布，如表1－3所示。需要交代一下，单字头、固定语根据释义和用法确定相当的词类，如“姣”按形容词对待，“举案齐眉”按动词对待，“姹紫嫣红”按形容词对待，等等。

表1－3　“形容”类释义格式在不同词类上的分布

	名词	动词	形容词	拟声词	合计
A式	3	11	79	24	117
B式	1	6	106	0	113
C式	0	0	11	0	11
合计	4	17	196	24	241

由表1－3可见，“形容”类释义格式在不同词类上的分布有以下几个特点：①绝大多数用于对形容词性词语的解释，约占总数的81.33%。这与人们的心理预期是一致的，因为“形容”类释义格式的功能与形容词的描写性是契合的。②对拟声词的解释使用得也不少，因为拟声词是对声音的描摹，与“形容”类释义格式的功能有相通之处。但分布不均衡，只使用A式。③不大能用于对名词的释义。④三种格式中A式的功能最为强大，可以用于四个词类的解释，C式功能最为单一，只用于形容词性词语的解释。⑤只用于名词、动词、形容词、拟声词，不见于其他词类。

通过以上对《新华10》“形容”类释义格式的调查与统计，可以得到这样几点认识：

第一，“形容”类格式主要用来解释双音词、重言词、联绵词、形容词，单音词、拟声词也占有一定的比例。使用这类格式的目的是凸显被释字词的“摹状性”功能。

第二，三种格式中，A 式分布最为普遍，功能最强，可以用来解释被调查的各类词语；B 式次之；C 式分布有限，功能最弱。比如，C 式不用来解释单音词、合成词以及名词、动词和拟声词；B 式不用来解释拟声词。对拟声词的解释如果要用“形容”类格式，只用 A 式。

第三，对单音词和双音词的解释，A 式合计使用 106 次，B 式合计使用 108 次；对联绵词和重言词的解释，A 式合计使用 68 次，B 式合计使用 69 次。A、B 两式数量惊人的相近，说明《新华 10》在解释这些类别的词语时，两种格式随意选用，没有对不同格式加以功能区分。

二、“形容”类释义格式的实例调查与分析

实例 1：

姣 jiāo 形容 相貌美。（第 226 页）

皤 pó 形容 白色：白发～然．（第 379 页）

幽 yōu ❶ 形容 地方很僻静、光线暗：～谷．～林．～室．（第 580 页）

粲 càn 鲜明 的样子 。（第 42 页）

颢 hào 白 的样子 。（第 179 页）

霈 pèi ❷雨多 的样子 。（第 367 页）

［评析］本组同为单音节形容词性字头，释义却用了 A 式和 B 式两种不同的格式。最能说明问题的是“皤”和“颢”。两字都有白的意思，既然“皤”解释为“形容白色”，“颢”也可以这样解释；既然“颢”解释为“白的样子”，“皤”也可以这样解释。再比较几个有“白”义的字：

皑 ái 白（叠）：～～白雪．（第 3 页）
皎 jiǎo 洁白明亮（叠）：～～白驹．～洁的月亮．（第 228 页）
皙 xī 人的皮肤白：白～．（第 513 页）

同样都有“白”的意思，《新华 10》却使用了三种格式：直释式（直接释义，不用标记词，如“皑、皎、皙”）、A 式（如“皤”）、B 式（如“颢”）。不是不能使用不同的格式，而是要考虑通过不同格式想显示它们之间有什么区别。如果没有区别而使用不同的释义格式，则是体例不统一。

实例2：

瀌 biāo［瀌瀌］形容雨雪大。（第30页）

雰 fēn……［雰雰］形容霜雪很盛的样子。（第129页）

岌 jí……［岌岌］1. 形容山高。2. 形容危险：～～可危．（第208页）

硊 ㊀wéi［硊硊］形容很高的样子。（第500页）

澹 ㊀dàn ❶（叠）水波起伏的样子。（第85页）

湝 jiē（叠）形容水流动的样子：淮水～～．（第230页）

［评析］本组同为重言词，却用了A式、B式、C式三种不同的释义格式。尤其是同一小类使用的格式也不相同，如“瀌瀌”“雰雰”都描写天象，“岌岌”“硊硊”都描写高，“澹澹”“湝湝”都描写水动，但释义格式各不相同。

实例3：

妩 wǔ［妩媚］（女子）姿态美好。（第509页）

袅 niǎo……［袅娜］（—nuó）1. 形容草木柔软细长。2. 形容女子姿态美。（第354页）

婀 ē［婀娜］（—nuó）姿态柔美的样子。（第114页）

娉 pīng［娉婷］（—tíng）形容女子姿态美好的样子。（第377页）

［评析］本组选取的都是联绵词，表示姿态美好，《新华10》却使用了四种释义格式：直释式、A式、B式和C式。

实例4：

恩 ēn……［恩爱］形容夫妻亲爱。（第117页）

酸 suān ❺……［寒酸］指文人的贫苦或不大方的样子。（第459－460页）

跋 bá ❶……［跋涉］爬山趟水，形容行路辛苦：长途～～．（第9页）

捧 pěng ❶……［捧腹］～着肚子，形容大笑：令人～～．（第369页）

焕 huàn……［焕发］光彩外现的样子：精神～～．（第195页）

［评析］本组选取的是复合词，既有形容词（恩爱、寒酸），也有动词（跋涉、捧腹、焕发）。形容词使用了A式和B式两种释义格式（“指……

的样子”是B式的变式）；动词也使用了A式和B式。《现代汉语词典》第5版①（本节内以下简称《现汉5》，直接引用仍依原文）给有些动词释义时也使用了“形容……”或“形容……的样子”的格式。例如：

［跋涉］báshè 动 爬山蹚水，形容旅途艰苦：长途～。（《现汉5》第19页）

［捧腹］pěngfù 动 捧着肚子，形容大笑的样子，也借指大笑：～大笑丨令人～。（《现汉5》第1033页）

关于动词使用“形容”类释义格式，下面再讨论。

实例5：

喀 kā 拟声词：～的一声，快门儿响了．［喀嚓］（—chā）拟声词，树枝等折断的声音。（第254－255页）

淙 cóng 拟声词，流水声（叠）。（第73页）

浅 ㊁jiān［浅浅］拟声词，形容流水声。（第218页）

玎 dīng［玎玲］（—líng）拟声词，玉石等撞击的声音。（第100页）

玲 líng 形容玉碰击的声音（叠）：～～盈耳．（第301页）

啾 jiū［啾啾］拟声词，常指动物的细小的叫声。（第244页）

咻 xiū……［咻咻］拟声词。1. 形容喘气的声音。2. 形容某些动物的叫声：小鸭～～地叫着．（第537页）

喈 jiē（叠）❶形容声音和谐：鼓钟～～．❷鸟鸣声：鸡鸣～～．（第230页）

［评析］本组都是拟声词，有单音的、叠音的、联绵的，共三种。从释义内容上看，有的只指出是拟声词，如“喀”；有的还指出用于何种事物，大部分举例如此；有的没指出是拟声词，但从释义和举例可以看出，如“玲”“喈”。从释义格式上看，有直释式（不用标记词）、A式、“指”式（指……）三种。在同一条“喈”中，两种格式并存。

实例6：

案 àn ❺古时候端饭用的木盘：举～齐眉（形容夫妇互相敬重）．（第5页）

---

① 中国社会科学院语言研究所词典编辑室．现代汉语词典［Z］．5版．北京：商务印书馆，2005.

拭 shì 擦：~泪．~目以待（形容殷切期待）．（第 442 页）

姹 chà 美丽：~紫嫣红（形容百花艳丽）．（第 47 页）

扬 yáng ❶高举，向上：~帆．~手．趾高气~（骄傲的样子）．（第 555 页）

沾 zhān……［沾沾自喜］形容自己觉得很好而得意的样子。（第 608 页）

［评析］本组选取的都是成语，既有动词性的（举案齐眉、拭目以待），也有形容词性的（姹紫嫣红、趾高气扬、沾沾自喜），释义时使用了 A 式、B 式和 C 式三种格式。同是形容词性成语，三种释义格式并存。

实例 7：

踧 cù ❶形容惊惧不安。［踧踖］（—jí）恭敬而不安的样子。（第74 页）

袅 niǎo［袅袅］1. 烟气缭绕上腾的样子：炊烟~~. 2. 细长柔软的东西随风摆动的样子：垂杨~~. 3. 声音绵延不绝：余音~~．（第 354 页）

［评析］本组两例都在同一条之内使用了不同的释义格式："踧"条用了 A 式和 B 式，"袅"条用了 B 式和直释式。

［总评］通过实例调查发现，"形容"类释义格式的使用比较随意，用还是不用，用哪种格式，似乎没有严格的限定，甚至同一条之内使用了不同的格式。就形容词性词语而言，用"形容……""……的样子"和"形容……的样子"三种不同的格式，似乎并不能显示释义内容的差别，有时跟直接释义也没有明显的不同，比如实例 3 列举的"妩媚、袅娜、婀娜、娉婷"，完全可以使用同一种格式而对释义没有影响。总体感觉是，《新华 10》对这几种释义格式的选用比较随意，《现汉 5》这方面也有改进的空间。以上种种情况表明，目前对释义元句法的研究还很薄弱，还没有归纳出针对不同词类的释义元句法模式。

［建议］在目前释义元句法研究还不充分的情况下，最好区分或限定不同格式的功能。比如什么情况下用"形容……"，什么情况下用"……的样子"或"形容……的样子"，应有比较明确的区分。至少同一小类使用的格式应该相同，同一种格式不宜无限扩大。请看下例：

矍 jué［矍铄］（—shuò）形容老年人精神好。（第 253 页）

比较：［矍铄］juéshuò〈书〉形 形容老年人很有精神的样子。（《现汉 5》第 748 页）

跋 bá ❶…… ［跋涉］爬山趟水，形容行路辛苦。（第9页）

比较：［跋涉］báshè 动 爬山蹚水，形容 旅途艰苦。（《现汉5》第19页）

咕 gū……［咕噜］（—lū）拟声词，形容 水流动或东西滚动的声音。（第158页）

比较：［咕噜］gūlū 拟声 形容 水流动或东西滚动的声音。（《现汉5》第485页）

“形容”类释义格式分别用于形容词、动词和拟声词上，三个“形容”一样吗？我们觉得，“矍铄”条的“形容”用来“摹状”，即描摹事物显现的性状；“跋涉”条的“形容”用来“转类”，即从动作范畴转到性状范畴；“咕噜”条的“形容”用来“拟声”，即模拟事物的声音。“跋涉”需要多说两句，它由“跋山”和“涉水”紧缩而来，本来指行路过程中的两种具体活动，借指整个行路过程；“跋山”和“涉水”大概是行路中最辛苦的了，就借具体环节的辛苦代整个过程的辛苦。“跋涉”的词义衍生经过了两次“转喻”，一是用部分代整体（用跋山、涉水代行路），一是用行为代行为的结果（用行路代行路辛苦）。释义用“形容……”想表达的就是“用行路代行路辛苦”这个意思，换成“转指”“借指”等说法更为准确。我们认为，“形容”类释义格式最好限定在“摹状”的范围内。

三、汉语释义元句法研究设想

释义元语言指用来解释字词意义的工具性语言，主要用于辞书对字头、词目的释义。被解释的字词是对象语言，解释性语言是释义元语言。释义元语言一般表现为语句单位，也可以表现为词语单位，如辞书释义中使用的同义词对释，或表现为语篇。释义元语言有两个基本的研究对象，一个是释义元词符，我们曾称之为“释义基元词”①，指用来解释对象语言词语意义的最低限量、最小的词汇单位；另一个是释义元句法，指把释义元词符组织起来的规则和模式。李葆嘉分别称之为“语元单位”（简称“语元”）和“语元关系”（语义关联）②。也有人认为还应包括篇章规则③。两者是释义元语言的双翼，缺一不可。

---

① 安华林．现代汉语释义基元词研究［M］．北京：中国社会科学出版社，2005.

② 李葆嘉．代序：探索的足迹［M］//安华林．现代汉语释义基元词研究．北京：中国社会科学出版社，2005：6.

③ 武建宇，宋文辉．辞书元语言的建构原则［J］．辞书研究，2009（4）：1－12.

关于释义元词符，苏新春[1]、安华林[2]已经做了艰苦细致的提取工作，下一步需要对每个释义元词符进行界定，并在释义实践中调整完善。关于释义元句法，目前的研究还只是一鳞半爪，离建构为辞书释义服务（用于解释所有的字头、词目）的完整的释义元句法体系的目标还很遥远。我们曾对释义元句法的来源、性质、研究思路和方法进行过初步探讨[3]，这里还想加以补充。

释义元句法可以分为三个层次、两个级别。所谓“三个层次”是指，第一个层次：自然状态下辞书释义的句法规则和模式。由于辞书释义语言天然具有元语言的性质，因此释义句法便具有元句法的性质。这是释义元句法的“原生态”。第二个层次：将第一个层次的释义元句法进行概括归纳后形成的句法规则和模式。第三个层次：将第二个层次的释义元句法进行进一步抽象并结合人类句法习得顺序而归纳出的句法规则和模式。三个层次“元”的程度越来越高，人为加工的痕迹也越来越明显。所谓“两个级别”是指句法规则和语篇规则两个级别。既然是“元句法”，首先要研究释义语句内部释义元词符的组合规则，也就是句法规则，这是释义元句法的应有之意；其次要研究释义语句之间的链接规则，也就是语篇规则，这是释义元句法的延伸之意。“三个层次、两个级别”也可看作释义元句法研究的“路线图”。

从释义元句法的角度反观《新华10》“形容”类释义格式的使用，其中随意的成分还较多，改进的空间还不小。其实不独《新华10》如此。这说明汉语语文辞书编纂有必要增强释义元语言意识，加强释义元句法研究。

第二节　《新华字典》第11版对第10版的修订[4]

“《新华字典》是新中国第一部现代汉语字典，首次出版于1953年，原由新华辞书社编写，著名语言文字学家魏建功主持编写工作。”（见第11版修订说明）半个多世纪以来，历经10次修订，印行已逾4亿册，久盛不

---

① 苏新春．汉语释义元语言研究［M］．上海：上海教育出版社，2005.

② 安华林．现代汉语释义基元词研究［M］．北京：中国社会科学出版社，2005.

③ 安华林，等．汉语释义元语言理论与应用研究［M］．上海：学林出版社，2009：16.

④ 此节由安华林撰写，曾以“谈谈《新华字典》第11版对第10版的修订”为题发表于《信阳师范学院学报》（哲学社会科学版）2012年第5期。此处有改动。

衰；卷帙虽简，影响深远。她以面向中小学师生的读者定位（见第9版修订说明）和规范型语文辞书的类型定位，影响着一代又一代的读者，也直接或间接地影响着社会语言生活。人们初入小学，首先接触的工具书可能就是《新华字典》。“昌明教育，开启民智”（见第11版封底），与其说是她的社会功能，毋宁说是她的社会责任。这样一部凝聚着众多读者情感与期盼的字典，我们有责任爱护她、珍惜她，让她更加完美。2011年6月，《新华字典》第11版（本节内以下简称《新华11》）由商务印书馆出版发行。这是我国语文生活的一件喜事。《新华11》对《新华字典》第10版（本节内以下简称《新华10》）主要从五个方面进行了全面修订（见第11版修订说明）。笔者也是在《新华字典》的陪伴下长大的，对其有很深的感情，从爱护的角度出发，曾对《新华10》做过比较系统、全面的研究①。本节不打算全面分析、评价《新华11》对《新华10》的修订，只选取若干组修订实例加以评议，由此引发开去，对辞书修订的一些带有原则性、普遍性的问题进行思考，谈点我们的想法，最后对以后修订提出若干建议。

一、修订实例与评议

以下笔者按类举例，集中做出评议，力求提出一些带有原则性、普遍性的思考。

1. 注音方面

《新华11》对《新华10》在注音方面的修订实例如表1－4所示。

表1－4　注音方面

字头	《新华10》	《新华11》
盒	底盖相合的盛（chéng）东西的器物。（第180页）	底盖相合的盛东西的器物。（第185页）
舟	船：轻～．一叶扁（piān）～．（第631页）	船：轻～丨龙～丨一叶扁（piān）～。（第655页）
鼓	❷敲鼓：一～作气．㊀1. 击，拍，弹：～掌．～琴．（第161页）	❷敲鼓：一～作气。㊀1. 击，拍，弹（tán）：～掌丨～琴。（第165页）

① 安华林，等．汉语释义元语言理论与应用研究［M］．上海：学林出版社，2009：49－182.

（续上表）

字头	《新华 10》	《新华 11》
做	❶干，进行工作或活动。（第 653 页）	❶干（gàn），进行工作或活动。（第 678 页）
撬	用棍、棒等拨、挑东西：把门～开．（第 396 页）	用棍、棒等拨、挑（tiǎo）东西：把门～开。（第 408 页）
蒹	没长穗的芦苇。（第 219 页）	没长（zhǎng）穗的芦苇。（第 226 页）
毫	❷秤或戥子上的提绳。（第 177 页）	❷秤或戥（děng）子上的提绳。（第 183 页）
蟢	蟢子（也作“喜子”），又叫“喜蛛”或“蟏蛸”。一种长腿的小蜘蛛。（第 516 页）	蟢子（也作“喜子”），又叫喜蛛、蟏蛸（xiāoshāo），一种长（cháng）腿的小蜘蛛。（第 532 页）
腽	［腽肭兽］（—nàshòu）……（第 494 页）	［腽肭兽］（—nà—）……（第 509 页）
滟	［滟滪堆］（—yùduī）……（第 554 页）	［滟滪堆］（—yùduī）……（第 574 页）
阜	❷盛，多：物～民丰．（第 139 页）	❷盛，多：物～民丰。（第 143 页）
逝	❶过去：光阴易～．（第 444 页）	❶过去：光阴易～。（第 457 页）

［评议］从以上举例可以看出，《新华 11》对《新华 10》在注音方面做了如下修订：①对释义、例证所用到的多音多义字，《新华 11》删除了不会引起歧解的注音，如“盒”条的“盛”。我们抽查了“盛”，表示“盛放；装”意思时，《新华 10》有的注音，有的不注，《新华 11》一律删除。但保留了一些难读字的注音，如“舟”条的“扁”。②为释义中容易引起歧解的多音多义字增加了注音，如“鼓”条的“弹”、“做”条的“干”、“撬”条的“挑”、“蒹”条的“长”、“蟢”条的“长”。③为释义中的难字增加了注音，如“毫”条的“戥”、“蟢”条的“蟏蛸”。

为释义服务，为读者服务，这是辞书形式方面的总要求。注音也不例外。具体操作要根据必要性，有必要就注，没必要就不注。《新华 11》对《新华 10》在注音方面的修订总体上贯彻了这条原则，但并不彻底。如《新华 11》删去了“腽肭兽”中“兽”的注音，却保留了“滟滪堆”中

"堆"的注音。"兽""堆"都是常见字，也不是多音字，都没必要注音。此外，"阜"条使用的是并列式单字释义（与"鼓"条类似），尽管有"多"和例证的限制，毕竟有被误解为"盛（chéng）"的可能；"逝"条使用的是单词对释，释词"过去"有名词（音 guòqù）和动词（音 guòqu）两种词性和意义，尽管有例证可以显示其意义，但毕竟增加了理解难度。辞书面向的读者群是庞杂的，要从一切有利于读者的阅读和理解的角度去考虑编纂和修订。

2. 标记符号方面

《新华 11》对《新华 10》在标记符号方面的修订实例如表 1－5 所示。

表 1－5　标记符号方面

字头	《新华 10》	《新华 11》
阿	㊀ā〈方〉词头。1. 加在排行、小名或姓的前面：～大. ～根. ～王. 2. 加在某些亲属称谓的前面：～妹. ～公. ㊁ē 见 114 页。（第 1 页）	ā〈方〉词头。1. 加在排行、小名或姓的前面：～大 | ～根 | ～王。2. 加在某些亲属称谓的前面：～妹 | ～公。 另见 118 页 ē。（第 1 页）
欸	㊄ǎi［欸乃］（—nǎi）拟声词，摇橹声：～～一声山水绿.（第 3 页）	ǎi［欸乃］形容摇橹声：～一声山水绿。（第 2 页）

［评议］《新华 11》对《新华 10》的一些标记符号进行了全面修订，比如此组所列的三类标记进行的修改为：①《新华 10》用"㊀、㊁……"表示多音字头的序号，《新华 11》全部删去。②《新华 10》用实心点表示例证间隔，直至该条结束；《新华 11》全部改用"｜"线表示例证间隔，用空心句号表示该条释义和/或举例结束。③《新华 10》用"～"只代替单音字头或词目，双音的用"～～"；《新华 11》一律用"～"代替字头或词目，而不管是单音还是双音。

形式是为内容服务的。在不影响内容的前提下，形式越简明越好。以上修订都可以用"简明"二字概括：用"㊀、㊁……"表示多音字头的序号，所起作用其实不大，而且徒增烦琐；用实心点表示例证间隔，最后一个又表示例证结束（此条释义也就结束），不太显眼，而且分工也不明确；用"～"只代表字头或词目的一个音节，不经济。以"简明"标准考量，我们赞同这种修改。

3. 标点符号方面

《新华 11》对《新华 10》在标点符号方面的修订实例如表 1－6 所示。

表 1－6　标点符号方面

字头	《新华 10》	《新华 11》
仁	❶同情、友爱。（第 413 页）	❶同情，友爱。（第 425 页）
捅	戳、刺、碰：……（第 485 页）	戳，刺，碰：……（第 500 页）
乱	❹任意；随便。（第 314 页）	❹任意，随便。（第 323 页）
怗	平定；安宁。（第 480 页）	平定，安宁。（第 495 页）
婚	［婚姻］嫁娶，结婚的事。（第 201 页）	［婚姻］嫁娶、结婚的事。（第 208 页）
耿	［耿耿］……2. 心里老想着不能忘怀：～～于怀．（第 153 页）	［耿耿］……2. 心里老想着，不能忘怀：～～于怀。（第 157 页）
瞒	隐瞒；隐藏实情，不让别人知道。（第 323 页）	隐瞒；隐藏实情，不让别人知道。（第 331 页）

［评议］标点符号不单纯是形式问题，有时对内容的理解起着重要作用。《新华 11》对《新华 10》的修订包括两大方面：一是出于统一体例的需要。依照《新华字典》的体例，并列式释语之间用逗号，上举《新华 10》的“仁”条、“捅”条、“乱”条、“怗”条都不合要求，所以《新华 11》做出修改。二是出于明确表意的需要，如“婚”条、“耿”条。

标点符号是个层级系统，如顿号、逗号、分号、句号就是一个停顿级别渐高的序列。一部辞书如何选择、调用这个系统，理论上是自由的，但要考虑三点：是否利于表意明确；是否利于层次分明；是否利于全典统一。《新华 10》和《新华 11》用逗号表示并列式释义（这是自初版以来的传统），无可厚非，但遇到像“瞒”条这样的情况就不好处理：若用分号，则体例不一；将“隐瞒”后的分号改为逗号，则层次不清。两种改法：一是删去“隐瞒”以及分号；二是将全典的并列式释语之间一律改用分号，就如《现代汉语词典》的做法。我们主张采用后一种做法，因为标点调配的余地大一些，而且使并列式释语之间的界限更加分明。

4. 用字方面

《新华 11》对《新华 10》在用字方面的修订实例如表 1－7 所示。

表 1-7　用字方面

字头	《新华 10》	《新华 11》
独	❹只，惟有：大家都到了，~有他没来。（第 106 页）	❹只，唯有：大家都到了，~有他没来。（第 110 页）
为	㊀wéi ❶……㊿作为，作事的能力：年轻有~.（第 499 页）	wéi ❶……⑨作为，做事的能力：年轻有~。（第 515 页）
遑	❶闲暇：不~（没有功夫）.（第 196 页）	❶闲暇：不~（没有工夫）。（第 202 页）

[评议]此组换字之后不影响语义。“独”条属于规范变化引起的改动，“惟有/唯有”是一对异形词，《新华 10》用“惟有”符合当时（2004 年）的规范（或推荐词形），《新华 11》用“唯有”符合现在的规范（或推荐词形）。《现汉 5》的修改同理。此条修改涉及有关“惟/唯”的所有条目。“为”条的“作/做”又是一对易混难辨的词，社科院语言所曾组织专人对“作/做”的使用情况做过专题调研，我们希望尽早明确操作细则，将成果用于辞书编纂，引导社会使用。“遑”条的“功夫”义宽，可指“本领”，也可指时间，“工夫”只指时间，在表示时间的意义上可以通用。将“功夫”改为“工夫”，意义更加明确。

此组主要涉及异形词（或局部异形词）问题。作为规范型辞书，如果有刚性的国家规范文件，就必须贯彻执行；如果没有相关文件，则应该对社会使用情况进行调研，将推荐意见用于辞书编纂之中，逐步引导社会规范使用。需要注意的是，几部有影响的规范型语文辞书，如《新华字典》《现代汉语词典》及《现代汉语规范词典》① 要协调一致，以免造成新的混乱。

5. 释词通用性方面

《新华 11》对《新华 10》在释词通用性方面的修订实例如表 1-8 所示。

表 1-8　释词通用性方面

字头	《新华 10》	《新华 11》
舛	❶舛错，错误，错乱。（第 67 页）	❶错误，错乱。（第 69 页）

① 李行健. 现代汉语规范词典 [Z]. 北京：外语教学与研究出版社，语文出版社，2004.

（续上表）

字头	《新华10》	《新华11》
知	❶知道，晓得，明了。（第624页）	❶知道，明了。（第647页）
庄	❺严肃，端重。（第639页）	❺严肃，庄重。（第663页）
圃	种植菜蔬、花草、瓜果的园子。（第381页）	种植蔬菜、花草、瓜果的园子。（第391页）
陬	隅，角落。（第649页）	角落，山脚。（第673页）
度	㊀dù ❺度量，能容受的量。（第108页）	dù ❺度量，能容纳承受的量。（第111－112页）
锄	❷耪（pǎng），弄松土地，除草。（第64页）	❷用锄弄松土地，除草。（第67页）
蹀	蹈，顿足。（第100页）	蹈，顿足。（第104页）
敛	❷约束，检束。（第292页）	❷约束，检束。（第300页）
传	chuán ①递，转授。（第67页）	chuán ①递，转授。（第69页）
铐	❶手铐子，束缚犯人手的刑具。❷用手铐束缚。（第259页）	❶手铐子，束缚犯人手的刑具。❷用手铐束缚。（第266页）

［评议］此组主要涉及释词的风格或常用性问题。《新华10》释义用了不少生僻词（如“舛”条的“舛错”、“庄”条的“端重”、“度”条的“容受”），以前通用而现在不通用的词（如“圃”条的“菜蔬”），不成词的语素（如“陬”条的“隅”），带有方言色彩的词（如“知”条的“晓得”）以及行业词（如“锄”条的“耪”）等。《新华11》已经做了一些修改。修改的方法大致有：①删除，如“舛”条的“舛错”、“知”条的“晓得”；②替换，如“庄”条用“庄重”替换“端重”，“圃”条用“蔬菜”替换“菜蔬”，“陬”条用“山脚”替换“隅”；③改释，如“度”条用“容纳承受”改释“容受”；④综合运用，如“锄”条，既删除了“耪”，又将原释义加了“用锄”。

从以上举例还可以看出，虽然《新华11》已经注意到了《新华10》释义用词（或用语）的不通用问题，并已着手修改，但修改得并不彻底。例如：“蹀”条的“蹈”为不成词语素；“敛”条的“检束”为生僻词；“传”条的“转授”为生僻的临时组配；“铐”条的“手铐子”疑为口语词或带有方言色彩的词（《现汉5》不收），而且同一条用了“手铐子/手铐”两种词形。

可能有人认为，释语应与被释字词的风格一致。我们认为不可行，因为以通语释古语或方言是古今语文辞书的通则，而且整部辞书的释文风格应该保持统一。如果被释的是古语词或方言词，总不能用古语或方言来解释吧。只要是编给现代人看的辞书，释义就要以熟释生，而不能以生释熟或以生释生。所以释词的选用应以“准确通用”为原则，即在保证释义准确的前提下，尽量选用为读者所熟知的通用词、中性词，既不能太俗，也不能太雅，尽量避开生僻词、古语词、方言词、行业词等非通用词。《新华字典》释文的整体风格，给人们的感觉是有点儿追求“古雅”，可能跟首次编纂的时代文风有关。如果修订时不适时改进，沿袭旧例，就难以让每个“中小学师生”读懂每条释义。《新华字典》在这方面还有大量的工作可做。

6. 释义准确性方面

《新华 11》对《新华 10》在释义准确性方面的修订实例如表 1－9 所示。

表 1－9　释义准确性方面

字头	《新华 10》	《新华 11》
炖	❶煨煮食品使熟烂：清～鸡．～肉．（第 111 页）	❶煨煮食物使熟烂：清～鸡丨～肉。（第 115 页）
邂	［邂逅］没约会而遇到。（第 531 页）	［邂逅］没有约定而遇到，偶然遇到。（第 549 页）
吉	❶幸福的，吉利的：～日．～期．（第 208 页）	❶幸运的，吉利的，跟“凶”相对：～日丨～期。（第 215 页）
报	❹回答：～恩．～仇．（第 17 页）	❹回答，回应：～恩丨～仇。（第 17 页）
塔	❶佛教特有的建筑物。（第 464 页）	❶佛教特有的建筑物，尖顶，有很多层。（第 478 页）
致	❶……［致意］向人表示问候的意思。（第 627 页）	❶……［致意］向人表示问候的心意：点头～。（第 650 页）
夫	㊀fū……［夫人］对别人妻子的敬称。（第 133 页）	fū……［夫人］对别人妻子的敬称。（第 137 页）

（续上表）

字头	《新华10》	《新华11》
褂	上身的衣服：大褂子（长衫）．小褂儿．（第163页）	上身的衣服：大褂子（长衫）｜小褂儿。（第168页）
馂	吃剩下的食物。（第254页）	吃剩下的食物。（第261页）

［评议］释义准确要求释语能够准确地解释被释字词的内涵和外延，释语与被释字词义越吻合越好，不出现偏离、外延过大或过小、多义等情况。根据单位大小，可分为释词准确和释文准确两方面。以上所举“炖”条的“食品/食物”、“邂”条的“约会/约定”、“吉”条的“幸福/幸运”以及“报”条都属于释词准确的问题。前三条修改后换成了后面的释词，显得更加准确。但“报”条虽然增加了释词“回应”，跟“报恩”“报仇”中的“报”义仍不吻合。《现汉5》对“回答”的解释是：“对问题给予解释；对要求表示意见。”（第606页）对“回应”的解释是：“回答；答应。”（第608页）两词的意思都不适用“报恩”“报仇”中的“报”义，《现汉5》分别用“报答”和“报复”来解释（第50页），可以参考。以上所举“塔”条以下的都属于释文准确的问题。“塔”条的《新华10》释义外延过大，《新华11》增加了内涵，从而限制了外延；“致”条的《新华10》释文有歧义，因为“意思”既可以是词语的意义，也可以是人的心意，《新华11》消除了歧义。

但是，“夫”“褂”“馂”三条释文都不准确，并未做出修改。“夫人”的释义过窄，在公共场合，也可以称自己的妻子为“夫人”。“褂”的释义过宽，袄子、背心并不是“褂”。“馂”的释义有歧义，既可以是“吃后剩下的食物”（名词性），也可以是“吃别人剩下的食物”（动词性）。根据李格非主编的《汉语大字典》[①] 和王力主编的《王力古汉语字典》[②]，“馂”有名词性和动词性两个义项，本义应为名词性的（《说文新附》：“馂，食之馀也。”）。据此，《新华字典》可只释本义：“吃后剩下的食物”，也可两个意思都解释，只是不能用有歧义的说法。《现汉5》也应照此修改。

释义准确是辞书的灵魂，也是释义最根本的要求。在辞书编纂工作中

---

① 李格非．汉语大字典（简编本）［Z］．武汉：湖北辞书出版社；成都：四川辞书出版社，1996：1999.

② 王力．王力古汉语字典［Z］．北京：中华书局，2000：1666.

这点是最关键的，恰恰也是最难的。“没有最好，只有更好”，只要我们本着精益求精的态度，永不满足，永不懈怠，释义就会越来越准确完备。

7. 与词性相关的方面

《新华 11》对《新华 10》在与词性相关的方面的修订实例如表 1－10 所示。

表 1－10　与词性相关的方面

字头	《新华 10》	《新华 11》
灭	❶火熄：～火器．～灯．火～了．（第 337 页）	❶火熄，使火熄：～火器｜～灯｜火～了。（第 345－346 页）
管	❸负责，经理：红～家．～账．～伙食．（第 165 页）	❸负责，管理：～家｜～账｜～伙食。（第 170 页）
花	❸错杂的颜色或花样：～布．头发～白．～边．那只猫是～的．（第191 页）	❸颜色或式样错杂的：～布｜头发～白｜～边｜那只猫是～的。（第 196－197 页）
病	❶生物体发生不健康的现象：害了一场～．他～了．［毛病］1. 疾病。2. 缺点。3. 指器物损坏或发生故障：勤检修，机器就少出～～．❷弊端，错误：语～．通～．❸损害，祸害：祸国～民．（第 34 页）	❶生物体发生的不健康的现象：害了一场～。❷患病：他～了。［毛病］1. 疾病。2. 缺点。3. 指器物损坏或发生故障的情况：勤检修，机器就少出～。❸弊端，错误：语～｜通～。（第 35 页）
刚	❸副词，才，刚才：～来就走．～说了一句话．（第 145 页）	❸副词，才，刚才：～来就走｜～说了一句话。（第 149 页）
持	❸治理，主管：勤俭～家．这件事由你主～好了．（第 59 页）	❸料理，主管：勤俭～家｜主～。（第 61 页）
顿	㊀dùn ❶很短时间的停止：抑扬～挫．念到这个地方应该～一下．（第 112 页）	dùn ❶很短时间的停止：抑扬～挫｜念到这个地方应该～一下。（第 115 页）

［评议］总体上看，《新华 11》已经注意到词性与释义的关联与匹配问题，与《新华 10》相比有不小的改进。以上举例中，“灭”条增加了使动义，使“灭”的用法揭示得更全面，也能更好地跟例证相匹配。“管”条

的“经理”是动名兼类词，意义不明确，换成“管理”后就明确了。“花”条的《新华10》释语用的是名词性偏正结构，而此义项应为形容词性的，两者不匹配，《新华11》就一致了。“病”条改动较大：①增加了动词义项“患病”，使释语与例证的词性一致起来；②删除了《新华10》生僻义项❸及例证；③修改了“毛病”的义项3，增补“的情况”三字，使释语成为名词性结构，以便跟词目的词性保持一致。这些修改都很好。但复音词条“毛病”的摆放位置，我们觉得不妥。根据《新华字典》的体例，与本字头相关的复音词应置于意义最近的义项之下。“毛病”是名词，放在名词义项❶下似乎比放在动词义项❷下更合适。

在词性方面，《新华11》仍有不少地方尚待进一步修订，还存在释词的词性与被释词不一致的情况。例如，“刚❸”是副词，而释词“刚才”是时间名词；“持”条的“主管”是动名兼类词，有“负责管理”（动词）和“负责管理的人”（名词，如“财务主管”）两个义项，容易引起歧解，《现汉5》“持”条（第182页）也存在这个问题；“顿”条的释语是名词性结构，而“顿”的该义项为动词性的，两者不匹配。

释词的词性（就释语来说是语法功能）尽管属于语法范畴，但与词义密切相关，对释义也有很大影响。词性与释义相合，则彰显意义；词性与释义相抵，则损害意义。我们认为，语文辞书在选择释词和释语时，在词性（或语法功能）方面可以考虑：释词、释语的词性（或相当的词性）应该跟被释字词的词性（或相当的词性）一致；尽量选用词性和词义都单一的释词。另外，例证中显示的被释字词的功能也应该跟释义相匹配。总之，要做到字头（词目）—释义—例证在语法功能上互相匹配。

8. 释文语法、韵律方面

《新华11》对《新华10》在释文语法、韵律方面的修订实例如表1－11所示。

表1－11　释文语法、韵律方面

字头	《新华10》	《新华11》
快	❶速度大，跟“慢”相对。（第268页）	❶速度高，跟“慢”相对。（第275页）
阔	❶……㊂时间或距离长远。（第273页）	❶……㊂时间长或距离远。（第281页）

（续上表）

字头	《新华10》	《新华11》
胎	❶……㉁事的开始，根源：祸～.（第465页）	❶……㉁事情的开始，根源：祸～。（第480页）

［评议］《新华10》存在一些语法问题，如“快”条、“阔”条都存在主语和谓语搭配不当的问题，《新华11》对此做了修改。除此之外，《新华11》还注意到韵律问题，如“胎”条，原释义没有错，只是感觉不顺口，原因是“事”单独占了一个音步（foot），而汉语通常是两个音节为一个音步，改为“事情”就顺畅多了。

既然是规范辞书，释义准确、行文规范、例证典型应该是基本要求。我们觉得，为了扩大读者面，释文应尽量降低难度。前面谈到的释词通用性问题，其实也是为了降低释词的理解难度。一段释文，如何组配释词，用什么句式（如长句/短句，主动句/被动句等），都以易于理解为准。可惜我们在释义句法（包括篇章语法）方面的研究还比较薄弱。

韵律是比较高层次的问题。释文在准确、规范的基础上，还要尽量做到流畅。这是语文辞书今后努力的一个方向。

9. 例证方面

《新华11》对《新华10》在例证方面的修订实例如表1－12所示。

表1－12　例证方面

字头	《新华10》	《新华11》
道	❸道理，正当的事理：无～．治世不一～．（第89页）	❸道理，正当的事理：无～｜得～多助。（第92页）
答	㊁dā……［答应］1. 应声回答。2. 允许：我们坚决不～～.（第78页）	dā……［答应］1. 应声回答。2. 允许：父母不～我转学。（第81页）
嫉	因别人比自己好而憎恨：～才．他很羡慕你，但并不～妒你．（第209页）	❶因别人比自己好而怨恨：～才｜～贤妒能。❷憎恨：～恶如仇。（第216页）
瘠	❷土地不肥沃：～土．把贫～的土地变成良田．（第210页）	❷土地不肥沃：～土｜～田。（第217页）

（续上表）

字头	《新华 10》	《新华 11》
流	……［流利］说话、写字等灵活顺畅：他的钢笔字写得很～～．他说一口～～的普通话．（第 304 页）	……［流利］说话、写字等灵活顺畅：他说一口～的普通话丨他的钢笔字写得很～。（第 313 页）
阀	❶封建时代指有权势的家庭、家族：门～．～阅之家．（第 119 页）	❶封建时代指有权势的家庭、家族：门～丨～阅之家。（第 124 页）
悍	❶勇敢：强～．短小精～．（第 176 页）	❶勇敢：强～丨短小精～。（第 181 页）
回	❶还，走向原来的地方：～家．～国．～到原单位工作．（第 198－199 页）	❶还（huán），走向原来的地方：～家丨～国丨～到原单位工作。（第 205 页）

［评议］《新华 11》对《新华 10》的一些例证做了修改，主要类型有：①换成读者熟悉的例证，如“道”条将生僻的“治世不一道”换成读者比较熟悉的“得道多助”。②换成语义明确的例证，如“答”条原例证“我们坚决不答应”，其中的“答应”可以是“应声回答”，也可以是“允许”，所以语义不明确，换成“父母不答应我转学”就明确了。③注意区分开字头的组词和造句两个不同层次的功能，如“嫉”和“瘠”都是不成词语素，只有组词能力，而没有造句能力，例证“他很羡慕你，但并不嫉妒你”是“嫉妒”的功能而不是“嫉”的功能，“把贫瘠的土地变成良田”是“贫瘠”的功能而不是“瘠”的功能，修改后就区分开了层次。④注意跟释义严密照应，如“流”条中的“流利”，《新华 10》释义是“说话、写字……”，而举例却先列写字后列说话，《新华 11》调换了两例的位置，使之与释义照应起来。

不过，《新华 11》的例证还是存在可以改进的地方。比如，“阀”条的“阀阅之家”太生僻，而又没有对“阀阅”进行解释；“悍”条的“短小精悍”跟释义“勇敢”照应不上；“回”条没有显示“回”字的组词能力（如“返回、回还”），等等。

关于语文辞书的例证，我们曾提出三个基本要求：契合性、典范性、自足性；三个较高要求：全面性、补充性、鲜活性。①② 这里想稍加说明的是，“契合性”中包含语法属性的契合，被释字词的构词造句能力应该通过例证显现出来。如果是不成词语素，只举构词和组成固定语的例子，不宜举自由词组和句子的例子（实际上举不出来）；如果是成词语素，构词和造句两个层次的例子都应该举，以全面显示其功能。这方面《新华字典》还有不小的改进空间。

[总评]辞书的修订是个系统工程，内容涉及方方面面；也是个需要反复进行的工作，不可能一次修订就万事大吉。尽管以上列举的样例挂一漏万，只能管中窥豹，但仍然可以看出，《新华11》的修订牵涉面很宽，字头、词目的增删，注音、符号、释义、例证、体例等的调整优化，从形式到内容无所不及，不仅全面，而且细致。总体而言，这次修订是及时的，也是负责任的，而且主持修订的部门能虚心听取读者的意见，择善从之。通过修订，《新华11》在品质上有了很大的跨越。尽管如此，金无足赤，典无完典，《新华11》的现状离人们对她的期盼和要求还有一定的距离，这正是下次修订的动力。

二、对以后修订的若干建议

我们还想就上文未涉及而又关乎《新华字典》全局的一些问题谈点看法，以供下次修订参考。

1. 复音词的摆放问题

按照《新华字典》体例，多数情况下，复音词放在首字下，如“阿姨”“阿昌族”排在字头“阿”下。但不尽然，两版都显得混乱。比如，“抖擞”排在“擞”下，“庄稼”排在“稼”下；“鸱鸺”排在“鸱”下，“鸺鹠”却排在“鹠”下；“尥蹶子”在“尥”下和“蹶”下都能见到。以上这些两版相同。《新华10》将“於菟”两处置放，《新华11》只放在“菟”下。哪些复音词要放在后面的字下？哪些复音词要两处置放？我们找不到规律。这样做的结果是自乱体例，而且不利于查找。强烈建议所有复音词一律排在首字下。

2. 复音词的增删问题

《新华字典》以字统词，在字头下酌收部分复音词（主要是复合词），将其置于相关的义项之下，这是《新华字典》的一个重要特点或说是传统。《新华11》对《新华10》的复音词做了部分增删调整。例如，“提”

---

① 安华林，等. 汉语释义元语言理论与应用研究［M］. 上海：学林出版社，2009：151－152.

② 安华林.《新华字典》（第10版）配例问题商榷［J］. 湛江师范学院学报，2010（1）：76.

下删除“提议”；“樟”下删除“樟脑”；“纠”下保留“纠察”，将“纠正”改为例证。根据《现代汉语常用词表（草案）》[1] 公布的词频位序，四词的排位分别是，纠正：3012，提议：5903，纠察：37016，樟脑：37657。显然这种删除并非依据常用度。如果说是根据理解难易度，“纠正”容易理解，“纠察”不易理解，因此删除“纠正”（改作例证）而保留“纠察”，那么“提议”理解起来也并不容易，却同样删除。我们的意见是，随着时代的发展，词语的增删是必要的，但要有个明确的标准。《新华字典》毕竟是小型辞书，只能收录部分复合词，限定在常用词范围内比较适宜。建议根据字典的容纳量，参考常用词统计和分级资料，先定个量的标准，比如10 000或8 000、5 000等，然后剔除那些从字面容易推知意义的词以及专名和其他不符合收录标准的词。总之，要做到标准明确，有章可依。

3. “[连]”标记的使用问题

“[连]”标记从第一版就开始使用，是《新华字典》的一个特点。新华辞书社编《新华字典》[2] 在《凡例》第十四条第二点说：“[连]是表示用同义字构成复合词。这种复合词意义明显，只放在本义注解后的圆括弧内，不另加注解。”这个传统一直继承了下来，例如《新华11》的《凡例》第十二条说：“注解中的‘[连]’表示本字可以跟一个意义相同或相近的字并列起来构成大致同义的词，不另加注解。”假设A字和B字同义（或意义十分接近），可构成复合词AB或BA，放在字头A下可注为（[连]—B、B—），放在字头B下可注为（[连]—A、A—）。体察设计者的初衷，可能觉得这种做法，既能显示A或B的连字成词能力，又能节省解释AB或BA的笔墨。但在执行的过程中显得有些随意。例如：

> **悲** 伤心，哀痛（[连]—哀）：～喜交集。（《新华字典》1953年版第10页）
>
> **悲** ❶伤心，哀痛（[连]—哀、—伤、—痛）：～喜交集。❷怜悯（[连]—悯）：慈～。（《新华11》第18－19页）
>
> **安** ❶平静，稳定：～定｜～心（心情安定）｜～居乐业。……❹安置，装设（[连]—装）：～排｜～营扎寨｜～电灯。（《新华11》第4页）

以上几例给我们的印象是：①哪些同义字可连，没有规律。如“悲”

---

① 《现代汉语常用词表》课题组．现代汉语常用词表（草案）［Z］．北京：商务印书馆，2008.

② 新华辞书社．新华字典［Z］．北京：人民教育出版社，1954.

条初版只有“悲哀”一词，《新华11》在“伤心，哀痛”义下增加了“悲伤、悲痛”，但没有“伤悲”。②同义字连成的词，给出的方式不一致。如在“悲”的“怜悯”义下，“悲悯”用“㊟”的方式给出，而“慈悲”却用举例方式给出（“慈”也是“怜悯”的意思）；“安❹”中，“安置”在释义中出现，“安装”用“㊟”的方式给出，“安排”却用举例方式给出。③有的义项下可设“㊟”而不设。如“安❶”可设“安静、安稳、安定（放在例证中）”。如果说连的是常用词，“悲悯”并不常用。总之，显得随意，没有定法。我们认为，可以取消“㊟”标记，将字头的连字组词能力一律放在例证中展示，可以同义相连，也可以反义（如“动静”）、类义（如“笔墨”）、相关义（如“骨肉”）等相连。如果觉得“㊟”标记的使用确实是《新华字典》的一个特点或优点，舍不得放弃，就要把它用好，避免随意无序。

4. “〈方〉”标记的使用问题

语体标记可以有“〈古〉〈书〉〈口〉〈方〉”等，这里只讨论“〈方〉”。用“〈方〉”表示该字词的某个义项或整个意思带有明显的方言色彩。《新华11》补注了一些“〈方〉”，例如：

> **浞** zhuó〈方〉淋，使湿：让雨～了。（《新华11》第667页）（《新华10》不注，《现汉5》注）
>
> **稙** zhī〈方〉❶庄稼种得较早：～谷子。❷庄稼熟得较早：白玉米～。（《新华11》第647页）（《新华10》合为一个义项，不注；《现汉5》合为一个义项，注）
>
> **暄** xuān ❷〈方〉松散，松软：～土｜馒头又大又～。（《新华11》第560页）（《新华10》此义不注，《现汉5》此义注）
>
> **拽** zhuāi〈方〉❶用力扔：～了吧，没用了｜把球～过来。❷胳膊有毛病，动转不灵。（《新华11》第662页）（《新华10》只❷注，《现汉5》两义都注）

但对有些该注“〈方〉”的却未注，例如“奓（zhà）”“黵（zhǎn）”“赚（zuàn）”等两版都未注，《现汉5》都注。建议核查全典，看有哪些漏注、错注的，在下次修订时修正。

5. 释义格式的统一问题

辞书尤其是精品辞书不能仅仅满足于释义准确，在释义格式以及其他形式方面也要精雕细刻，追求至善。《新华11》存在释义格式不统一、释语打头字“指”使用随意等释义体例方面的问题。例如：

> **弟** ❶同父母或亲属中同辈而年龄比自己小的男子（叠）。……❷称呼年

龄比自己小的男性：……（《新华11》第98页）

妹 ❶称同父母比自己年纪小的女子（叠）。❷对比自己年纪小的同辈女性的称呼：……（《新华11》第337页）

社 ❷……［社交］指社会上人与人的交际往来。［社区］社会上有一定区域、人群、组织形式、生活服务设施等的居住区。（《新华11》第445页）

《新华11》“弟”与“哥”、“妹”与“姐”的释义格式基本一致，四者同属“同胞”语义场，但男性同胞和女性同胞的释义格式不同。建议以后修订时，同一语义场尤其是同一子场各条目的释义格式尽量保持一致。

姜自霞曾指出《现代汉语词典》第5版释语打头字“指”的使用存在一定程度的混乱①，《新华字典》也有类似情况。如上举“社”条，在同一个字头下，解释“社交”时用“指”，解释“社区”时不用，说不清为什么。这样的情况还有不少。建议以后修订时，明确“指”的功能和使用范围。

第三节　《现代汉语词典》第6版对第5版释文的修订②

由中国社会科学院语言研究所词典编辑室编纂、商务印书馆出版发行的《现代汉语词典》（本节内以下简称《现汉》，直接引用仍依原文）一直是汉语规范型语文词典的一面旗帜。自1978年正式出版以来，迄今已出7版。其中第6版（本节内以下简称《现汉6》，其他版本简称仿此，直接引用仍依原文）自2012年6月公开发行以来，因其酌收部分新词或热词（如“宅男、闪婚、PM2.5”）而引起公众广泛关注，从一个方面也证明了她的社会影响力。

词典修订是一项常态化工作，规范型语文词典更应随着社会语文生活的变化、国家语文规范的更新而适时修订，以便与时俱进，指导运用。“现代汉语语文辞书的修订，一是要反映发展变化的语文生活，更新收词

① 姜自霞.《现代汉语词典》(第5版) 单音语素释语打头字“指”的使用［J］. 辞书研究，2009 (1)：68－71.

② 此节由安华林撰写，曾以同名题目发表于《辞书研究》2014年第6期。此处有改动。

与释义；二是要体现语言学与辞书学研究的新成果，更新其编纂体例。”①《现汉6》在这两方面都做了大量工作。

词典修订也是个系统工程，涉及收词、立目、注音、标注、释义、例证、编排、体例等多种微观要素和宏观结构②，本节只选取释文作为考察对象。所谓“释文”，指字头或词目注音后的释义以及与释义相关的部分，主要包括词类标注、释义、例证等，以释义为重点。通过与《现汉5》比较，本节试图观察《现汉6》有哪些改进，修订中有何规律值得遵循，以期对今后修订有所启发。下文分类举例分析。

一、修改释语

《现汉6》对《现汉5》的释语做了大量修订。从修改的释语单位来看，可以分为以下几种情况。

（一）修改释义用字

修改释语中的个别用字，主要采取换字的方式。例如：

刻 ❷ 量 古代用漏壶记时，一昼夜共一百刻。……❸ 量 用钟表计时，以十五分钟为一刻……（《现汉5》第774页）③

上例中，❷用“记时”，❸用“计时”，同一词条字形不统一。《现汉6》（第736页）统一改为“计时”，不仅统一，而且准确。做同样修改的还有“酉时”条（《现汉6》第1581页）。

（二）修改释义用词

修改释语中的个别用词，主要采取换词的方式。例如：

大熊猫 名 哺乳动物，……是我国特产的珍贵动物。也叫熊猫、猫熊、大猫熊。（《现汉5》第257页）

“特产”在《现汉5》（第1335页）和《现汉6》（第1273页）中都只有名词性义项，没有动词性义项，因此上例中的“特产”应是误用。《现汉

① 苏宝荣．以理论研究引领《现代汉语词典》修订在规范化上取得新突破［J］．辞书研究，2013（2）：20.

② 关于《现汉》第6版修订的详细介绍，请参看江蓝生先生的文章《〈现代汉语词典〉第6版概述》，刊于《辞书研究》2013年第2期。

③ 为了节省篇幅，全节举例一律省去注音、无关义项，酌情省略配例。

6》（第 246 页）将其改成“特有”，是恰当的。

不遗余力 用出全部力量，一点也不保留。（《现汉 5》第 117 页）

在“表示很小或很少”的意思上，《现汉 5》和《现汉 6》都只收“一点儿”，所以《现汉 6》（第 112 页）将释词“一点”改为“一点儿”，使词形更规范，是值得称道的。

（三）修改释义表述

这种修改不限于变更某个字词，而是通过某种方式改变释语，从而使释义更加准确。主要采用以下几种方式。

第一种，添加。即在原来释语的基础上添加某个或某些词语。例如：

务工 动 从事工业或工程方面的工作。（《现汉 5》第 1448 页）

务工 动 从事工业或工程方面的工作；做工。（《现汉 6》第 1384 页）

《现汉 6》增补了引申义“做工”，以反映词义的新变化。鉴于现阶段“务工”的“做工（或打工）”义更常用，本义反而少用，我们觉得不宜将两者处理为并列关系。可以解释为“从事工业或工程方面的工作，泛指做工”，或者干脆像《现代汉语规范词典》第 2 版（本节内以下简称《规范 2》，直接引用仍依原文）那样分立为两个义项①。

除夕 名 一年最后一天的夜晚，也指一年的最后一天：……（《现汉 5》第 203 页）

除夕 名 农历一年最后一天的夜晚，也指农历一年的最后一天：……（《现汉 6》第 194 页）

上例《现汉 5》的释义范围过宽，公历一年最后一天的夜晚以及公历一年的最后一天都不是除夕，《现汉 6》用“农历”加以限定才够准确。

喂[2] 动 把食物送到人嘴里：~奶 | 给病人~饭。（《现汉 5》第 1424 页）

喂[2] 动 把食物或药物送到人嘴里：~奶 | ~饭 | 每天给病人~三次药。（《现汉 6》第 1360 页）

上例《现汉 5》的释义范围过窄，“喂”并不限于食物，《现汉 6》加“或

---

① 李行健．现代汉语规范词典［Z］．2 版．北京：外语教学与研究出版社，语文出版社，2010：1394.

药物”使范围得以适当扩大。

第二种，删减。即在原来释语的基础上删除某个或某些字词。例如：

反面 ❷ 形 属性词。坏的、消极的一面（跟“正面”相对）：……（《现汉5》第378页）

反面 ❷ 形 属性词。坏的、消极的：……（《现汉6》第360页）

“坏的、消极的一面”是名词性释语，跟“反面❷”的词性（属性词）不吻合。《现汉6》删去“一面”（并删除了括注），改为形容词性释语（属性词释语后面一律带“的”）。不过，顿号宜改为分号。《现汉6》（第406页）对“负面”也做了相同的修改。

第三种，替换。即把原来释语的某处用另一种说法去替换。例如：

蚁 名 ❶……营群居生活，分雌蚁、雄蚁、工蚁和兵蚁。……（《现汉5》第1611页）

蚁 名 ❶……成群穴居，分雌蚁、雄蚁、工蚁和兵蚁。……（《现汉6》第1539页）

《现汉5》中的“营群居生活”很别扭，《现汉6》将其换成“成群穴居”就顺畅了。

第四种，重组。即把原释语或原释语中的某些词语根据释义的需要重新组合。例如：

畅通 形 无阻碍地通行或通过：……（《现汉5》第156页）

畅通 形 通行或通过顺利，无阻碍：……（《现汉6》第150页）

原释语“无阻碍地通行或通过”是动词性的，《现汉6》想改成形容词性的，以便跟词目的词性吻合。不过“无阻碍”仍是动词性的。

音素 名 语音中最小的单位，例如mǎ是由m、a和上声调这三个音素组成的。（《现汉5》第1623页）

音素 名 语音中最小的单位，例如mǎ是由除声调外的m和a两个音素组成的。（《现汉6》第1551页）

根据学术界对音素的一般理解，声调不是音素[①]。因此《现汉6》对《现汉5》后半句的表述进行了重组。

---

① 安华林．汉语语文词典编纂理论与实践新探［J］．语言文字应用，2006（2）：124.

第五种，综合。即综合运用两种以上的方法修改原释语。例如：

富贵 形 指有钱又有地位：……（《现汉 5》第 432 页）

富贵 形 有钱又有地位；富裕而显贵：……（《现汉 6》第 412 页）

《现汉 6》将提示词“指”删去，又增补了“富裕而显贵”，综合运用了删减和添加两种方法。

通过以上多种方式的修改，《现汉 6》的释语提升了释义的准确性和语法的严谨性（释语的语法功能与词目语法功能的契合程度）。比如修改后“务工”“蚁❶”“音素”的内涵更加准确，“除夕”“喂²”的外延更加适宜，“反面❷”释语的语法功能跟词目的词性更加契合。

释义，是词典的灵魂；准确，是释义的根本要求，也是词典的生命所在。准确释义，既是词典编纂和修订中努力追求的目标，也是持之以恒、历久不辍的奋斗过程。释语是释义的载体，自然就成了每次修订的重中之重。总体来看，《现汉 6》对释语的修订是下了大功夫的。但典无完典，《现汉 6》在释义准确性和语法严谨性方面还有改进的空间。略举两例：

窗户 名 墙壁上通气透光的装置。（《现汉 5》第 213 页、《现汉 6》第 204 页）

苦 ❶ 形 像胆汁或黄连的味道（跟“甘、甜”相对）：……（《现汉 5》第 787 页、《现汉 6》第 749 页）

“窗户”的释义范围太窄，“窗户”不限于在墙壁上。《规范 2》（第 206 页）的释义可供参考：“窗户 名 房屋、车、船等的通气透光装置。”“苦❶”用名词性释语解释形容词性义项，可改为“味道像胆汁或黄连的”（如果释语是动词性的，建议后加“的”作为形容词性释语标记）。

二、修改释义提示词

所谓释义提示词，“是指语文辞书释义时用来提示词义的由来、引申途径，或与字面义不同的实际语义、深层含义以及表达功能等的前导词语，一般用在释文的开头或中间”①，也有人称为“释语打头字”②。释义提示词本来属于释语的一部分，为了使讨论集中，这里单独列出。

---

① 江蓝生.《现代汉语词典》第 6 版概述［J］. 辞书研究，2013（2）：13.

② 姜自霞.《现代汉语词典》（第 5 版）单音语素释语打头字“指”的使用［J］. 辞书研究，2009（1）：63－71.

《现汉6》说明中交代："……对释义提示词（如'比喻、形容、借指'等）也做了统一的修订。"主要有以下修改方式。

第一种，删除。例如：

热点 名 指某时期引人注目的地方或问题：古都西安成为旅游的～。（《现汉5》第1142页）

热点 名 一个时期内引人注目的地方或问题：古都西安成为旅游的～。（《现汉6》第1088页）

《现汉6》删去提示词"指"。因为"指"主要用于相关性转义、简称的原形等，而这里是直接释义，违背"指"的使用细则。不过，释语中的"地方"容易引起误解，以为只指"地点"，例证更强化了这种理解。可将"地方"修改为"事物"，再多举几个例子，如"热点问题、讨论热点"等。

第二种，添加。例如：

花花搭搭（～的）〈口〉形 状态词。❶花搭着：……❷形容大小、疏密不一致：……（《现汉5》第581页）

两个义项的释义格式不一致，❶不用提示词"形容"，❷用了。《现汉6》在❶义上加了"形容"，使释语格式统一，而且符合状态词的释义体例。

第三种，改换。例如：

鸿雁 名 ❷〈书〉比喻书信。（《现汉5》第567页）

《现汉6》（第540页）将"比喻"改换成"借指"。此条由借代而产生转义，是借工具（鸿雁）代传递的物品（书信）。这种修改是适宜的。

修改释义提示词的例子还有："春风❸"的"比喻"改成"指"（《现汉5》第217页、《现汉6》第207页），"低头❷"的"比喻"改成"指"（《现汉5》第290页、《现汉6》第277页），"第一❷"的"比喻"改成"指"（《现汉5》第301页、《现汉6》第288页），"热血"条的"比喻"改成"借指"（《现汉5》第1143页、《现汉6》第1089页），等等。

释义提示词有提示、引导、标识等作用，读者可以根据"比喻、借指、形容、表示"等的提示将某义理解为比喻义、借代义、形容词性意义、副词性意义等；释义提示词还有类化作用，读者会不自觉地将使用同一提示词的释义归为一类。这就要求释义提示词尽量功能单一，分工明确。《现汉6》对释义提示词做了全面审查和修订，这种努力值得肯定。不过，有些地方还可以进一步思考。比如，“指”与“借指”如何区别？拟声词的释义用“形容”引导是不是合适？举个拟声词的例子：

汪[2] [拟声] 形容狗叫的声音：狗～～叫。（《现汉5》第1407页、《现汉6》第1344页）

《现汉6》对拟声词的释义都用提示词“形容”引导。单就拟声词看，没有什么问题，但放到整部词典中看，就跟形容词的一些小类（如状态词）相同了，读者可能误以为它们是同类。我们建议拟声词用“模拟”等引导。

三、调整义项

《现汉6》对《现汉5》的义项进行了较多调整，在增删、分合、排序等方面都有新的处理。

（一）义项增删

1. 义项增补

第一种，增设语文义项。所谓语文义项，指只涉及字词本身意义而不涉及百科知识的义项。《现汉5》漏收了一些常用的语文义项，《现汉6》做了适当增补。例如：

不足 ❶ [形] 不充足：……❷ [动] 不满（某个数目）：……❸ [动] 不值得：……④ [动] 不可以；不能：……（《现汉5》第119页）

不足 ❶—❹同上。❺ [名] 不够完备的地方；缺欠：工作中还存在一些～。（《现汉6》第114页）

《现汉6》增设了“不足”的名词性义项。《规范2》也漏收名词性义项（第112页）。

回顾 [动] 回过头来看 ◇～过去，展望未来。（《现汉5》第606页）

回顾 [动] ❶ 回过头来看。❷ 回想；反思：～历史丨～过去，展望未来。（《现汉6》第577页）

《现汉5》只解释“回顾”的本义，认为派生义尚未凝固为词义，所以用带“◇”号的例证显示。《现汉6》明确地将派生义“回想；反思”设立为义项。我们认为“回顾”的“回想；反思”义已经固定，且很常用，宜立为义项，因此赞同《现汉6》的处理。《规范2》也分立为两个义项。

《现汉6》增补的义项还有："过（guò）"的形容词性义项"❻〈口〉形 过分；过火"和副词性义项"❼ 副 过于"（第499页），"纯"的副词性义项"❹ 副 纯粹②（限于用在少数几个单音节动词前面）"（第209页），"难道"的另一个副词性义项"❷ 表示揣测的语气"（第932页），等等。这些增补都是非常必要的。

第二种，增设专科义项。所谓专科义项，指通行于某种学科或领域的义项。跟语文义项不同，它带有一定的术语色彩，使用也没有那么广泛。《现汉6》也增补了一些专科义项。例如：

> **察看** 动 为了解情况而细看：……（《现汉5》第144页）
>
> **察看** 动 ❶ 为了解情况而细看：……❷ 对犯错误的人的一种处分，把犯错误者留在组织或单位，考察他是否改正错误：留党～｜留校～。（《现汉6》第137页）

《现汉6》增设了表示处分的专科义项。此义常用，应该增补。与此类似的还有"层次"，《现汉6》（第132页）增补了语言学术语义："❹ 语言学中指语言单位组合的先后顺序。"

有时，《现汉6》将增补的意思通过例证来显示，而不单设独立的义项，可能编者觉得这些意思尚未凝固成词义。这是"暗补"。例如：

> **冲击** 动 ❷ 冲锋：向敌人阵地发起～。（《现汉5》第187页）
>
> **冲击** 动 ❷ 冲锋：向敌人阵地发起～◇～世界冠军。（《现汉6》第179页）
>
> **火** ❽〈口〉形 兴旺；兴隆：买卖很～。（《现汉5》第619页）
>
> **火** ❽〈口〉形 兴旺；兴隆：买卖很～◇他唱了一首好歌，一下子就～了。（《现汉6》第589页）

《现汉6》通过例证增补了"冲击"的"向目标奋力拼搏；努力获得"义，"火"的"走红"义。我们觉得，这些意义现在很常用，可以增设为独立的义项。

词典适时增补字义词义是修订工作的重要一环。从原因上看，增义大体有这样几种情况：①原版本收义不全，增义是为了补缺，如上文所举的"不足"条。②词语在运用中产生了新义，增义是为了跟上词语发展的步伐，如《现汉6》（第1633页）增收了"宅"的"待在家里不出门（多指沉迷于上网或玩电子游戏等室内活动）"这一义项。③词典编纂理念发生了变化，增义是为了体现新的指导思想。比如，如果编纂者想增强词典的百科性和备查性，可能会增加百科词条和专科义项在词典中的比重，如增补了“层次”的语言学术语义。从方式上看，增义又有这样几种情况：①单独设立义项，如上文所举的“察看”条；②在原义项上增补新义，如上文所举的“务工”条；③通过例证显示，如上文所举的“冲击”条。

然而，词义处在不断的发展变化之中，新义淡入、旧义淡出随时都在发生却无明确标志，一个新义何时入典，何时需要单设义项，有时很难断定。我们觉得可以根据必要性（根据所编词典的收录原则看是否有必要收录）、通行面（看在多大范围内通用）、常用度（看是否经常使用）来判定。以此标准衡量，《现汉 6》的增义总体上是适当的，但也不是没有改进的空间，例如：

> **奋战** 动 奋勇战斗：浴血～。（《现汉 5》第 404 页、《现汉 6》第 385 页）
>
> **口** ⓫ 量 a）用于人：一家五～人。b）用于某些家畜或器物等：三～猪｜一～钢刀｜一～缸。（《现汉 5》第 783 页）

“奋战”条宜增收泛指义“泛指奋力做事情”，如“奋战在抗洪抢险第一线”“奋战二十天，确保大丰收”。在量词用法上，“口”条宜增收“用于某些跟口有关的动作”义项，如“说一口流利的普通话”“他随便吃了两口饭就不吃了”。此义《规范 2》（第 760 页）收录，可参考。

2. 义项删除

第一种，删除专业性太强的义项。例如：

> **场** ❶ 量 电视接收机中，电子束对一幅画面的奇数行或偶数行完成一次隔行扫描，叫做一场。奇数场和偶数场合为一帧完整画面。（《现汉 5》第 155 页）

语文词典不同于专科词典，释义不能太专业化。《现汉 6》（第 149 页）“场”条删去此义项。

第二种，删除陈旧少用的义项。例如：

> **容许** ❶ 动 许可：原则问题决不～让步。❷〈书〉副 或许；也许：此类事件，十年前～有之。（《现汉 5》第 1155 页）

“容许”现在很少表示“或许；也许”的意思。《现汉 6》（第 1100 页）“容许”条删除义项❷。

第三种，删除多设的义项。例如：

传承 ❶ 动 传授和继承：木雕艺术经历代～，至今已有千年的历史。❷ 名 传统：文化～。（《现汉5》第209页）

“传承”没有“传统”义，“文化传承”中的“传承”还是“传授和继承”的意思。《现汉6》（第200页）删除义项❷。

义项删除可以使词典“瘦身”，有利于控制整体篇幅。总体看来，《现汉》每次修订基本是增多删少，可能跟语言变化的增多减少、进快退慢有关。一方面，《现汉》是语文词典，所以《现汉6》删除一些专科义是必要的，但应注意与增补专科义协调。另一方面，《现汉》又是共时词典，《现汉6》删除一些不用或基本不用的陈旧词义也是非常必要的，否则徒然增加篇幅却降低了实用价值。然而《现汉6》对一些旧义的删除似乎有些“手下留情”。例如：

待遇 ❶〈书〉动 对待（人）：～宾客甚厚。（《现汉5》第262－263页、《现汉6》第251页）

开展[1]❸ 形 开朗；开豁：思想～。（《现汉5》第759页、《现汉6》第722页）

“待遇”的❶义、“开展[1]”的❸义今天基本不用，可删。

（二）义项分合

有的词义在《现汉5》中合并在一起，到《现汉6》中分成不同的义项。例如：

餐厅 名 供吃饭用的大房间，一般是宾馆、火车站、飞机场等附设的营业性食堂，也有的用作饭馆的名称。（《现汉5》第129页）

餐厅 名❶供吃饭用的房间。❷宾馆、火车站、飞机场等附设的营业性食堂，也有的用作饭馆的名称。（《现汉6》第124页）

《现汉5》只列一个义项，似乎漏收了家用的餐厅。《现汉6》分成两个义项，而且去掉“房间”前的“大”，释义更加准确。

有的词义在《现汉5》中分得太细，《现汉6》做了合并。例如：

不平 ❶ 形 不公平：看见了～的事，他都想管。❷ 名 不公平的事：路见～，拔刀相助。❸ 形 因不公平的事而愤怒或不满：愤愤～。❹ 名

由不公平的事引起的愤怒和不满：消除心中的～。（《现汉5》第115页）

不平 形 ❶ 不公平：看见了～的事，他都想管｜路见～，拔刀相助。❷ 因不公平的事而愤怒或不满：愤愤～。（《现汉6》第110页）

《现汉6》将《现汉5》的4个义项合并为2个，将《现汉5》中的义项❷删除，但保留例证，将《现汉5》中❹的释义连同例证一并删除。其实可以保留《现汉5》中❹的例证，放在《现汉6》❷下，因为汉语中形容词也可以做宾语。

不过，《现汉6》在义项分合方面仍有可以商榷之处。例如：

步伐 名 ❶ 指队伍操练时脚步的大小快慢：～整齐。❷ 行走的步子：矫健的～。❸ 比喻事物进行的速度：要加快经济建设的～。（《现汉5》第120页、《现汉6》第115页）

"队伍操练时脚步的大小快慢"也是一种"行走的步子"，或者说是"行走的步子"的具体化。由于概括性不够，导致❶和❷的区别性不大，例证也可以换用。我们觉得可以合并成一个义项，解释为"行走的步子；脚步"。《规范2》（第113页）"步伐"的释义可参考。

义项分合涉及义项的划分问题，牵涉确定义项的原则。确定义项可以列出多条原则，我们认为最重要的有两条：概括性和区别性。所谓概括性，是指一条义项能够涵盖多个具体的言语义（具体语境中的意义），不能随文立义；所谓区别性，是指义项之间要有明确的区分度，不能纠缠不清。两条原则角度不同，概括性对内，区别性对外。当然也存在一定的矛盾，概括性可能导致模糊性，对区别性会产生一定影响。但只要把握适度，对义项划分还是会起到作用的。例如上文所举的"餐厅"条的两个义项区别性很大，宜分立；《现汉5》"不平"条中❸和❹的区别性就不明显，或者说概括性不够，宜合并。至于《现汉5》"不平"条中的❶和❷是分是合，可能见仁见智。我们倾向于分，因为❷已经出现了转义，转指"不公平的事"，与❶有明确的区分度。《规范2》是分的，可以参考。

（三）义项排序

《现汉》编写细则第92条规定："词义分项排列的先后，基本的在前，引申的在后；一般的在前，特殊的在后；具体的在前，抽象的在后。"① 根

① 吕叔湘.《现代汉语词典》编写细则（1958）［M］. 中国社会科学院语言研究所词典编辑室.《现代汉语词典》五十年. 北京：商务印书馆，2004.

据张博的抽样调查，《现汉6》义项排列更加注重词义发展顺序①。例如：

味道 名 ❶ 味①：这个菜～好◇心里有一股说不出的～。❷ 指兴趣：这个连续剧越看越有～。❸〈方〉气味：他身上有一股难闻的～。（《现汉5》第1423页）

味道 名 ❶ 味①：这个菜～好◇心里有一股说不出的～。❷〈方〉气味：他身上有一股难闻的～。❸指趣味；情趣：这个连续剧越看越有～。（《现汉6》第1360页）

《现汉6》将《现汉5》的❷和❸对调，符合上述引申脉络以及从实到虚的排序细则。

问题是，基本义是就常用度而言，属于共时范畴；引申义是就词义发展顺序而言，属于历时范畴。当不同标准发生冲突时，《现汉》的处理则显得不统一。例如：

出头 动 ❶ 从困苦的环境中解脱出来：……❷（物体）露出顶端：……❸ 出面；带头：……❹（～儿）用在整数之后表示有零数：……（《现汉5》第200页、《现汉6》第191页）

脸面 名 ❶ 脸①：……❷情面；面子：……（《现汉5》第848页、《现汉6》第807页）

"出头"条按常用度把❶义排在最前。若按引申先后或从实到虚、从具体到抽象排列义项，为❷→❸→❶→❹似乎比较合理。《规范2》（第192页）的义项排序可供参考。而在"脸面"条中，则按引申先后排序，因为❶是本义，❷是引申义。两条存在不一致。这种情况还有不少。

理论上，义项排序可有多种选择，例如按引申线路排序（本义在前），按使用频率排序（常用义在前），按认知先后排序（熟知义在前），按词类实虚排序（实词义在前），等等。《现汉6》"采用的是多重标准"②，"不以考求词义历史发展为己任，而是立足现代，着力反映现代汉语的使用实际；同时也注意尽量反映词义间的引申和逻辑关系，力求把二者有机地结合起来"③。我们觉得，不管采用单一标准还是多重标准，词典内部应该统一。

四、改进释义方法

《现汉》采取了多种释义方法，比如同义词互释式、反义词否定式、

① 张博.《现代汉语词典》第6版释义修订的类型及特征［J］. 辞书研究，2013（2）：31.
② 张博.《现代汉语词典》第6版释义修订的类型及特征［J］. 辞书研究，2013（2）：31.
③ 江蓝生.《现代汉语词典》第6版概述［J］. 辞书研究，2013（2）：7.

定义式（义界式）、外延举例式、插图辅助式、综合式等，此不赘述。这里只谈词典应该避免的循环释义。出现循环释义的主要原因在于使用单纯的语词式释义中的同义词互释。如果多采用定义式释义，或定义式释义和语词式释义相结合，则可以有效避免。《现汉5》在这方面做得不错，《现汉6》又有所改进。例如：

攥〈口〉动 握：……（《现汉5》第1822页、《现汉6》第1740页）

握 动 ❶ 用手拿或攥：……（《现汉5》第1434页）

握 动 ❶ 五指拳曲聚拢或用手指把东西固定在手里：……（《现汉6》第1370页）.

《现汉5》采取的基本是语词式释义，有循环释义的弊端。为避免循环释义，《现汉6》对“握”采取了定义式释义。类似的还有《现汉6》（第1429页）对“消息”义项❷的修改，目的是避免跟“音信”形成循环释义。

这方面《现汉6》仍然存在可以改进的地方。例如：

仿佛 ❶ 副 似乎；好像：……（《现汉5》第387页、《现汉6》第369页）

好像 ❷ 副 似乎；仿佛：……（《现汉5》第544页、《现汉6》第518页）

似乎 副 仿佛；好像：……（《现汉5》第1295页、《现汉6》第1235页）

每一个词都用另外两个词解释。这是典型的循环释义，应该力避。

五、修改例证

在语文辞书中，例证之于释义，犹如血肉之于骨架。好的例证可以使释义具体化，有助于读者理解和掌握词义，甚至可以提供学习语言的范本。《现汉》的例证以其规范、精当历来为学界称道。《现汉6》对例证也做了仔细的修订。大致有以下几种情况。

第一种，添加。即增加新的例证。例如：

道[3]❸ 动 说（跟文言“曰”相当，多见于早期白话）。（《现汉5》第281页）

道[3]❸ 动 说（用来引出人物说的话，多见于早期白话）：先生～：“此计甚好！”（《现汉6》第268页）

《现汉6》除了修改括号内的部分释语外，还增加了一个例证。

第二种，删除。即删去原有的例证。例如：

若是 连 如果；如果是：他～不来，咱们就找他去｜我～他，决不会那么办。（《现汉5》第1166页）

例证“我～他，决不会那么办”有问题，其中的“若是”不是一个词，因为后面跟宾语“他”，“若是”就不可能是连词。《现汉6》（第1111页）将此例证删去。

第三种，改换。即对原来的例证进行修改或替换。例如：

凑巧 形 表示正是时候或正遇着所希望的或所不希望的事情：我正想去找他，～他来了｜真不～，我还没有赶到车站，车就开了。（《现汉5》第229页）

《现汉6》（第213页）将第二个例证修改成“真不～，你来访那天我刚好出差去了”，比原例更能体现“凑巧”的意义。

再如，“贡献”条义项❷的例证，《现汉5》（第480页）写成“他们为国家作出了新的～”，《现汉6》（第457－458页）在调查研究的基础上，将“作”改为“做”。一字之改，求精态度顿显。

第四种，移位。即调整原来例证的位置。例如：

代[1] ❶ 动 代替：～课｜～笔｜～销。❷ 动 代理：～局长。（《现汉5》第260页）

代 ❶ 动 代替：～课｜～笔。❷ 动 代理：～销｜～局长。（《现汉6》第249页）

《现汉6》将“～销”调至“代理”义下，更合宜。

第五种，综合。即综合运用两种以上的方法。例如：

定期 ❶ 动 定下日期：～召开代表大会。❷ 形 属性词。有一定周期的；有一定期限的：～刊物｜～存款。（《现汉5》第322页）

定期 ❶ 动 定下日期：婚礼何时举行，尚未～。❷ 形 属性词。有一定周期的；有一定期限的：～刊物｜～存款｜～召开代表大会。（《现汉6》第308页）

《现汉6》添加了新例“婚礼何时举行，尚未～”，并将例证“～召开代表大会”移至❷义之下。这些修改都是合适的。

虽然《现汉6》对例证进行了细致修改，但仍有改进的空间。例如：

伏[1]❹ [名] 初伏、中伏、末伏的统称；伏天：入～｜初～｜三～天｜每～十天。（《现汉5》第417页、《现汉6》第397页）

例证“每～十天”有问题。根据“三伏”的释义（《现汉6》第1116页），中伏是十天或二十天。因此“每～十天”可改为“每～多为十天”或“每～是十天或二十天”，以免误导。

笔者曾专文讨论过语文辞书例证的原则，对例证提出两个层面的要求，基本要求是契合性、典范性、自足性，较高要求是全面性、补充性、鲜活性。① 以此观之，《现汉》的例证还可以更上一层楼。

六、修改词类标注

严格说来，词类标注不属于释义内容，但对释义会产生直接或间接影响，因此本节也把它放在“释义部分”里一并讨论。

词类标注是个复杂而棘手的系统工程，涉及词与非词的区分、词类划分的标准、每类词语法特点的确定等，而这些问题有不少迄今仍悬而未决，难度可想而知。但标注词类是语文词典编纂的大势所趋，标比不标好，标了利于理解词义，而且大部分词条或义项还是容易确定所属词类的，有问题的地方逐步完善即可。《现汉5》开始尝试对所有词条进行全面的词类标注，《现汉6》对一些不尽如人意的地方做了修改。例如：

心爱 [动] 衷心喜爱：～的人｜～的礼物。（《现汉5》第1511页）

心爱 [形] 属性词。衷心喜爱的：～的人｜～的礼物。（《现汉6》第1445页）

动摇 ❶ [动] 不稳固；不坚定：意志坚定，绝不～。（《现汉5》第328页）

动摇 ❶ [形] 不稳固；不坚定：意志坚定，绝不～。（《现汉6》第313页）

《现汉6》将“心爱”改为属性词（形容词的一个小类），将“动摇❶”改为形容词。修改后更符合两词的语法特点。不过，“动摇”条例证中的“绝”改为“决”似乎更好。

有的修改似可商榷。例如：

不止 [动] ❶ 继续不停：大笑～｜血流～。❷ 表示超出某个数目或范围：

① 安华林．《新华字典》（第10版）配例问题商榷［J］．湛江师范学院学报，2010（1）：76.

他恐怕～六十岁了｜类似情况～一次发生。(《现汉 5》第 118 页)

《现汉 6》(第 113 页) 除了将义项❷例证中的“一次”改为“一处”外，最主要的修改是将义项❷标注为副词。对这种处理我们以为不妥。我们还是赞同《现汉 5》的处理，因为“不止”后可带宾语，如“办公室里不止一台电脑”。

有的词类标注似可修改而未改。例如：

彩色 [名] 多种颜色：～照片。(《现汉 5》第 126 页、《现汉 6》第 121 页)

“彩色”主要跟“黑白”相对。从语法功能上看，主要做定语，起分类作用，处理为区别词比较适宜。按《现汉 6》词类系统，应为形容词中的属性词。

《现汉 6》的修订是系统而全面的（详见第 6 版说明、江蓝生的文章①)，一节文字不可能囊括所有的修订细节。本节只是举例性地列举《现汉 6》释义部分的修订实例，并对每个修订实例做出说明，对每类修订情况做出评析，力图找出修订中带有规律性的东西，以期为今后修订或其他语文词典的修订提供参考。通过上文的列举和分析，可以看出《现汉 6》的修订是细致而认真的，细到一个字形、一个“儿”化都不放过。只有坚守认真负责的态度、精益求精的精神，才能保证修订的质量。

词典的修订不可能一劳永逸，而是常修常新。有人说：“一部中型词典五年内不修订，中大型词典十年内不修订就会失去生命力，失去市场。”② 可见，修订是词典保持生命力的内在要求。虽然《现汉》的每一次修订都迈上了一个新台阶，但尚未尽善尽美。我们期盼她越来越完美，永远保持旺盛的生命力。

第四节　《现代汉语词典》第 6 版释义部分若干问题商榷③

由中国社会科学院语言研究所词典编辑室编纂、商务印书馆出版发行的《现代汉语词典》(本节内以下简称《现汉》，不同版本用加数字表示，

① 江蓝生.《现代汉语词典》第 6 版概述［J］. 辞书研究，2013 (2)：1－19.

② 章宜华，雍和明. 当代词典学［M］. 北京：商务印书馆，2007：331.

③ 此节由安华林撰写，曾以同名题目发表于《辞书研究》2015 年第 3 期。此处有改动。

如《现汉 5》指第 5 版，其余类推，直接引用仍依原文），自 1978 年正式出版以来，迄今已出 7 版。其中第 6 版于 2012 年 6 月出版发行。《现汉 6》对《现汉 5》做了全面细致的修订（详见第 6 版说明），质量上有了较大提升①，但仍然存在有待进一步完善的地方。本节分类列举释义部分尚可商榷之处，并提出修改意见。

一、义项收录方面

（一）漏收常用义项

《现汉 6》有些词条漏收现代常用的义项。例如：

> **伯父** 名 ❶ 父亲的哥哥。❷ 称呼跟父亲辈分相同而年纪较大的男子。（第 99 页②）
>
> **伯母** 名 伯父的妻子。（第 99 页）

“伯父、伯母”属于同一语义子场，释义却不平行，“伯母”只解释亲属称谓，漏收社会称谓。《现代汉语规范词典》第 2 版③（本节内以下简称《规范 2》，其他版本仿此，直接引用仍依原文）的释义可供参考：“伯母 ❶ 名 伯父的妻子。❷ 名 对同学、同事等的母亲的尊称。”（《规范 2》第 96 页）

> **大体** ❶ 名 重要的道理：识～，顾大局。❷ 副 就多数情形或主要方面而言：我们的看法～相同。（第 245 页）

此条漏收“大致；大概”意思的形容词（或属性词）性义项，如“大体情况就是这样”“对事情有个大体的了解”。

> **口** ⓬ 量 a）用于人：一家五～人。b）用于某些家畜或器物等：三～猪｜一～铡刀｜一～缸。（第 745 页）

在量词用法上，此条漏收义项“用于某些跟口有关的动作”，如“一口饭都没吃”“他吃了两口就不吃了”。

《现汉 6》可酌情增补的义项还有：“超”的副词性义项，现在用法很广泛，如“超强、超薄、超厉害”；“承诺”的名词性义项，如“履行承

---

① 安华林.《现代汉语词典》第 6 版对第 5 版释文的修订［J］. 辞书研究，2014（6）：24－33.

② 指所引《现汉 6》的页码。本节内下同不赘。

③ 李行健. 现代汉语规范词典［Z］. 2 版. 北京：外语教学与研究出版社，语文出版社，2010.

诺”“对客户的承诺一定要兑现”；“封闭”的形容词性义项，如“思想保守封闭”“这个山寨消息很封闭”；“差不多”的形容词性义项“接近全或完的”，如“人来得差不多了”“钱花得差不多了”等。

（二）收设不太常用的义项

其一，为现代基本不用的古旧义设立义项。这种情况较为多见。例如：

> **当今** 名 ❷ 封建时代称在位的皇帝。（第259页）
>
> **待遇** ❶〈书〉动 对待（人）：~宾客甚厚。（第251页）

以上两个词条所收义项都比较陈旧，现在基本不用，可以删去。

其二，为不甚通行的方言义设立义项。例如：

> **不许** 动 ❷〈口〉不能（用于反问句）：何必非等我，你就~自己去吗？（第112页）

此义不通用，虽标“口”，疑为方言义，可以删去。

《现汉6》可酌情删除的义项还有：“春风❷”（第207页）、“开展[1]❸”（第722页），等等。

（三）同一词条中以上两种情况并存

> **出名** ❶ 形 有名声；名字为大家所熟知：他是我们厂里~的先进生产者。❷（~儿）动 以某种名义出来（做某件事）：由董事会~解决这个问题。（第190页）

此条漏收动词性义项“名声在外；名字为大家所熟知”，如“这本书一上市他就出名了”“一夜之间出了名”。❷义一般不用，多用“出面”，可以删去。

词义收录和义项设立跟词典的规模和定位有关。《现汉6》是以共时为主的中型语文词典，对现代常用的语文义不能漏收，应该适时增补比较常用的新义，例如增补了“宅”的动词性义项（如“宅在家里”）就很及时，但“超”的副词性义项（如“超强、超简单”）尚未增补；可以酌收部分古旧义，但不宜过多，多则不合“共时”的性质，对现代基本不用的古旧义最好不收。《现汉6》又是语文规范词典，可以酌收通行较广的方言义，对使用较窄的方言词和方言义最好不收。收设不常用的古旧义或方言义可能是为了满足查考的需要，但增加了冗余度，所以必须严格控制。

二、义项分合方面

有些词条，《现汉 6》义项划分过粗。例如：

奋战 动 奋勇战斗：浴血～。（第 385 页）

《现汉 6》将“战斗”分为三个义项（第 1637 页），本义是武装冲突（名）或同敌方作战（动），引申义是泛指斗争。此处将“奋战”的本义和引申义（也是常用义）揉在了一起，应该分立。可做如下处理：

奋战 动 ❶ 奋勇战斗：浴血～丨～疆场。❷ 奋力斗争；全力去做：～在抗洪抢险的第一线丨～二十天，确保大丰收。

有些词条，《现汉 6》义项划分过细。例如：

层次 名 ❶（说话、作文）内容的次序：～清楚。❷ 相属的各级机构：减少～，精简人员。❸ 同一事物由于大小、高低等不同而形成的区别：多～服务丨举行高～领导人会谈丨年龄～不同，爱好也不同丨房子面积还可以，就是朝向和～不理想。❹ 语言学中指语言单位组合的先后顺序。（第 132 页）

此条中，义项划分太细，而且义项排序也不很合理。如果脱离特定的语境，人们很难想到有“机构层次”的意思。也就是说，❷义是在具体语境中的言语义，不宜作为义项。实际上，作为概括的词义，“层次”有“等级”和“次序”两方面的意思。如果概括地释义，可以解释为“同一事物由于大小、高低、先后等不同而形成的等级和次序”，❶、❷、❹都可以作为具体的言语义。如果稍微详细地释义，可以解释为：

层次 名 ❶ 同一事物由于大小、高低等不同而形成的区别：多～服务丨举行高～领导人会谈丨年龄～不同，爱好也不同丨房子面积还可以，就是朝向和～不理想。❷（说话、作文）内容的次序：～清楚。

至于术语义❹设还是不设，要对全典可能有术语义的词条做统一考虑。

义项是字义、词义在使用中的一个个意思，在辞书中表现为对字义、词义的分项解释。义项的划分应该具有概括性，但概括性需要适度。如果概括过度，就会掩盖词义的具体表现；反之，则失之零散琐碎。辞书中的一个义项，对内应有统括性，对外应有区别性。所谓“统括性”，是指一个义项的设立应该概括这个意思下面所有具体语境中的言语变体。比如“窗户”，《现汉 6》（第 204 页）解释为“墙壁上通气透光的装置”，就没有把车、船、飞机等处的窗户概括进来。所谓“区别性”，是指一个义项的设立应该跟其他义项界限明确。比如“步伐”，《现汉6》（第115页）解释为“名❶指队伍操练时脚步的大小快慢：~整齐。❷行走的步子：矫健的~。❸……”❶和❷的界限就不太明确，“队伍操练时脚步的大小快慢”只是“行走的步子”的一种情况，或者说是“行走的步子”的具体化，语感上，也分不清“单人行走的步伐”和“队伍行进的步伐”有什么不一样，所以两个义项可以合并为“行走的步子；脚步”。

三、义项排序方面

《现汉6》的义项大体上按义项的引申线路排序，即“本义→引申义”。例如：

脸面 名 ❶脸①：~消瘦。❷情面；面子：看我的~，不要生他的气了。（第807页）

此条中，❶是本义，❷是引申义，又是常用义或基本义。《现汉6》并没有把常用义放在第一，而是把本义放在第一。

有些不符合这种顺序的词条，后来做了调整。例如：

味道 名 ❶味①：这个菜~好◇心里有一股说不出的~。❷指兴趣：这个连续剧越看越有~。❸〈方〉气味：他身上有一股难闻的~。（《现汉5》第1423页）

味道 名 ❶味①：这个菜~好◇心里有一股说不出的~。❷〈方〉气味：他身上有一股难闻的~。❸指趣味；情趣：这个连续剧越看越有~。（第1360页）

《现汉6》调整后更符合义项引申顺序。

以此标准衡量，《现汉6》有些词条的义项排序还可斟酌。例如：

出头 动 ❶从困苦的环境中解脱出来：盼到了~之日。❷（物体）露出顶端：~的椽子先烂（比喻冒尖的人最容易受到打击）。❸出面；带头：~露面丨我们厂的体育活动，是他~搞起来的。❹（~儿）用在整数之后表示有零数：小麦亩产八百斤~丨你已是三十~的人了，该成家了。（第191页）

此条❶是基本义，虽然常用，但不是各义引申的起点。其实字面义“（人、动物）伸出头来”才是引申的起点，由于是短语，所以不收。由此义再引申出“（物体）露出顶端”。按照《现汉 6》依义项引申先后排序的通例，为❷→❸→❶→❹似乎比较合理。《规范 2》（第 192 页）的义项排序可供参考。

上节已述，理论上，义项排序可有多种选择，《现汉 6》“采用的是多重标准”①。我们觉得，不管采用单一标准还是多重标准，词典内部应该统一。

四、释文词句方面

（一）用词不贴切

《现汉 6》有的词条释义用词不够准确贴切。例如：

韵 ❷ 名 韵母：押～丨叠～丨～文。（第 1614 页）

此条用“韵母”解释“韵”不太准确。“韵”有时是“韵母”的意思，如声韵调；有时不是，而指韵母中除去韵头的部分，如“押韵、叠韵”中的“韵”不等于韵母。❷义可解释为“韵母或韵母中不含韵头的部分”。

补课 动 ❶ 补学或补教所缺的功课：老师放弃休息给同学～。（第 103 页）

此条释义所用的“功课”多指学习者要完成的任务，用词太窄。因“补课”还包括教师补教，故将“功课”改为“课程”似更适宜。

的[1] 助 ❶ 用在定语的后面。a）定语和中心词之间是一般的修饰关系：铁～纪律丨幸福～生活。b）定语和中心词之间是领属关系：我～母亲丨无产阶级～党丨大楼～出口。……（第 272 页）

此条释义所用的“中心词”不准确。被定语修饰的中心可能是词，如词条中的例证，也可能是词组，如“鲜艳的大红花”中的“大红花”就不是词。“中心词”宜改为“中心语”或“中心成分”。全典同此。

（二）所用词义无着落

《现汉 6》有的词条所用的释词的意思跟该释词的释义照应不上。例如：

---

① 张博.《现代汉语词典》第 6 版释义修订的类型及特征［J］. 辞书研究，2013（2）：31.

网球 名 ❷ 网球运动使用的球，圆形，具有弹性。里面用橡皮，外面用毛织品等制成。（第1346页）

橡皮 名 用橡胶制成的文具，能擦掉石墨或墨水的痕迹。（第1427页）

解释“网球”用了释词“橡皮”，而“橡皮”的释义是“文具”。网球运动使用的球，里面显然不是用橡皮这种文具做成的，而应该是“橡胶材料”。

澄清 ❶ 形 清亮：湖水碧绿～。（第170页）

清亮 形 清脆响亮：嗓音～｜～的歌声。（第1059页）

“清脆响亮”显然不是“澄清”条中“清亮”的意思。

人工 ❶ 形 属性词。人为的（区别于“天然、自然”）：～湖｜～呼吸｜～降雨。（第1090页）

人为 ❷ 形 属性词。人造成的（用于不如意的事）：～的障碍｜～的困难。（第1093页）

用“人为❷”的释义不易理解“人工❶”中的“人为”。可以把“人工❶”中的“人为的”改为“人做的或靠人力形成的”。

（三）搭配不当

步伐 名 ❸ 比喻事物进行的速度：要加快经济建设的～。（第115页）

“事物”与“进行”搭配不当。可将“事物”改为“事情”。

馋 ❷ 形 看到喜爱的事物希望参与或得到：眼～｜看见下棋他就～得慌。（第141页）

“事物”与“参与”搭配不当。释义可改为“看到喜爱的事物想得到；看到喜欢做的事情想参与”。

词典释义的用词组句应该具有准确性、照应性和规范性，规范型语文词典更应如此。

五、释义内容方面

（一）释义不准确

有的释义范围过窄。例如：

称呼 ❷ 名 当面招呼用的表示彼此关系的名称，如同志、哥哥等。（第163页）

称呼不限于表示彼此关系，还可以表示对方身份、职业等，如“教授、处长”等；也不限于当面招呼，还可以用于背后指称。《规范2》（第162页）的释义可参考：“称呼 ❷ 名 当面招呼或背后指称时用的体现彼此关系或对方身份、地位、职业的名称。如老师、师傅、厂长等。”

《现汉6》释义范围过窄的词条还有：“场馆”（第149页），应该不限于体育场馆，如世博会场馆；“称职”（第162页），释义涵盖不了“称职的父亲、称职的丈夫”这样的说法；“尺寸❶”（第175页），应该不限于长短，还包括大小，如“这件衣服尺寸不合适，穿起来太胖”；“窗户”（第204页），上文已谈；“搭❷”（第230页），应该不限于“柔软的东西”，还可以是人的手、动物的爪子，如“他把手搭在同伴的肩膀上”“狗把爪子搭在主人的手上”；“厚”“厚度”（第544页），都只指出上下两面，扁平物体如果竖起来就不是上下两面了，如门，所以应加上“或前后、正反两面”；等等。

有的释义范围过宽。例如：

那些 代 指示代词。指示两个以上的人或事物：奶奶爱把早年间的～事儿讲给孩子们听。（第928页）

这些 代 指示代词。指示较近的两个以上的人或事物：……（第1650页）

两条比较，可以明显看出“那些”释义过宽，可以包含“这些”。释语可改为“指示较远的两个以上的人或事物”。

（二）释文有歧义

馂 jùn〈书〉吃剩下的食物。（第715页）

是“吃剩下的/食物”（定中结构）还是“吃/剩下的食物”（述宾结构）？有歧义。据《说文新附》：“馂，食之余也”，本义应为“吃后剩下的食物”。《汉语大字典》（简编本）收录两义，分别解释为“吃后剩下的食物”和“吃别人剩下的食物”①。不知《现汉6》收录的是何义，应该明确

① 李格非．汉语大字典（简编本）［Z］．武汉：湖北辞书出版社；成都：四川辞书出版社，1996：1999.

所指，避免歧解。

> **差** chà ❹ 形 不好；不够标准：质量～。（第 138 页）

“标准”有名、形两个词性，“够”也有动、副两个词性，所以“不够标准”可以有两种理解：不符合标准或不太标准。可将“不够”改为“不符合”或“达不到”。

准确是词典释义的生命线。中小型语文词典在保证准确的前提下，释义还应尽量简明，即简洁明确，浅显易懂，避免晦涩歧解。虽然《现汉》的释义历来以精当著称，但也不是没有改进的余地。

六、释语功能方面

释语功能包括释义功能、语法功能、语用功能等多个方面，这里主要指语法功能。根据语法功能，可将释语分为名词性释语（释语是名词或功能跟名词相当的语句）、动词性释语（释语是动词或功能跟动词相当的语句）、形容词性释语（释语是形容词或功能跟形容词相当的语句）、副词性释语（释语是副词或功能跟副词相当的语句），等等。如果以名释名，以动释动，以形释形……，那么释语的语法功能跟词目的词性契合，反之则不契合。这方面《现汉 6》还有不小的改进空间。

有的以名释动。例如：

> **动** ❷ 动 动作；行动：劳～｜轻举妄～｜一举一～｜只要大家～起来，什么事都能办。（第 311 页）

“动作”经常用作名词，基本不作动词。此条用名词解释动词。释语宜使用常用词义和常用词性。

> **加工** 动 ❷ 为使成品更完美、精致而做的各种工作：技术～｜艺术～。（第 618 页）

此条用名词性释语解释动词。

《现汉 6》以名释动的词条还有：“笔试”（第 69 页）、“发育”（第 351 页）、“反射”（第 361 页）、“公证”（第 452 页）、“核算”（第 527 页）、“口试”（第 746 页），等等。

有的以名释形，主要集中在颜色形容词和味觉形容词上。例如：

> **青** ❶ 形 蓝色或绿色：～天｜～山绿水｜～苔。❷ 形 黑色：～布。（第 1054 页）

红 ❶ 形 像鲜血的颜色：~枣｜~领巾。（第536页）

紫 ❶ 形 红和蓝合成的颜色：~红｜青~｜玫瑰~。（第1724页）

《现汉6》对基本颜色形容词的释义大体上采用以上三种形式：一是直接用颜色名词解释，二是用"比况性词语+的+颜色"，三是用"解释成因性词语+的+颜色"。无论哪种方式，都是用名词性释语解释形容词。对非基本颜色形容词的释义也采用以名释形的方式。例如：

大红 形 很红的颜色。（第241页）

我们认为，释语与被释词在语法功能上最好保持一致。按此要求，可对以上释语进行改造，如"青 ❶ 形 蓝或绿"，"红 ❶ 形 像鲜血的（颜色）"或"红 ❶ 形（颜色）像鲜血的"，等等。

再如味觉形容词：

甜 形 ❶ 像糖和蜜的味道（跟"苦"相对）：这西瓜真~◇话说得很~。（第1289页）

苦 ❶ 形 像胆汁或黄连的味道（跟"甘、甜"相对）：~胆｜这药~极了。（第749页）

《现汉6》对味觉形容词如"酸、甜、苦、辣、咸、涩"的释义都采用"比况性词语+的+味道"的方式，都是用名词性释语解释形容词。改造的办法可仿颜色词，如"甜 形 ❶ 像糖和蜜的（味道）"或"甜 形 ❶（味道）像糖和蜜的"。

有的以名释副。例如：

完全 ❷ 副 全部；全然：~同意｜他的病~好了。（第1339页）

据《现汉6》（第1076页），"全部"为名词，此处却用它来解释副词。

有的以动释名。例如：

产销 名 生产和销售：~结合｜~合同。（第143页）

"产销"是"生产"和"销售"的合称。"生产"和"销售"都是动词，而"产销"却是名词，词义和词性出现矛盾。这种情况如何处理，值得研究。《规范2》注为动词，我们觉得跟"产销"的语法功能不合，还是注成名词比较合适。为了使释语和词目语法功能一致，可将释语改为"生产的情况和销售的情况"或"生产和销售的情况"。

有的以动释形。例如：

恼火 形 生气：大为～。（第935页）

根据《现汉6》的标注，“生气”（第1162页）是动词，这里用来解释形容词。

枯 ❶ 形（植物等）失去水分：～萎丨～槁丨～草丨～骨。❷ 形（井、河流等）变得没有水：～井丨海～石烂。（第748页）

“枯❶”的释语“失去水分”是动词性述宾结构，“枯❷”的释语“变得没有水”是动词性中补结构，这里用来解释形容词。这种情况在《现汉6》中比较常见。

《现汉6》中以动释形的词条或义项还有：“策略❷”（第132页）、“慈善”（第213页）、“懂事”（第311页）、“烦❷”（第357页）、“反动”（第359页）、“肥沃”（第376页）、“封建❸”（第391页）、“富有❶”（第412页）、“完备”（第1338页）、“完整”（第1339页）、“胀”（第1642页），等等。

有的以动释副。例如：

奋力 副 充分鼓起劲来：～拼搏丨～抢救落水儿童。（第385页）

“充分鼓起劲来”是动词性释语，这里用来解释副词。根据《现汉6》解释副词的惯例，可以前加提示词“表示……”或后加标记词“……地”。

有的以代释副。例如：

分别[2] ❸ 副 分头；各自：几个人～去做动员工作丨部队到达前沿，～进入阵地。（第380页）

根据《现汉6》（第442页）的标注和释义，“各自”是人称代词。而“分别”在这个义项上是副词。

有的以副释形。例如：

充分 形 ❷ 尽量：～利用有利条件丨必须～发挥群众的智慧和力量。（第180页）

据《现汉6》，“尽（jǐn）量”是副词（第674页），“尽（jìn）量”是动词（第676页），跟“充分”的形容词性义项都不匹配。

凑巧 形 表示正是时候或正遇着所希望的或所不希望的事情：我正想去找他，～他来了丨真不～，你来访那天我刚好出差去了。（第219页）

"表示……"是《现汉 6》惯用的副词性释义格式，这里却用来解释形容词。

七、释义方法方面

（一）同语反复

指用被释词解释被释词的情况。例如：

繁荣 ❶ 形（经济或事业）蓬勃发展；兴旺：经济～｜把祖国建设得更加～富强。❷ 动 使繁荣：～经济｜～文化艺术事业。（第 358 页）

希望 ❶ 动 心里想着达到某种目的或出现某种情况：他从小就～做一名医生。❷ 名 希望达到的某种目的或出现的某种情况；愿望：这个～不难实现。❸ 名 希望所寄托的对象：青少年是我们的未来，是我们的～。（第 1390 页）

"繁荣❷"使用了"繁荣"，"希望❷❸"使用了"希望"。先解释本义，然后用被释词解释引申义，是《现汉 6》的一种释义方法。好处是可以使释语简洁；不足是如果读者只读某个义项，比如只读"希望❷"，就达不到查阅的目的，无形中增加了查阅负担。我们认为应该尽量避免同语反复，因为读者在查阅辞书时不一定把所有义项都读完。

（二）循环释义

一种是完全循环，即 A→B、B→A。这种情况不多。例如：

仿佛 ❶ 副 似乎；好像：他干起活儿来～不知道什么是疲倦。（第 369 页）

好像 ❷ 副 似乎；仿佛：他低着头不作声，～在想什么事。（第518 页）

似乎 副 仿佛；好像：他～了解了这个字的意思，但是又讲不出来。（第 1235 页）

每一个词目都任选其他两个词来释义。

一种是局部循环，即 A→BC、B→AC/AD，就是除了循环的释语外，还有其他的释语。这种情况比较多见。例如：

间或 副 偶尔；有时候：大家聚精会神地听着，～有人笑一两声。（第 637 页）

偶尔 ❶ 副 间或；有时候：他经常写小说，～也写诗。（第 962 页）

两词循环释义，另有共同释词“有时候”。

胸怀 ❷ 名 胸襟②：～狭窄丨～坦荡丨宽广的～。（第 1463 页）

胸襟 名 ❷ 心胸；心怀：荡涤～。（第 1463 页）

心怀 名 ❸ 胸怀；胸襟：～坦荡丨～开阔。（第 1445－1446 页）

心胸 名 ❷ 胸怀；气量：～开阔丨～狭窄。（第 1447 页）

多词循环释义，另有“气量”在循环之外。

烦恼 形 烦闷苦恼：自寻～丨不必为区区小事而～。（第 357 页）

苦恼 形 痛苦烦恼：自寻～丨为此事他～了好几天。（第 749 页）

两词循环释义，没有共同释词。

《现汉 6》中存在局部循环释义的词条或义项还有：“干脆❷”（第 419 页）和“索性”（第 1250 页）、“歌颂”（第 438 页）和“颂扬”（第 1238 页）、“鼓励”（第 468 页）和“勉励”（第 897 页）、“光滑”（第 484 页）和“平滑”（第 1000 页）、“开辟❷”（第 720 页）和“开拓❶”（第 721 页）、“面子^{1}❸”（第 900 页）和“情面”（第 1062 页），等等。

八、释义格式方面

（一）释义格式不统一

《现汉 6》有些同类（有些甚至是同一小类）词条所用的释义格式并不统一。例如：

花花绿绿（～的）形 状态词。形容颜色鲜艳多彩：墙上贴着～的年画丨姑娘们穿得～的，在广场上跳舞。（第 554 页）

歪歪扭扭 形 状态词。形容歪斜不正的样子：纸条上写着两行～的字。（第 1334 页）

两个词目同是重叠式合成词，同是状态词，释义一个用“形容……”，一个用“形容……的样子”，不一致。为了凸显状态词的描摹功能，释义用“形容”引导是个不错的办法，但应注意格式统一。

（二）释义提示词可商榷

所谓释义提示词，“是指语文辞书释义时用来提示词义的由来、引申途径，或与字面义不同的实际语义、深层含义以及表达功能等的前导词语，一般用在释文的开头或中间。”① 也有人称为“释语打头字”② 或“释义引导词”③。《现汉 6》有些释义提示词还可商榷。例如：

当[2] 拟声 形容撞击金属器物的声音：时钟～～～响了三下。（第 259 页）

《现汉 6》对拟声词释义都用“形容”引导，跟形容词的一些类别（如状态词）合用同一形式，容易引起混淆。建议用“模拟”或“模仿”。

尾巴 名 ❸ 指事物的残留部分：彻底平反冤案，不要留～。❹ 指跟踪或尾随在后面的人：甩掉～。❺ 指没有主见、只会随声附和的人。（第 1355 页）

读书 动 ❷ 指学习功课：他～很用功。❸ 指上学：妈妈去世那年，我还在～｜他在那个中学读过一年书。（第 321 页）

词义的引申从大的方面说主要有隐喻和转喻两种方式，如果每个义项都带“比喻……”“指（或借指）……”，就会太啰唆。《现汉 6》虽然“对释义提示词（如‘比喻、形容、借指’等）也做了统一的修订”（见第 6 版说明），但修改得不甚彻底。比如上举“尾巴”的❸❹❺义项都属于隐喻引申，“读书”的❷❸义项都属于转喻引申，却都用了“指”。建议对释义提示词“比喻、形容、指、借指、表示”等的使用明确分工，制定细则，比如，可将“比喻……”用于明显的比喻义（一般的隐喻不用），“形容……”用于状态词的释义，“指……”用于简称的原形，“借指……”用于明显的借代义（一般的转喻不用），“表示……”用于副词或一些虚词的释义，等等。

（三）释义结构与词目结构不一致

主编 ❶ 动 负编辑工作的主要责任：他～一本语文杂志。❷ 名 编辑工作的主要负责人：他是这本语文杂志的～。（第 1699 页）

主编 ❶ 动 主持编辑工作△他～好几种刊物。❷ 名 主持编辑工作的人。（《规范 2》第 1719 页）

比较以上两种释义，《规范 2》似乎更易于接受。原因在于释语结构与词目

① 江蓝生．《现代汉语词典》第 6 版概述［J］．辞书研究，2013（2）：13.

② 姜自霞．《现代汉语词典》（第 5 版）单音语素释语打头字“指”的使用［J］．辞书研究，2009（1）：63－71.

③ 安华林，等．汉语释义元语言理论与应用研究［M］．上海：学林出版社，2009：16.

结构具有相似性。如果在准确释义的前提下，释语与词目能保持结构上的一致性，似更符合趋同心理。

九、释文风格方面

语文词典不同于专科词典，释义不能也没有必要太专业化，否则达不到释义的目的。语文词典的释义如何做到科学性和简明性的统一，是个值得探讨的问题。《现汉6》对有些专科词的释义专业性很强。例如：

电压 名 电势差的通称。（第295页）

电势差 名 电场或电路中两点之间电势的差。单位是伏特。通称电压。旧称电位差。（第294页）

电势 名 单位正电荷从某一点移到无穷远时，电场所做的功就是电场中该点的电势。正电荷越多，电势也越高。单位是伏特。旧称电位。（第294页）

查常用的“电压”，结果带出了“电势差、电势”以及“电场、电路、正电荷、功”等一系列术语，没有相当的物理学知识，恐怕只能“望词兴叹”。

其他如“反馈（第360页）、反射（第361页）”等的释义专业性都很强。

十、释语括注方面

《现汉6》有的释语有括注。如果是单项释语，括注不会引起歧解。例如：

板正 形 ❷（态度、神情等）庄重认真。（第35页）

百倍 数量词。形容数量多或程度深（多用于抽象事物）：～努力｜精神～。（第28页）

由于只有一项释语，括号里的内容只能注解后面或前面的释语。

如果有多项释语（并列释语或类似于并列的释语），括号里的内容注解哪一项，《现汉6》处理得并不理想。例如：

走 ❸ 动（车、船等）运行；移动；挪动：钟不～了｜这条船一个钟头能～三十里｜你这步棋～坏了。（第1735页）

茁（草木）发芽，也指植物旺盛生长：～壮。（第1718页）

滞销 动（货物）不易售出；销路不畅：～商品｜产品～。（第1682页）

三个词条都是括注在前，但情况不同。“走❸”的释语“运行”是自动；“挪动”是使动，“使走”的意思；“移动”理解成自动和使动都可以。括注“(车、船等)”只注“运行”，或注“运行；移动”，不注“挪动”，从例证“你这步棋～坏了”也可看出。“苗”使用了类似于并列的释语，括注“(草木)”只注“发芽”，不注“也指植物旺盛生长”。“滞销”的括注“(货物)”则统注后两项释语。

败 ❷ 动 使失败；打败（敌人或对手）：大～侵略军。（第 31 页）

拔 ❻ 动 夺取；攻克（据点、城池等）：连～敌军三个据点。（第 18 页）

两个词条都是括注在后，但情况不一样：“败❷”的括注“（敌人或对手）”只管第二项释语“打败”，因为“使失败”后面不能带宾语；“拔❻”的括注“（据点、城池等）”却统注前两项释语。

标记不明确容易引起读者误解。建议用不同括号把两种情况的括注分开，比如仍用“( )”表示括注紧邻的单项释语，可用“{ }”表示括注或前或后的多项释语。

总体上看，《现汉 6》对《现汉 5》的修订是严肃而认真、全面而细致的。但词典的修订不可能一劳永逸，而是常修常新。也许，编纂或修订完成一部词典都会留下这样或那样的遗憾，这正给以后的改进留下了空间。相信《现汉》随着一次次的修订，会一步步地走向完善。

第二章　英语学习词典研究

第一节　国外学习词典编纂与研究综述[①]

捷克词典学家拉迪斯拉夫·兹古斯塔（Ladislav Zgusta）在《词典学概论》一书中指出："词典是社会化的语言形式的系统，编纂者根据某一语言集团的言语习惯对这些语言形式加以注释，以便有一定水平的读者能理解其意义，得知该形式在该集团中的作用及其有关现象。"[②]《现代汉语词典》对"词典"的解释是："收集词汇加以解释供人检查参考的工具书（现多指语词方面的）。"[③] 吴世雄、陈维振则指出："词典是通过其定义或释义帮助读者对概念获取精确认识的工具。"[④] 可见，词典是对某一语言集团的词汇进行收集、整理和注解，从而帮助该语言集团理解和使用词汇的工具书。

那么何谓学习词典？学习词典首先是一种语文词典。章宜华、雍和明认为："语文词典与百科全书相对称，构成了辞书的两大种类。"[⑤] 语文词典分为普通语文词典、综合性语文词典和专门性语文词典，学生词典或学习词典是较典型的普通类语文词典。[⑥] 所以"从大类上看，学习词典隶属于语文词典。从学习词典的发展史来看，它脱胎于语文词典"[⑦]。而根据学

---

① 此节由广东海洋大学文学院对外汉语专业 2010 级本科生叶玲撰写，在安华林教授的指导下完成，部分内容曾以"国外学习词典编纂综述"为题发表于《北华大学学报》（社会科学版）2015 年第 3 期。此处有改动。

② 拉迪斯拉夫·兹古斯塔．词典学概论［M］．林书武，等译，北京：商务印书馆，1983：272.

③ 中国社会科学院语言研究所词典编辑室．现代汉语词典［Z］.6 版．北京：商务印书馆，2012：211.

④ 吴世雄，陈维振．语义模糊与词典定义［J］．辞书研究，1994（4）：53.

⑤ 章宜华，雍和明．当代词典学［M］．北京：商务印书馆，2007：107.

⑥ 章宜华，雍和明．当代词典学［M］．北京：商务印书馆，2007：108－110.

⑦ 安华林．从释义元语言的角度谈汉语语文词典的现状与创新［J］．盐城师范学院学报（人文社会科学版），2011（4）：97.

习者的性质，学习词典又分为两种：一种是面向本语族学习者使用的词典，即内向型学习词典；另一种是专门为外国学习者编纂的词典，即外向型学习词典。它们的关系如图 2 – 1 所示。

- 辞书
  - 语文词典
    - 普通语文词典
      - 查考性语文词典
      - 研究性语文词典
      - 学习性语文词典
        - 内向型学习词典
        - 外向型学习词典
    - 综合性语文词典
    - 专门性语文词典
  - 百科全书

图 2 – 1　辞书的类型

本节的研究对象是外向型学习词典（下文若无专门说明皆指外向型学习词典）。关于它的定义，哈特曼（R. R. K. Hartmann）在《词典学词典》（*Dictionary of Lexicography*）中说："a pedagogical dictionary aimed primarily at non – native learners of a language. The degree to which dictionaries have been integrated into the learning process varies from culture to culture. The true dictionary as a learning tool（'learning dictionary'，is still in its infancy）."① 汉译如下：学习词典是一种学习工具，对象主要是目的语非母语的语言学习者，在学习过程中词典的融入程度因文化而异（学习词典现处于初创期）。② 这主要是针对英语学习词典而言。就普遍意义来说，外向型学习词典就是帮助目的语非母语的学习者理解并运用目的语而编纂的一种工具书。

一、国外学习词典编纂概况

（一）国外学习词典编纂的主要成果

国外学习词典的编纂开始于 20 世纪初，特别是 20 世纪二三十年代。这一类型词典编纂的兴起和发展是与当时二语教育在世界范围内的广泛开展息息相关的。随着市场需求的扩大，"学习词典异军突起，并且试图作为一个全新的词典类型，逐渐从普通语文词典中分离出来"③。但那时的学

① 哈特曼，等．词典学词典［M］．北京：外语教学与研究出版社，2000：82.

② 黄瑾．论五大英语学习词典对英汉学习词典编纂的启示［J］．江西师范大学学报（哲学社会科学版），2008（4）：150.

③ 于屏方，杜家利．汉、英学习词典对比研究［M］．北京：中国社会科学出版社，2010：27.

习词典并未引起词典学家们的足够重视，直到20世纪30年代中期，情况才有所改变。1935年，威斯特（Michael West）和恩迪克特（J. G. Endicott）出版了《新方法英语词典》（*The New Method English Dictionary*），该词典被认为是第一部为外国学习者编纂的词典。① 接着，1942年，霍恩比（Hornby）等人编纂了《英语习语与句法词典》（*Idiomatic and Syntactic English Dictionary*），该书被认为是其后所有（包括英国和美国编纂的）英语学习型词典之母②，使英语学习词典真正引起词典界和外语教学界较为广泛的关注。在这部词典中，作者提出要对语言进行准确、浅显的描写；要把学生所需要的新信息加入到词典当中；重视短语、搭配并利用典型例句来演示，供学生模仿等③，所有这些理念都对后世学习词典的编纂起着指导作用。1948年，该词典由牛津大学出版社重印出版，1952年进行修订并更名为《当代英语高阶学习词典》（*The Advanced Learner's Dictionary of Current English*）。1974年，牛津大学出版社又在其标题前加上"牛津"二字，将该书易名为读者熟知的《牛津高阶英语词典》（*Oxford Advanced Learner's Dictionary*，本节内以下简称《牛津高阶》，直接引用仍依原文）。自《牛津高阶》开启学习词典的编纂之路以来，其他词典也紧随其后，相继出版。下面列举一些国家的主要学习词典。

1. 英国

《牛津高阶》（1974）、《朗文当代高级英语辞典》（*Longman Advanced Dictionary of Contemporary English*，1978，本节内以下简称《朗文当代》，直接引用仍依原文）、《柯林斯COBUILD高阶英语词典》（*Collins COBUILD English Dictionary for Advanced Learners*，1987，本节内以下简称《柯林斯高阶》，直接引用仍依原文）、《麦克米伦高阶英语词典》（*Macmillan English Dictionary for Advanced Learners*，2002，本节内以下简称《麦克米伦高阶》，直接引用仍依原文）、《剑桥高阶英语词典》（*Cambridge Advanced Learner's Dictionary*，2005，本节内以下简称《剑桥高阶》，直接引用仍依原文）。

2. 美国

《纽布里书屋美国英语词典》（*The Newbury House Dictionary of American English*，1996）、《兰登书屋韦氏美语词典》（*The Random House Webster's*

---

① 于屏方，杜家利．发达国家学习词典编纂场景概览（一）——英国编纂场景［J］．鲁东大学学报（哲学社会科学版），2012（2）：65.

② 王馥芳．优势和不足——《新英汉词典》（第四版）和《朗文当代英语词典》（第五版）的比较［J］．辞书研究，2010（5）：74.

③ 田兵．20世纪英语高阶学习词典研究［J］．外语教学与研究，2007（1）：62.

Dictionary of American English，1966）、《美国传统英语学习词典》（*The American Heritage English as a Second Language Dictionary*，1969）、《NTC 美国英语学习词典》（*NTC's American English Learner's Dictionary*，1998）以及《韦氏高阶学习词典》（*The Webster - Merriam Advanced Learner's Dictionary*，2008）。

3. 法国

《法语基础词典》（1958）、《基本词汇词典》（1963）、《供外国人使用的法语词典》（1979）、《法语词典》（1999）。

4. 日本

《面向外国学习者的基本语用例词典》（『外国人のための基本語用例辞典』，1971）、《基础日本语学习辞典》（『基礎日本語学習辞典』，1986）、《易懂日语词典》（『日本語を学ぶ人の辞典』，1995）、《面向外国学习者的快乐日本语词典》（『外国人のための楽しい日本語辞典』，2004）。

以上这些词典都立足于学习者的实际需求，积极吸收现代语言学的研究成果，借助大型语料库，立足实用，不断推陈出新，显示出很强的生命力，为其他语种学习词典的编纂树立了典范。在各国学习词典编纂实践中，英美的英语学习词典编纂的理论和实践均代表了目前该领域的最高水平。① 下面以英国五大学习词典——《牛津高阶》《朗文当代》《柯林斯高阶》《剑桥高阶》《麦克米伦高阶》为例，探讨国外学习词典编纂的共同特点。

（二）国外学习词典编纂的共性特征

1. 明确的编纂宗旨

《牛津高阶》（第 6 版）在 Publisher's Note（出版说明）与 Preface to the English Edition（英语版序言）中分别提到编纂宗旨："坚持以读者为先的原则"与"使原版以学习者为中心的重点得到进一步加强"。《朗文当代》（第 3 版）在 Preface（序言）中说道："词典编纂的中心任务是如何满足使用者的需求。"《柯林斯高阶》（第 6 版）在 Introduction（导言）中称："本词典试图描述的是大众习以为常的规范用法。"《剑桥高阶》在 Foreword（前言）中说："该词典是为世界任何地区的外国英语学习者而设计编写的。"《麦克米伦高阶》则在 Introduction（导言）中主张优秀的学习

① 于屏方，杜家利．发达国家学习词典编纂场景概览（一）——英国编纂场景［J］．鲁东大学学报（哲学社会科学版），2012（2）：64.

词典应该“包括正确的信息，而且一旦找到，它应该是很容易理解与使用的”，根本的问题是要解决“词典使用者为什么要查词典”以及“我们做什么才能更加有效地满足读者的要求”。①

《牛津高阶》强调“读者为先”，《朗文当代》侧重“满足使用者的需求”，《柯林斯高阶》试图“描述大众的规范用法”，《剑桥高阶》指出“为学习者而设计”，《麦克米伦高阶》提出“满足读者的要求”。五大英语学习词典在编纂宗旨上都有一个共同特点，即以读者为中心，从学习者的角度出发，针对学习者的学习特点和需求来确立词典编纂的原则，以使用者为本，为词典内容的设计和结构的编排确定了明确的总体目标。

2. 完善的编排结构

（1）收词广泛。

五大词典都具有收词广泛的特点，具体体现在三个方面：收词量较大，收词范围较广泛，不断吸收新词新语。

据统计，《牛津高阶》（第 5 版）共收词语 6.3 万条，《朗文当代》（第 1 版）收词 5.5 万条，《柯林斯高阶》（第 2 版）收词 7.5 万条，《剑桥高阶》（第 1 版）收词 10 万条（含短语），《麦克米伦高阶》（第 1 版）共收词语 10 万余条。可见，在收词的数量上，五大词典的词条数大多处于 5 万 ~10 万，而且随着时代的进步、版本的更新，新的词汇也不断被吸收进来。如《朗文当代》到第 2 版收词增至 5.6 万条，再到第 3 版则达到 8 万多条（含短语），收词量比第 2 版扩大近五分之一。《牛津高阶》（第 6 版）也增至 8 万条。②

与百科词典相比，五大词典的百科词汇相对有限，但它仍然根据人们的实际需要，有针对性地加以补充，涉及政治、经济、文化、科技、体育等各个领域，如《牛津高阶》（第 4 版）增加了政治词汇：first refusal（优先选择权）、perestroika（政策）；经贸词汇：black economy（地下经济）、cashpoint（自动取款机）；科技词汇：cosmology（宇宙起源论）、main frame（主机）；文教词汇：semiotics（符号学）、DJ（唱片师），等等。《牛津高阶》第 8 版中也增加了 stir - fry（炒）、barbecue（烧烤）、boil（煮）、steam（蒸）、bake（烘焙）等烹饪主题的词汇，这类主题式彩页图

① 转引自黄瑾．论五大英语学习词典对英汉学习词典编纂的启示［J］．江西师范大学学报（哲学社会科学版），2008（4）：150.

② 李思国，李欣，胡勇红．从 LDOCE 的发展看英语学习词典的编纂方向［J］．外语与外语教学，2000（11）：43.

共64幅，涉及山脉、卧室、车辆、厨房、兴趣爱好等。①《朗文当代》（第3版）新增了64页的新词语，添加了大量反映社会发展的新词汇。② 可见，五大学习词典的编者们在收词的数量和范围上都努力体现出时代特色，最大限度地满足读者的需求。

（2）立目清晰。

“词典中要加以解释借以建立词条的任何语言单位叫作词目。”③ 立目指在词目选定以后，确定某些有关联的词目正式进入词典时的分合和主次。④《牛津高阶》在分立词目方面，属于“传统改良型”，即立足于词的核心意义，列出常见意义，然后再按照词性列出相关的引申义。《朗文当代》和《麦克米伦高阶》都遵循“认知优先”的原则，即在诠释词义和编排各类语言信息的过程中，充分考虑学习者的语言认知规律和要求，这点从《朗文当代》第2版和第3版对“race”的不同处理中可见一斑。第2版中的“race”列为：$race^1$ n. 比赛、$race^2$ v. 比赛、$race^3$ n. 种族，而第3版中却列为：$race^1$ n. ①比赛、②种族，$race^2$ v. 比赛。与第2版不同，第3版考虑到了学习者的认知规律，把同一词性的义项归为一类。因为当学习者遇到生词去查阅词典时，该词的语义信息是空白的，是查寻的目标，而语法信息在一定的上下文语境中却容易被首先获得而成为已知信息，这样的处理吻合了学习者由已知信息探讨未知信息的认知规律。《柯林斯高阶》则坚持“频率优先”的原则，把同形词条按照使用频率的高低进行排列。《剑桥高阶》则立足于以“一义一词”为主的“语义优先”原则，即把词的每一个义项列为一个词目，语义相关的义项排在这个词目之下，相关的其他词性的义项再作为内词条处理。⑤

总的来看，五大词典在具体的立目方法上各有千秋：或按传统方法分清主次，或按频率高低排列词条，或按词性归并义项，或重语义“一义一词”。虽然方法各异，但它们都是立足于自身的实际情况，坚持一定的规则并一以贯之，把庞大杂乱的词汇条目系统地编排起来，从而形成有序的体系。

（3）注音规范。

在读音标注上，五大词典体现出较大的共性。首先，在注音方法上，

---

① 李红梅．《牛津高阶英语词典》第八版的新特色［J］．辞书研究，2013（3）：64.

② 沈江瑞．《朗文当代英语词典》的宏观结构特征［J］．郑州大学学报（哲学社会科学版），2003（2）：122.

③ 胡明扬，谢自立，梁式中．词典学概论［M］．北京：中国人民大学出版社，1982：93.

④ 胡明扬，谢自立，梁式中．词典学概论［M］．北京：中国人民大学出版社，1982：106.

⑤ 田兵．20世纪英语高阶学习词典研究［J］．外语教学与研究，2007（1）：63－64.

五大词典都以国际音标（IPA）为标准，采用音位音标（宽式音标）注音的方法，如《牛津高阶》（第6版）中，元音音标有23个（包括1个美国英语元音音标），辅音音标有24个。① 其次，在重音的标注上，《柯林斯高阶》用下划线表示，其余四大词典都用垂直符表示。最后，在读音风格上，五大词典都提供了英、美两种读音，英国读音在前，美国读音在后，体现出英美读音的地区差异，满足读者学习英美读音的不同需求，如 true［truː］（英）/［tru］（美）等。这些较为规范、通用的注音方法为词典使用者提供了便利。

（4）标注简明。

标注指词条中对词目的语法等属性用一定的文字或符号加以标记。《朗文当代》（第4版）、《柯林斯高阶》（第3版）和《剑桥高阶》（第2版）基本上保留了旧版的标注方法，如［C］、［U］、［adj］、［adv］、［pl］、［prep］、［peon］等。《牛津高阶》（第6版）则在保留传统语法代码的基础上，对一些代码进行了创新，如动词的模式代码：［V - ing］、［VN］、［VN to］、［V that］、［V wh］、［V to］等。《麦克米伦高阶》（第1版）则借鉴《朗文当代》第3版的标注系统，采用较为综合的语法代码，如［C］、［U］、［I］、［T］、［linking verb］、［modal verb］、［sb］、［sth］等。从总的趋势来看，五大词典的语法代码都经历了由繁到简的过程，而且在传统和现代两种系统中相互吸收，使语法标注系统不断朝着简洁化、规范化的方向发展。

（5）释义浅易。

释义指解释字义或词义。五大词典在释义上的特征主要体现在两个方面。

第一，在内容上，严格控制释义用词。1978年的《朗文当代》（第1版）是第一部控制释义用词的英语学习词典，“其编撰者利用近2 000个‘释义专用词汇’解释所有词的意义，释义浅显易懂”②。接着，其他学习词典纷纷借鉴这一方法，只是释义用词的数量略有不同：《剑桥高阶》（第1版）为2 000个，《柯林斯高阶》（第2版）和《麦克米伦高阶》（第1版）都是2 500个，《牛津高阶》（第5版）则是3 500个。五大学习词典都把释义用词控制在2 000～3 500个，使学习者在有限词汇的基础上快速理解词条内容，实现语言解码的高效化，充分体现了词典编纂的用户原则。控制释义用词成为五大学习词典的显著特征，并不断得到发展和完善。

① 霍庆文．英语学习词典的发展趋势［J］．辞书研究，2004（5）：56.

② 亚楠．浅析两部高阶英语学习词典［J］．湖北广播电视大学学报，2011（9）：111.

第二，在形式上，短语释义与整句释义相结合。在1987年之前，英语学习词典多采用短语释义的方法，如《牛津高阶》（第3版）对“A”的解释为“the first letter of the English alphabet”。但是这一状况随着《柯林斯高阶》（第1版）的出版发生了变化。《柯林斯高阶》（第1版）是第一部采用整句释义的英语学习词典。它把解释的对象直接融入句子当中，使词目成为释语的一部分。如《柯林斯高阶》（第1版）中对“A”的解释是：“A is the first letter of the English alphabet. \ In music，A is the sixth note in the scale of C major.”这种整句释义的方法把词汇的意义和用法巧妙地结合起来，为读者掌握词汇提供了直接的语境，在当时的词典界引起了广泛关注。后来出版的《朗文当代》（第3版）、《剑桥高阶》（第1版）、《牛津高阶》（第6版）和《麦克米伦高阶》（第1版）根据不同的需要，都部分采用了整句释义的手段。总的来看，在释义形式上，五大词典以短语释义为主，兼用整句释义，不断朝着实用化方向发展。

（6）举例真实。

举例即提供例证。学习词典的表达功能在很大程度上是依靠例证来实现的。根据来源，例证可以分为真实例证与自撰例证，还可以分为短语例证、整句例证，口语例证、书面例证等。对于真实例证与自撰例证的优劣，辛克莱（John Sinclair）认为，真实例证不仅能说明词目的意义和用法，还起着说或写的典范作用；而霍恩比（Hornby）则极力赞同自撰例证，认为自撰例证可以包含详尽的语法信息和词汇信息，有助于说明词目的意义和用法。[①] 自撰例证因为设计的原因可能包含较多的信息，也可能因为设计者的使用习惯而疏忽某些信息；真实例证则可以弥补这方面的缺陷，能反映语言单位在实际使用中的种种确切情况，但是从纷繁的数据库中找出恰当而典型的例证，需要付出更多的劳动。

根据统计，在五大英语学习词典连续出现的115个主词条和副词条中，整句例证占了70% ~90%，在整句例证中，典型的口语例证占了9% ~25%。[②] 整句例证为学习者理解和掌握新词提供了具体、真实的语境，而口语例证直接来源于社会生活，是人们运用语言的真实反映。整句例证和口语例证的充分应用说明在例证的选择上，五大词典倾向于提供真实例证。

3. 先进的编纂手段

自1974年《牛津高阶》（第3版）利用电子计算机编纂学习词典开始，计算机技术在学习词典编纂的各个阶段起着越来越重要的作用。从资

---

① 转引自霍庆文．英语学习词典的发展趋势［J］．辞书研究，2004（5）：58.

② 霍庆文．英语学习词典的发展趋势［J］．辞书研究，2004（5）：58.

料收集、整理、分析再到词典编纂、制作和校订等各个环节，计算机都起着无可替代的作用，节省了大量人力、物力。1987 年的《柯林斯高阶》（第 1 版）被认为是第一部利用计算机语料库编纂而成的英语学习词典。虽然当时所用的是只有 2 000 万个词的“英语库”（the Bank of English），但它却代表了 20 世纪 80 年代计算机语料库应用于英语学习词典编纂的突破性进展。其后，在 1995 年出版的《牛津高阶》（第 5 版）、《朗文当代》（第 3 版）、《柯林斯高阶》（第 2 版）、《剑桥高阶》（第 1 版）也都借助计算机语料库编纂而成。五大英语学习词典的新近版本更体现出大型语料库的强大功能：2000 年的《牛津高阶》（第 6 版）以“牛津语料库”（Oxford Corpus Collection）和含有 1 亿个词的“英国国家语料库”（the British National Corpus）为依据；2001 年的《柯林斯高阶》（第 3 版）以含有 4 亿个词的“英语语料库”（English Corpus）为依据；2002 年的《麦克米伦高阶》（第 1 版）则以含有 2 亿个词的“世界英语语料库”（World English Corpus）为依据；2003 年的《朗文当代》（第 4 版）以含有 3 亿个词的“朗文语料库网络”（Longman Corpus Network）为依据；《剑桥高阶》（第 2 版）以含有 1 500 万个词的“剑桥学习语料库”（Cambridge Learner Corpus）和含有 5 亿个词的“剑桥国际语料库”（Cambridge International Corpus）为依据。① 可见，五大学习词典的革新和进步，离不开庞大的语料库支撑，离不开先进的计算机技术支持，它们都为词典编写者提供了丰富的语言资源和强大的技术保障。

（三）国外学习词典编纂的发展趋势

1. 以语言学理论为指导

虽然学习词典较多关注词汇的意义和用法，但编纂工作离不开语言学理论的指导。“五大学习词典虽然各具特色，但有一点共性，即都将语言学的研究成果充分应用到词典编纂之中，力求使学习词典符合大脑认知模式，以帮助词典用户取得更佳的学习效果。”② 据考伊（Cowie）称，“虽然《朗文当代》（第 1 版）称不上是第一部革命性的或第一部利用语言学研究成果的作品，但该词典确实体现了语言学更多的最新研究成果，尤其在语

---

① 霍庆文．英语学习词典的发展趋势［J］．辞书研究，2004（5）：61.

② 荣月婷．语言学理论在学习词典中的应用［J］．成都大学学报（社会科学版），2013（1）：125.

法学和语义学方面”[①]。如《牛津高阶》（第 7 版）运用语义场理论，把“词汇扩充”（vocabulary building）、“词语辨析”（which word）、“词族”（word family）、“同义词栏”（synonyms）等方法应用到词典编纂之中，充分展现了词汇之间的语义场关系。又如《麦克米伦高阶》（第 2 版）运用语言学的隐喻理论，在词目下面设置了 achieve、guilty、people、affect、happy、power 等共计 65 个“隐喻栏”（metaphor boxes）。[②]《剑桥高阶》（第 3 版）、《柯林斯高阶》（第 5 版）、《朗文当代》（第 4 版）都结合语言学中的原型理论，对某些词语采用了原型释义的方法。除此之外，《柯林斯高阶》（第 1 版）运用语境理论，开启了词典整句释义的新模式，等等。这些都跟语法学、语义学、语用学、功能语言学、社会语言学、语料库语言学、认知语言学、二语习得等方面的研究成果息息相关。无论是词目的设立、词条的分合、词性的确定，还是义项的归纳、用法的说明等，都离不开语言学相关领域的研究。在可见的未来，语言学理论将会更加广泛地运用于词典编纂的实践之中，为编写更加优秀的词典提供积极的指引。

2. *以词典用户为立足点*

“接受理论把作为接受主体的读者提升至一个空前的重要高度，不仅为文学理论研究开辟了新的视野，同时也对包括词典学在内的整个人文社会科学研究产生了重大的影响。”[③] 国外学习词典不管是宏观宗旨——以学习者为中心，还是微观结构——收词的广泛性、立目的系统性、注音的规范性、标注的简明性、释义的浅易性，等等，都以用户为中心，把接受者的实际需求放在第一位，努力满足学习者使用过程中的各种需要。随着用户意识的不断增强，学习词典的编纂方向将从编者的角度向用户的角度走得更远。正如李文中所说：“词典学研究的对象不仅应包括词典编纂者，还应包括词典的使用者。这实际上概括了当今词典编纂的发展趋势。”[④] 随着全球化进程的不断加快，外语学习者将会越来越多，需求逐渐多样化，未来的学习词典编纂也应针对用户的不同需求开发不同类型的产品，比如通用型的学习词典以满足外语学习者语言学习的需求为主，专科型的学习

---

① COWIE A P. 英语学习词典史［M］. 霍庆文，译. 北京：外语教学与研究出版社，2002：105.

② 荣月婷.《麦克米伦高阶英语词典》2 版编纂的语用特色［J］. 井冈山大学学报（社会科学版），2013（2）：121.

③ 卢华国，张雅. 编者 · 词典 · 用户 · 对话——词典学理论研究的三次范式转换［J］. 北京第二外国语学院学报，2012（12）：24.

④ 李文中. 一门不断发展与延伸的学科——《英语词典学》述评［J］. 辞书研究，2003（2）：134.

词典则以满足外语学习者学习某一领域或学科表达方式的需求为主。

3. 以大型语料库为依托

语料库技术为词频统计、词目确立、义项分合、例句选取等词典编纂的具体操作提供了有力支撑。“英语学习词典编纂的最新发展趋势是基于大型计算机语料库。”[①] 不管是《牛津高阶》的1亿个词“英国国家语料库”、《麦克米伦高阶》的2亿个词“世界英语语料库”，还是《朗文当代》的3亿个词“朗文语料库网络”、《柯林斯高阶》的4亿个词“英语语料库”，或者是《剑桥高阶》的1 500万个词“剑桥学习语料库”和5亿个词的“剑桥国际语料库”，都表明一部成熟的词典需要立足于一个较为成熟的语料库，同时也预示着未来学习词典的发展，必将以大型语料库为依托。语料库在语义描写、词条编排、例证来源、语用信息等方面的巨大优越性表明，建立一个设计科学、规模合适、语体全面的语料库已经成为当代学习词典编纂的必要条件和重要趋势。

4. 突出词典的编码功能

“‘编码（encoding）’是和‘解码（decoding）’相对的概念，指把信息转化为符号的过程。”[②] 在学习词典的编纂中，词典的编码功能也随着时代的发展日益突出。在早期阶段，学习词典的编码功能主要是通过词典提供的语法信息来实现的，如《朗文当代》（第1版）便自称是一部帮助学生读和写的语法书。到了现代，词典的编码功能得到进一步重视和强化。词典的编码信息从语法信息延伸到语用、语体、语域等各个方面，提供词汇的搭配、辨析、词频、例证、同义词、反义词、成语等。例如对“can”和“could”的处理，以前的词典大都把“could”作为“can”的过去式，放在“can”的词条下面，但是2006年出版的《柯林斯高阶》（第5版）却把它们作为两个单独的词条立目，“could”用来表示主动提出意见或提供帮助，也可用来表示问句中的礼貌请求或请求做某事，有时也可用“couldn't”替代“could”表明说话者清楚自己的请求可能会被拒绝。[③] 又如在《朗文当代》（第5版）中，出现了更多的搭配、同义词和语域信息，以此扩大搭配信息范围，补充同义词信息种类，增加语域说明的深度；设立了功能更加明确、编排更加有序的众多附加栏，提高信息凸显度，并尽

---

① 霍庆文．英语学习词典的发展趋势［J］．辞书研究，2004（5）：61.

② 徐婷婷．以学习者需求为导向强化编码功能——《朗文当代英语词典》（第五版）评介［J］．辞书研究，2011（1）：142.

③ 陈小蔚．新版《柯林斯 COBUILD 英语词典》的语用信息及其双语对照的必要性［J］．外语研究，2007（3）：92.

量贴近使用者查阅词典以及进行词汇学习时的心理特点。[①] 可见，通过语用、语域等信息的增加，学习词典的编码功能得到了补充和完善。词典编码功能的继续强化将成为今后学习词典发展的又一趋势。

5. 体现词典的动态发展

21 世纪的学习词典还将打破传统词典的静态性，使其具有动态性。[②]《牛津高阶》(第 4 版) 之前的再版周期是 15 年、11 年和 15 年，之后是 6 年、5 年、5 年，属于两种不同的步调；《朗文当代》的更新周期是 9 年、8 年、8 年；《柯林斯高阶》是 8 年、6 年、2 年和 3 年；《剑桥高阶》是 8 年、2 年。从出版或再版周期来看，《牛津高阶》和《朗文当代》基本上都在按特定的步调前进，而《柯林斯高阶》和《剑桥高阶》的步伐则处于调整阶段，没有特定的规律，似乎在走向一种更短的周期：2 年或 3 年修订一次。[③] 由此可见，无论再版周期固定与否，五大英语学习词典自出版以来，都一直处于更新状态。此外，词典的计算机语料库也在不断扩大，所借以生成的语言资源更加丰富，更具有代表性。同时，随着语言分析软件的更新和完善（最典型的就是数据库管理软件的运用），对语言的分析和描述将会日益完整、准确。此外，五大词典都致力于开发功能多样、检索便利的词典光盘版/网络版，以便更好地满足需求，如《牛津高阶》(第 8 版) 光盘版在包含纸质词典所有内容的基础上，利用容量和技术优势，增加了更多内容，强化了词典的编码功能，并利用光盘交互功能为读者纠正发音和训练写作提供了更大的帮助。[④] 有的词典还设立专门的网站并定期更新，用于介绍语言文化等方面的知识。所有这些都说明学习词典的编纂从未停止创新，无论是技术、资源、成果还是推广手段，学习词典都能及时吸收社会发展的最新成果。可以预想，随着信息更新的加快以及技术手段的发展，学习词典的信息收录和更新周期也将与时俱进，并在电子化、网络化的道路上迅速发展。

二、国外学习词典研究概况

(一) 词典学概说

词典学作为一门年轻的语言学分支学科，方兴未艾。“词典学是研究

---

① 徐婷婷．以学习者需求为导向强化编码功能——《朗文当代英语词典》(第五版) 评介［J］．辞书研究，2011 (1)：151.

② 陈玉．二十一世纪英语单语学习词典的编纂趋势［J］．外国语言文学，2005 (3)：171.

③ 田兵．20 世纪英语高阶学习词典研究［J］．外语教学与研究，2007 (1)：63.

④ 李红梅．《牛津高阶英语词典》第八版的新特色［J］．辞书研究，2013 (3)：66 – 67.

词典编纂的实践和理论的语言学学科。"[①] 也有人认为，"词典学是有关词典编纂、词典研究和词典使用的学科"[②]。"词典学的任务归根到底是要总结出一套有关词典编纂的正确的理论和成功的方法，借以指导词典的编纂工作。"[③]

学习词典研究是词典学研究的一个部分，它的研究对象包含两大方面：学习词典的实践研究和学习词典的理论研究。学习词典研究的最终目的就是要编出科学、实用、受欢迎的学习词典。

（二）国外学习词典研究的主要成果

1971年，捷克学者兹古斯塔（L. Zgusta）出版了比较系统的词典学理论著作《词典学概论》（*Manual of Lexicography*），标志着词典学成为一门独立的学科。由此词典研究开始引起学者们的广泛关注，研究者也开始尝试从多个角度去研究词典。哈特曼（R. R. K. Hartmann）把学者们的研究角度归纳为词典历史视角、类型视角、批评视角、使用视角、结构视角和信息技术视角六个方面。[④] 在学习词典的研究上，国外学者的研究成果主要集中在学习词典的历史研究、用户研究、释义研究、编纂研究和技术研究等方面。代表性的研究成果有考伊（Cowie）的《英语学习词典史》、J. 雷伊的《论语言语义学对美国英语词典编纂法的影响》、迈克尔·朗德尔（Michael Rundell）的《充分利用文集为单语初学者词典提供例句》、F. 诺伊贝尔的《德语单语词典中的注释结构：词典语义对比分析》、H. M. 尚斯基和E. A. 贝斯特洛娃的《用于对外国人俄语教学的熟语词典的编写原则》、Shoichi Yokoyama 的《计算机辅助编纂供日本学习者用的日德词典》[⑤]等。在学习词典的众多研究成果中，最为丰富、最具代表性的当属学习词典的释义研究和用户研究。

1. 学习词典的释义研究

释义是词典最重要的内容之一，释义的好坏直接决定一部词典的优劣。学习词典因为读者对象的特殊性，在释义的用词和句法等方面体现出一定的特点。

释义用词方面，突出释义词语的受限性。20 世纪 20 年代，奥格登

---

① 郑述谱，张春新．"词典学"解析［J］．辞书研究，2002（4）：106.

② 李海斌．词典学定义综述［J］．林区教学，2013（4）：48.

③ 王力．汉语史稿：下册［M］．北京：科学出版社，1958：546.

④ HARTMANN R R K. 我与词典学——以词典研究为视角，着重关注学习词典［J］．陈玉珍，译．辞书研究，2012（1）：76.

⑤ 宏念．欧洲词典学会第四届代表会议论文目录［J］．辞书研究，1990（5）：155－156.

（C. K. Ogden）首创含850个词的“基础英语”词汇表，第一次尝试用有限的词语去解释所有词汇。1932年，他出版了《基础英语词典》，用850个基础词解释了2万个词。[①] 1989年，福克斯（Fox）提出词典，尤其是儿童词典和学习词典的编纂，应控制释义用词量，选用最常用词汇，使词典释义易于理解和掌握，这是较早明确提出学习词典的释义用词应该受到控制的观点。20世纪90年代后期，莫斯科语义学派提出了用元语言理论进行词典释义的方法，即使用数量尽可能少、语义尽量单纯的元语言来解释被释词。[②] 这是对“释义用词限量”观点的进一步发展。

释义句法方面，强调句法的完整性。1987年，受维特根斯坦（Ludwig Wittgenstein）“词的意义就是它的用法”、马林诺夫斯基（Bronislaw Malinowski）的“情景中的上下文”以及弗斯（J. R. Firth）“意义=上下文语境中的功能”等思想的共同影响，《柯林斯高阶》（第1版）的主编辛克莱尔（John Sinclair）在学习词典中首次采用了整句释义的方法，将词汇的释义与搭配、语体、语法等信息完整地结合起来，引起了词典界的广泛关注。[③]

关于释义，一些学者也提出了不同的看法。例如，乔姆斯基（Chomsky）认为词典的释义没能深层地揭示出词语的构成成分，而且还存在循环释义的缺陷。魏尔兹比卡（Wierzbicka）则认为，词典（包括学习词典）的释义没能揭示出词义的不变量（语言中保持不变的语义成分）是词汇释义的缺点之一。[④]

2. *学习词典的用户研究*

长期以来，学者们对词典的研究更多的是立足于词典本身，而忽略了对词典使用和词典用户需求等方面的研究。随着外语教育事业的发展，学习词典在外语学习中起着越来越重要的作用。词典的研究者们也关注到了这一变化，开始把词典研究的视角转向用户，纷纷从心理、信息、认知、美学等方面对词典进行研究。

自20世纪60年代开始，国外学者纷纷开始针对学习词典的用户进行深入研究，这些研究的方法主要有三种：问卷调查法、理论阐释法和现场实验法。其中问卷调查法是使用最为频繁的研究方法，先后有美国学者Barnhart（1962）、法国学者Henry Bejoint（1981）、英国学者Atkins

---

① 黄小莉．词典编纂的研究现状概述［J］．安徽文学，2008（11）：329.

② 黄小莉．词典编纂的研究现状概述［J］．安徽文学，2008（11）：329.

③ 林玫．意义、词典与词典释义研究［D］．上海：上海外国语大学，2009：3－4.

④ 黄小莉．词典编纂的研究现状概述［J］．安徽文学，2008（11）：329.

（1998）和芬兰学者 Varantola（1998）、英国学者 Hilary Nesi（2002）等分别调查了使用者的查阅需求、使用习惯及评价、使用态度、易犯错误等问题，这些调查及其结果对词典编纂实践影响很大。另外，也有学者从理论方面，阐释学习词典与读者之间的相互影响，如荷兰学者 Hulstijin（1998）和英国学者 Atkins（1998）等。还有学者结合实验方法，研究词典使用问题，如日本学者 Tono（2001）、西班牙学者 Campoy Cubillo（2002）等。[①]

从以往研究看，国外学习词典用户研究具有两大特点：一是在内容上，国外学习词典的用户研究自始至终都围绕着一个中心——学习者的实际需求和词典编纂状况之间的矛盾和平衡。学者们都在努力探讨一种既能最大程度上满足读者需求又不失科学全面的学习词典编纂途径。二是在方式上，国外已有研究多采用直接调查法，以问卷调查为主，而把问卷、实验和观察、理论阐释等方法结合起来的研究还很少。要探讨出更加科学、合理、高效的用户研究方法也是今后努力的方向之一。

（三）国外学习词典研究的方向和趋势

1. 研究视角多元化

随着学习词典编纂事业的发展，国外学者对学习词典研究的视角越来越广泛而多元。在学习词典的起步阶段，多关注词典内容的处理。比如，英国语言学家夸克（Randolph Quirk）从收词、释义、语法、文体、例证等方面对英语学习词典做了界定，提出要重视学习词典中核心词的处理标准；要结合学习者的学习进程，简化词汇释义；要关注词汇的语法功能和文体用法等。考伊（Cowie）所著《英语学习词典史》论述了英语学习词典从 20 世纪 20、30 年代到 80 年代末的十大发展趋势，尤为关注各词典版本在词条、义项等方面处理方式的变迁。

自 20 世纪 60 年代美国词典学家 Banhart 对词典用户信息的需求进行调查以来，国外学者对学习词典用户的研究也逐步发展，研究内容由最初对用户检索需求的单一了解，拓宽至对用户类型、检索方式、检索技巧、词典意识以及对词典设计中用户友好特征等全方位的研究。对词典使用研究做出重要贡献的还有 Atkins、Bejoint、Diab、Dolezal、Griffin、Hartmann、Knowles、McCreary、Rundell 和 Scholfield 等。[②]

与此同时，学习词典的编纂实践与语言学理论的关系也越来越密切。19 世纪的历史比较语言学理论为《牛津高阶》的历史编纂原则提供了理论

---

① 转引自胡开宝．国外当代词典学研究述评［J］．国外外语教学，2005（4）：58.

② 马建奎．国内外英语学习词典使用研究对比述评［J］．平顶山工学院学报，2007（3）：79.

基础；20 世纪初建立的结构主义语言观使学习词典的编纂原则由规定主义慢慢转变为描写主义；到了 20 世纪 50 年代，生成语法语言观为学习词典的“直觉释义法”和“自造例证法”提供了理论前提；20 世纪 60 年代，功能语法学派则为学习词典中语用信息的处理提供了理论依据；20 世纪 70 年代末，认知语言学又催生了学习词典中的原型释义法；20 世纪 80 年代后期，语料库语言学在常用词使用频率的统计、自然例证的选取、口语语料的分析等方面，为学习词典提供了有力的支持。可见，随着语言学和信息科学的发展，国外学习词典研究视角越来越宽，研究领域越来越广，涉及学习词典的历史发展、编纂体例、词典使用、释义模式等方面，涵盖隐喻概念、认知模式、原型理论、心理构式、语义框架、二语习得、中介语理论、计算机信息技术等内容。

而今，随着手持智能终端设备的发展，词典编纂和理论研究面临更大的挑战。如何方便用户更高效快捷地找到所需要的信息，是今后词典编纂工作者和研究者要面对的一大课题。

2. 成果交流国际化

随着国际交流的日益频繁，国外学习词典研究的交流也开始走向国际化。一是国际性辞书研究机构纷纷挂牌，比如澳大利亚麦考里大学词典研究中心、欧洲辞书学会、亚洲辞书学会、北美辞书学会、非洲辞书学会等先后成立。二是国际词典学研讨会定期召开。国际词典学研讨会（International Conference on Lexicography）自 1983 年 9 月在英国的埃克塞特大学召开第一届以来，到 2018 年 7 月共举行了 18 届。该会议规模庞大，每届参会数百人。每届选取不同的主题，各国辞书学者就相关问题展开广泛而深入的讨论。三是国际学术期刊纷纷创刊，比如《国际词典学》（*International Journal of Lexicography*）、《词典学》（*Lexicography*）、《应用语言学》（*Applied Linguistics*）等。这些国际化平台的搭建和运作，为各国辞书学者交流思想、讨论问题、了解动态提供了很好的阵地，也一定会在未来的词典编纂和研究中发挥重要作用。

与国外词典研究相比，我国学习词典研究起步较晚但发展迅速。从研究成果看，既有学习国外先进经验的借鉴性成果，也有结合英语教学和汉语学习实际的探索性研究，比如于屏方、杜家利的《发达国家学习词典编纂场景概览（一至五）》运用历史溯源和分类描写的方法，对英、美、法、日及我国学习词典的编纂历史与现状进行了概述；马建奎的《国内外英语学习词典使用研究对比述评》从词典学发展的角度出发，分析了英美国家和我国对英语学习词典使用研究的历史与现状；杨文秀、张柏然的《英语学习词典中的语用信息研究述评》对学习词典中语用信息的研究进行了梳理与评论；荣月婷的《语言学理论在学习词典中的应用》则对语义场理论、语境理论、原型理论及隐喻理论在英语学习词典中的应用进行了介绍和举例；姚喜明的《英语学习词典释义结构的认知特征》从认知角度对英语学习词典释义的空间结构、语义结构和信息结构特征进行了探讨和分析；崔卫生的《语料库与英语学习词典的编纂》探讨了英语语料库的发展状况、基本特征以及它对英语学习词典编纂的作用；霍庆文的《英语学习词典的发展趋势》从五部高阶英语学习词典的新版看英语学习词典的发展趋势；郑定欧主编的《对外汉语学习词典学国际研讨会论文集（一）（二）（三）》等。

从20世纪90年代开始，海内外也开始举办各类有关汉语学习词典的学术研讨会，如“汉语学习词典学国际学术研讨会”已开四届，第四届于2018年在北京召开。这些会议既表明学界对汉语学习词典日益重视，也表明汉语学习词典研究的国际交流日趋频繁。关于汉语学习词典的研究和会议是学习词典国际化成果的重要组成部分。

三、结语

通过上文的简略介绍可以看出，国外学习词典（主要指外向型学习词典，以五大英语学习词典为例）经过将近一个世纪的发展，已经形成比较成熟的编纂范式和研究旨趣：

其一，宗旨明确。坚持“以人为本、读者为先”的原则，一切从用户需求出发，从宏观结构的框定到微观结构的设计，以至版本的更新、先进技术手段的采用，无不体现这一宗旨。

其二，结构完善。体现在收词广泛、立目清晰、注音规范、标注简明、释义浅易和举例真实等结构要素的各个方面。

其三，手段先进。借助计算机技术，以大型语料库为语料支撑。未来的学习词典将更加彰显这样的倾向：以语言学理论为指导，立足于词典用户，以大型语料库为依托，凸显词典的编码功能，体现不断更新的发展趋势。

其四，研究多元。释义研究起初立足于词典本身的释义方法，后来逐渐融入语境、语用甚至心理学等相关理论，从根本上改变了词典释义的内容表征和结构特点；用户研究则把学习词典的编纂方式直接跟读者的接受程度联系了起来，以便最大限度地解决学习者的实际需求与词典编纂之间的矛盾。

"他山之石，可以攻玉。"借鉴是为了更好地创造。尽管我国外向型汉语学习词典的编纂和研究取得了一定成绩，但与国外先进的编纂经验和研究水平相比，我们的差距还很大，这项事业任重而道远。

第二节　《牛津高阶英语词典》动词的例证[①]

一、《牛津高阶英语词典》概况

（一）编纂概况

1942 年，霍恩比（Hornby）主持编纂了《英语习语与句法词典》（*Idiomatic and Syntactic English Dictionary*），首先由日本的 Kaitakusha 出版社出版，成为"牛津"系列的滥觞，也成为外向型学习词典奠基之作。1948 年，该词典由牛津大学出版社重印出版（习惯上，将该版的《英语习语与句法词典》称为《牛津高阶英语词典》第 1 版），1952 年进行修订并更名为《当代英语高阶学习词典》（*The Advanced Learner's Dictionary of Current English*）。[②] 1974 年，牛津大学出版社又将该词典易名为 *Oxford Advanced Learner's Dictionary*，就是当今中国读者熟悉的《牛津高阶英语词典》（本节内以下简称《牛津高阶》，直接引用仍依原文）。在 1989 年、1995 年、2000 年、2005 年和 2010 年分别推出了《牛津高阶》（第 4 版）、《牛津高阶》（第 5 版）、《牛津高阶》（第 6 版）、《牛津高阶》（第 7 版）和《牛津高阶》（第 8 版）。《牛津高阶》（第 8 版）收录并详细解释了 184 500 个英语词和短语，其中新增了 1 000 个新词新义，内容广泛，涵盖科学技术、经济贸易等方面，也涉及生活的方方面面，还包含一些俚语和方言。[③]

《牛津高阶》长期处于英语学习词典的权威地位，经久不衰，与其编纂理念和学习功能导向是分不开的。《牛津高阶》一直严格贯彻 Hornby 的编纂原则：释义简明，例证丰富，必要时配以插图，帮助读者理解，时时刻刻强调对学习者的实用性。[④] 另外，《牛津高阶》很好地诠释了编纂宗

---

① 此节由广东海洋大学文学院对外汉语专业 2011 级本科生伦子茵撰写，在安华林教授的指导下完成。此处有较大改动。

② 于屏方，杜家利．汉、英学习词典对比研究［M］．北京：中国社会科学出版社，2010：6.

③ 霍恩比．牛津高阶英语词典［Z］．8 版．北京：商务印书馆，2012：序．

④ 渠竞帆．"牛津高阶"学习词典如何打造？［N］．中国出版传媒商报，2014－09－19（03）：3.

旨——帮助外语学习者学习英语。其学习功能体现在以下几个方面：一是词典中突出了词语搭配、用法说明，有些词语增加了学科标识；二是对词语使用的语气、语境都提供了解释和说明；三是第 8 版新增了写作指南的附录和 iWrite 光盘软件。[①] 这些特点无不表明，《牛津高阶》的编纂不仅重视学习词典的解码作用，而且重视学习词典的编码功能。

（二）研究概况

虽然《牛津高阶》享誉全球多年，但国内对《牛津高阶》的研究较少，已有研究大多对比分析五大英语学习词典的异同，单就《牛津高阶》这一部词典进行深入分析的成果并不多见。仅有的文献一般选取某个方面进行分析，比如，廖海宏从计算词典学的角度出发，探析了数字化时代高阶英语学习词典的信息建构模式[②]。刘柳、陈丛梅通过对比《牛津高阶》三个版本的前页材料和后页材料内容及编排上的变化，探讨词典编纂中的“用户友好”原则[③]。杨晓军、李赛红对比分析了利用语料库编纂的《牛津高阶》第 5、6 版以及《朗文当代》（第 3 版）在收词、释义、例证、语法、语用以及用法注释等方面的优缺点，揭示出“全、新、准”是当代词典编纂的发展趋势，并讨论了该类词典在我国词典编纂工作中的可借鉴性[④]。这些研究为我们深入了解《牛津高阶》提供了窗口，但从研究内容看，涉及的方面还比较少，《牛津高阶》尚有很多方面值得探讨。

《牛津高阶》（第 8 版）从 2010 年出版至 2020 年不过 10 年，国内对它的研究就更少了。廖海宏以《牛津高阶》（第 7 版）和《牛津高阶》（第 8 版）收录的新词为样本，分析《牛津高阶》（含印刷版和网络版）新词信息的数字集成构式，以及英语学习词典配置宏观和微观词条信息的数字途径，探讨计算词典学编纂理念与词条信息数字集成构式的关系，探索与数字社会语言环境相匹配的词典词条信息构式。[⑤] 周晓晶对在线《牛津高阶》（第 8 版）进行定性分析，探讨英语学习者如何能在有效查阅词

---

① 渠竞帆．“牛津高阶”学习词典如何打造？［N］．中国出版传媒商报，2014-09-19（03）：2.

② 廖海宏．《牛津高阶英语词典》（第七版）词典信息的计算词典学认知［J］．辞书研究，2011（2）：88-97.

③ 刘柳，陈丛梅．从《牛津高阶英语词典》前后页材料变化看用户友好原则［J］．辞书研究，2010（2）：78-85.

④ 杨晓军，李赛红．语料库在词典编撰中的优势——兼评《牛津高阶英语学习词典》（第 6 版）［J］．外语与外语教学，2003（4）：47-51.

⑤ 廖海宏．新版《牛津高阶英语词典》新词信息数字集成构式研究［J］．北京第二外国语学院学报，2013（4）：15-22.

汇的同时提高词汇量和词汇记忆效率。①

由上可知，虽然《牛津高阶》作为一本卓有影响的学习词典，对汉语学习词典编纂具有深远的借鉴意义和启示作用，可是我们对它的研究无论数量还是质量均有不足。为此，我们选取《牛津高阶》（第8版）的一个专题进行细化分析，以期揭示该词典成功背后的部分原因，为我国词典编纂工作提供参考和借鉴。

二、《牛津高阶》（第8版）动词例证分析

例证是用于展示、证明词语意义和用法的典型语句，它是词典的重要组成部分。黄建华就曾指出："没有配例的词典只是一副骨架。"② 作为学习词典，例证的重要性更为凸显，其重要性主要体现在功能上。考伊（Cowie）指出，用户在开展英语活动时，例证发挥着解码和编码的功能。③"解码"和"编码"在第二语言学习或者外语学习中表现为听、说、读、写四种技能，这四种技能是外语学习者所力求掌握的，可见例证在外向型学习词典中的重要性。文军从例证功能的角度出发，指出例证是释义的延伸，它们不仅可以补充说明词的意义，而且还能说明它的使用特点，展示词目的词法、句法、内涵、文体和社会文化特征。④ 章宜华、雍和明认为，例证是显示语词分布结构和用法的最有效、最直观的办法。⑤ 具体说来，例证就是告诉学习者这个词用在哪儿、怎么用，而这两点正好是第二语言学习者或外语学习者最困惑的地方，一个好的例证就应该解决这两个问题。所以最好的例证应该既能说明词义又能提供该词的用法等有价值的信息。⑥

由于例证的重要性，例证水平高低也成为衡量一部词典质量优劣的标准之一。因此，本节以例证为研究对象，从《牛津高阶》（第8版）动词例证的数量、形式和编排出发，结合例证反映的语义信息、语法信息、语用信息等方面，分析《牛津高阶》（第8版）动词例证的优势与不足。《牛津高阶》（第8版）在俗语、固定短语和同义词辨析等后面均设有例证，

---

① 周晓晶．构建在线学习型词典的互动模式——以定性分析在线《牛津高阶英语词典（第八版）》为例［D］．厦门：厦门大学，2014：1－78.

② 转引自章宜华，雍和明．当代词典学［M］．北京：商务印书馆，2007：130.

③ 转引自蒋华华，周薇．中国英语学习者使用词典例证情况分析［J］．湖北广播电视大学学报，2014（2）：106.

④ 文军．英语词典学概论［M］．北京：北京大学出版社，2006：157.

⑤ 章宜华，雍和明．当代词典学［M］．北京：商务印书馆，2007：130.

⑥ 文军．英语词典学概论［M］．北京：北京大学出版社，2006：162.

本节主要探讨动词释义后各义项的例证。

（一）数量分析

例证的编排原则可以分为两类：意义中心原则（meaning - oriented principle）和用法中心原则（usage - oriented principle）。所谓意义中心原则，就是例证根据它们所展示的词目的意思来排列，其理想模式是：例证的数目至少与所划分出来的义项数目相等，每个例证紧随有关义项之后，按与义项相同的顺序排列。[①] 所谓用法中心原则，就是根据词目与其他词项组合时所显示的词法或句法特点来安排例证。[②]

根据我们对《牛津高阶》（第 8 版）以 C 字母开头的 545 个动词的统计，《牛津高阶》（第 8 版）大体上遵循了一个义项一个例证的原则，但一个义项中两个或两个以上的例证也时有出现。对 545 个动词共 1 183 个义项按照例证数量的不同进行统计的情况如表 2 - 1 所示（结果精确到小数点后两位）。

表 2 - 1　《牛津高阶》（第 8 版）以 C 字母开头的 545 个动词各义项的例证分布情况表

类型	无例证	一个例证	两个例证	三个例证	四个例证	五个及以上例证	合计
数量	257	565	184	73	53	51	1 183
比例（%）	21. 72	47. 76	15. 56	6. 17	4. 48	4. 31	100

由表 2 - 1 可见，虽然一个例证的义项占比几乎一半，但是无例证的义项和两个例证的义项也不少，两者加起来也占了全部义项的 37. 28%。一个义项中列举三个或三个以上例证的情况并不多。《牛津高阶》（第 8 版）是根据用法编写例证的，动词在某个义项中的用法越多，例证就越多，有些义项的例证甚至能达到十个以上，如 choose。多例证动词一般是《牛津高阶》（第 8 版）释义和例证受控使用的 3 000 个词（即限定的释义用词）中的动词，都是一些常用动词，用法搭配多，例证就随之增加。

至于约五分之一的义项后无例证的现象，可以根据义项数量分为四种情况：第一种是单义动词无例证，即只有一个义项的动词无例证；第二种是多义动词无例证，即一个动词有两个或两个以上的义项而各义项均无例

---

① 文军. 英语词典学概论［M］. 北京：北京大学出版社，2006：161.

② 章宜华，雍和明. 当代词典学［M］. 北京：商务印书馆，2007：62.

证；第三种是多义动词部分义项有例证，部分义项无例证；第四种是有的动词既无释义也无例证。根据统计，在 545 个动词中，第一种情况无例证的单义动词有 124 个；第二种情况无例证的多义动词有 16 个，分别是 cannibalize、cane、capitalize、carbonize、card、carpet-bomb、cinch、circumcise、coddle、compost、coo、corral、crimp、cuckold、coruscate、curdle；第三种情况部分义项无例证的多义动词有 394 个；第四种情况既无释义又无例证的动词有 11 个，分别是 case、carve、coop、cordon、cozy、cotton、clue、chicken、clam、commune、cone。这些无释义无例证的动词一般具有两个词性，一是名词，一是动词，且名词是其主要属性，动词用法一般只出现在俗语或一些典型搭配中。在 545 个动词中，无例证动词（上述情况除第三种以外）共有 151 个，约占全部动词 27.71%。略举几例：

calcify /ˈkælsifai/ *verb* ［I，T］ ~（sth）（technical）to become hard or make sth hard by adding CALCLUM salts.

calve / kælv；AmE kæv/ *verb* ［I］（of cow）to give birth to a CALF.

cane / kein/ *noun*，*verb* ~sb to hit a child with a cane as a punishment.

canst / kænst/ *verb* thou canst（old use）used to mean ‘you can’ when talking to one person.

capsize / kæpˈsaiz；AmE ˈkæpsaiz/ *verb* ［I，T］ ~（sth）if a boat capsizes or sth capsizes it，it turn over in the water.

chirp / tʃəːp；AmE tʃəːrp/（also chirrup）*verb* 1 ［I］（of small birds and some insects）to make short high sounds. 2 ［I，T］ to speak in a lively and cheerful way.

根据考察，无例证动词未给出例证的原因主要有以下六种：第一，该词是专业术语，如科技术语 calcify、calibrate，文学术语 carouse，化学术语 catalyse，等等。一方面，因为这些专业术语除了特定的学习者需要掌握以外，一般学习者不必掌握，甚至接触不到；另一方面，因为这些单词多用于特殊的语境，不便使用受限释义词给出例证。第二，该词是专用的动词，即只用于某一限定对象的动词，如 chirp 只用于表示小鸟和一些昆虫叫，cheep 只用于表示幼鸟叫。第三，该词主要词性是名词，但可以作为动词使用，且用作动词时意义与名词有关，如 cane（手杖；以杖击）用作动词时，其名词意义是动词意义的重要组成部分，释义已使学习者明了，因而就无须例证了。此类名词用作动词而无例证的情况占了动词无例证的大多数，如 certificate（证书；证明）、cement（水泥，接合剂；接合，粘牢）等。第四，该词是古语词，即以前使用、现在已经不用或很少使用的词。这类词在词典中往往会标注为 old use 或 old fashion。由于这些词在现代英语中运用得较少，不贴近现实生活，英语学习者不常接触，因而也没有例证。如 chaff（old – fashioned or formal 秕糠；愚弄）。第五，该词是作为词目而在释义中出现的词，如 carpool 的释义：if a group of people carpool，they travel to work together in one car and divide the cost between them。第六，该词在释义中已经明确给出使用的语境，解释得非常具体，如 chain – smoke（连续不断地抽烟）的释义：to smoke cigarettes continuously，lighting the next one from the one you have just smoke（连续吸烟，一支吸完马上点燃下一支）。在这个释义中既说明了这是怎样的动作，又给出了这个动作发生的方式，理解起来比较容易，因而也没有例证。

一方面，许海兰、霍玉秀指出，《柯林斯高阶》和《剑桥高阶》两大词典中每个词至少配一个完整的例句，有时甚至有两到三个例句，以体现一个词在用法、句型等方面的特点。《牛津高阶》与《朗文当代》出版较早，例句少于前两者，但新版在这方面已明显改善。[①]《牛津高阶》例证数量少的现象在《牛津高阶》（第 8 版）中也有所体现，主要原因在于无例证现象较多。但从另一方面来看，对于学习者在生活中很难接触到的动词，没有例证也无可厚非，这既符合词典编纂的简明原则和实用原则，又可以减轻学习者的学习或经济负担。

（二）形式与编排分析

例证的形式主要有两种，一种是短语例证，另一种是整句例证。短语例证和整句例证孰优孰劣，并没有明确的答案，但五大英语学习词典都越来越偏向整句例证。霍庆文指出："整句例证占有越来越重要的地位。整句的优点在于能提供更充分的语境，能更好地说明词目的意义和用法。"[②]整句例证不仅是词典编纂的趋势，同时也是学习者的需要。徐海对中国英语学习者在词典例证偏好方面的调查结果显示，8.84% 的受试者倾向于短语例证，18.23% 的人倾向于句子例证[③]。可见，学习者对整句例证的需求是驱使词典偏向整句例证的原因之一。以整句作为例证的趋势在《牛津高阶》（第 8 版）中表现得十分明显，在 545 个动词的所有例证中，只有 113 个短语例证。

---

① 许海兰，霍玉秀．几大英语教学词典的共同特色［J］．郑州牧业工程高等专科学校学报，2000（2）：148.

② 霍庆文．英语学习词典的发展趋势［J］．辞书研究，2004（5）：58.

③ 徐海．中国英语学习者需要什么样的例证［J］．辞书研究，2009（2）：113.

虽然整句例证是英语学习词典的发展趋势或说一大特点，但并不是说整句例证越长越好。首先，整句例证一般长于短语，这会造成词典篇幅上的冗长；其次，句子越长就越复杂，就越不容易理解，这就违反了用户中心原则，同时也违反了词典编纂的简明原则。章宜华、雍和明认为："例证的有效性并不取决于长度，而是取决于它能否体现词典例证应该体现的功能。因此，在能充分体现例证功能的前提下，例句越简短越好。"① 整句例证能给学习者提供语法信息、语义信息和语用信息，甚至能体现目的语国家的文化信息，但如果例证过长或过于复杂必然会加重学习者的负担，因此对例证的选取要综合考虑各种因素。在整句例证方面，《牛津高阶》（第 8 版）贯彻了简明原则，并没有出现过于冗长和复杂的句子。以下是 call 第一个义项中的例证：

（1）They decided to call the baby Mark.

（2）His name's Hiroshi but everyone call him Hiro.

（3）What do they call that new fabric?

以上三个例证，没有复杂的从句，也没有晦涩的单词，却贴切地反映了 to give sb/sth a particular name; to use a particular name or title when you are to talking to sb（称呼某人；把……叫作）的释义，让学习者在使用词典过程中训练了解码和编码的能力。

例证的编排也是编纂词典要仔细斟酌的一个重要部分。有学者认为，如果一个义项有几个例句，应该按照由短到长、由简单到复杂的顺序依次排列。② 按照这种说法，短语例证应在整句例证之前，但在《牛津高阶》（第 8 版）中并未完全按照这种顺序编排。以下是 carve 第一个义项中的例证：

（1）a carved doorway

（2）The statue was carved out of a single piece of stone.

（3）She carves in both stone and wood.

再看 cause 下的例证：

（1）Do they know what caused the fire?

（2）Are you causing trouble again?

（3）deaths caused by dangerous driving

---

① 章宜华，雍和明．当代词典学［M］．北京：商务印书馆，2007：212.

② 章宜华，雍和明．当代词典学［M］．北京：商务印书馆，2007：63.

(4) The bad weather is causing problems for many farmers.

(5) The project is still causing him a lot of problems.

(6) The poor harvest caused prices to rise sharply.

由上面的例证可以看出，在 carve 中短语例证排在整句例证之前，而 cause 中短语例证却排在了整句例证的中间。在《牛津高阶》（第 8 版）中整句例证和短语例证的放置，大体上遵循先短语后整句的顺序，但并不是严格执行的。

例证是释义的延伸和扩充。一部好的词典应该释义和例证同时出现，二者相辅相成。劳弗（Laufer）指出，在词条结构为"释义 + 例证"时，新词的学习效果最好[①]。在《牛津高阶》（第 8 版）中，例证排在释义后，但不一定紧跟释义。这主要有两种模式：第一，用法 + 释义 + 例证。如 **castigate** /ˈkæstigeit/ *verb* **~sb/sth /yourself**（**for sth**）（formal）to criticize sb/sth severely[②]：He castigated himself for being so stupid. 这一模式，例证紧跟在释义之后，且符合" ~ sb/sth/yourself（for sth）"的用法，让学习者对该词的用法和意义一目了然。第二，释义 +（SYN）+ 用法 + 例证，SYN 是词目的同义词。例如：

> **categorized**（BrE also – ise）/ˈkætgəraizd/ *verb* to put people or things into groups according to what type they are. SYN classify：~ **sb/sth** Participants were categorized to age. ~ **sb/sth as sth.** His latest work cannot be categorized as either a novel or an autobiography.

《牛津高阶》（第 8 版）的词条结构基本为第二种模式，即"释义 + 用法 + 例证"，例证根据用法的顺序排列，体现了《牛津高阶》（第 8 版）例证编纂的用法中心原则。

《牛津高阶》（第 8 版）的动词例证基本上采用短语和整句结合，但以整句为主的方式，尽可能体现词语的用法和语境；在编排上主要选取"释义 + 用法 + 例证"的模式，以用法优先，根据用法编排例证。《牛津高阶》（第 8 版）新增的"牛津写作指南"，也体现出编纂者更重视词典的编码功能。

（三）语义信息分析

例证是对释义的补充和扩展，具有"强化释义""辅助释义""扩展

① 转引自于屏方，杜家利．汉、英学习词典对比研究［M］．北京：中国社会科学出版社，2010：250.

② 下划线为编者所加，表示此处是释义部分。本节下同。

释义”“同化释义”的作用①。《牛津高阶》（第 8 版）的一些例证中有加粗的部分，这些加粗的部分正是用来强化、辅助释义的。例如：

> **catch** /kætʃ/ *verb*, *noun*
>
> NOTICE 13 ［T］ ~ sth to notice sth only for a moment: She **caught sight** of a car in the distance. ◇He **caught a glimpse** of himself in the mirror. ◇I caught a look of surprise on her face. ◇He **caught a whiff** of her perfume.

加粗的部分 caught sight、caught a glimpse、caught a whiff 都体现并强化了 only for a moment 这一要素，这样更能让学习者抓住重点，明了用法。

《牛津高阶》（第 8 版）的动词例证中还有对例证进一步的解释，同样也起到了强化、补充、辅助、扩展释义的作用。这些进一步的解释，通常以括号标注的形式出现，不仅丰富了释义，更有利于学习者准确把握例证的意义。同样还是 catch 下的例证：

> SB DOING STH 5 ［T］ to find or discover sb doing sth, especially sth wrong: ~**sb** doing sth. I caught her smoking in the bathroom. ◇**You wouldn't catch me** working （ = I would never work） on a Sunday. ◇ ~ **sb** + **adv.** / **prep.** Mark walked in and **caught them at it** （ = in the act of doing sth） ◇thieves **caught in the act** ◇You've caught me at a bad time （ = at a time when I a busy）.

在例证中用括号进一步解释例证的原因是，例证的实际意义和字面意义有别，表达的重点是隐含的意义而非字面意义，因而有必要加以说明，以帮助学习者准确解码。

《牛津高阶》（第 8 版）的动词例证通过个别词语加粗和括号加注的形式，进一步补足词目的语义信息，使学习者更好地理解释义，以及词目在特定语境中所要表达的隐含意义。这些设计都体现了《牛津高阶》（第 8 版）的用户友好原则。

（四）语法信息分析

例证的语法功能主要包含两个方面：一方面是凸显句法结构，如 prevent/stop…from doing sth；另一方面则是提示典型搭配。② 由于《牛津高阶》（第 8 版）提供 PHR · V，即 phrasal verb（s）section of an entry 一栏，典型搭配及其例证在这一栏列出，因而释义后的例证更多的是提示句法结

---

① 章宜华，雍和明．当代词典学［M］．北京：商务印书馆，2007：131－133.

② 章宜华，雍和明．当代词典学［M］．北京：商务印书馆，2007：133.

构、用法以及主动态和被动态等语法信息。

在《牛津高阶》（第 8 版）中，如果一个词或一个词的某个义项常用于被动态时，就会在释语前标注 usually passive 或 often passive 的字样，以提示学习者，例证通常也用被动态。如 caution 为动词词性时的第三个义项：

caution /ˈkɔːʃən/ *noun*, *verb*

3 ［T, usually passive］（BrE, law） ~ **sb**（**for sth**） to warn sb officially that they will be punished if they do sth wrong or illegal again: She wasn't sent to the juvenile court, instead she was cautioned.

再如：

captivate /ˈkæptəveit/ *verb* ［often passive］ ~ **sb** to keep sb's attention by being interesting, attractive, etc. SYN enchant: The children were captivated by her stories.

但也有例外情况，一些注有 usually passive 或 often passive 的词或词的某个义项没有例证，只给出该词可用被动态的信息，这些词一般满足上述无例证的条件。

另外，《牛津高阶》（第 8 版）是根据用法来编排例证的。这些用法包括动词后面是否有宾语 sb/sth，动词后面跟不定式还是分词，动词后面是否加介词，等等，也就是提示句法结构。例如：

cease /siːs/ *verb* ［I, T］（formal）

to stop happening or existing; to stop sth from happening or existing: Welfare payments cease as soon as an individual starts a job. ◇ ~ **to do sth** You never cease to amaze me. ◇ ~ **sth** They voted to cease strike action immediately. ◇ He ordered his men to cease fire（= stop shooting）. ◇ ~ **doing sth** The company ceased trading in June.

可以看出，例证是根据例证前的用法挑选、编写的。这种编排的好处是能让学习者更加清晰地了解该动词的用法，以及使用时应该注意什么。如 cease 后面可以跟别的动词，但 cease 后的动词要变成不定式形式（to do）或者现在分词形式（V－ing），这样能使学习者更正确地进行编码。

《牛津高阶》（第 8 版）的动词例证包含的语法信息，主要是提示句法结构、该动词的用法和被动态，而提示典型搭配则另立栏目。

（五）语用信息分析

例证不仅可以提供语义信息和语法信息，还可以提供语用信息，包括语体、语境、文化等信息，这些信息可以使学习者根据语境进行准确的交际。所谓语体，就是为了适应不同的交际领域的需要而形成的语文体式，它是修辞规律的间接体现者。根据交际目的的不同，语体可分为公文语体、科技语体、政论语体、文艺语体。[①] 在《牛津高阶》（第 8 版）中，大多数专业术语动词没有例证，但也有少数是有例证的。如 cast 的第五个义项：

THROW 5 ［T］ ~sb/sth（literary）to throw sb/sth somewhere especially using force：The priceless treasures had been cast in the Nile. ◇They cast anchor at nightfall.

cast 的这个义项后面注“literary（文学的）”标明它一般用于文艺语体中。还有如 caution 作为动词时的第三个义项是法律用语，例证显示了该义项的语体特点，也提供了语体信息。

此外，例证还可以明确语用范围。如 cage：

cage /keidʒ/ *noun*，*verb*

verb［usually passive］ ~ **sth**（**up**）to put or keep an animal in a cage：The dogs are caged（up）at night.

例证反映释义，cage 这个动词只能用于动物，在例证中以 dogs 为例，强化释义的同时也明确了 cage 的适用范围。

《牛津高阶》（第 8 版）的例证中也涉及了修辞手法。当涉及修辞手法时，一般会用“figurative（比喻）”标注出来。如 cast 的第二个义项和第十一个义项：

LIGHT/A SHADOW 2 ［T］ ~ **sth**（over sth）to make light，a shadow，etc. appear in a particular place：（figurative）The sad news cast a shadow over the proceedings（=make people feel unhappy）.

SHAPE METAL 11 ［T］ ~ **sth**（**in sth**）to shape hot liquid metal，etc. by pouring it into a hollow container（called a MOULD）：（figurative）an artist **cast in the mould of**（=very similar to）MirÓ.

上举两例都用了比喻的修辞手法。这样可以提醒学习者在理解时注意并在实践中有意识地运用修辞手法，使学习者的语言多样且富于变化。

《牛津高阶》（第 8 版）中的例证来自语料库，且大多都是口语例证，

---

① 黄伯荣，廖序东. 现代汉语：增订本下册［M］.5 版. 北京：高等教育出版社，2011：236.

这也是当代英语学习词典的一个趋势。霍庆文认为，口语例证成为当代英语学习词典的一个明显特点，可以直接满足词典用户口头交际的需要。[①]虽然口语例证是当下的趋势，但《牛津高阶》（第8版）也注重其他语体的例证，如文艺语体、科技语体等。此外，《牛津高阶》（第8版）还关注到了例证中修辞手法的运用，并给出明确标记，这也是《牛津高阶》例证的一大特点。

三、《牛津高阶》（第8版）动词例证的优点和不足

作为五大英语学习词典之一，《牛津高阶》在动词例证方面有不少值得称道的地方，如在例证的取舍、编排、与用法的配合等方面的做法，有助于学习者提高解码和编码的能力。但不可否认，也存在一些不足。

（一）优点

1. 例证注重编码功能

语言学习的最终目的是可以运用语言进行交际，在交际过程中同时伴随着解码和编码两个环节。《牛津高阶》（第8版）中的动词例证是对释义的扩展和延伸，并补充提供形态、搭配、语体、修辞等信息，这些信息的提供不仅能满足学习者解码的需求，还能让学习者懂得如何恰切地运用这些词语，以达到编码的目的。

2. 短语例证和整句例证相结合，整句例证简短

以整句为例证是英语学习词典的趋势，但《牛津高阶》并不排斥短语例证，短语例证也有优点。刘军怀认为短语例证具有简洁、节省篇幅的优点[②]。但仅有短语例证很难帮助学习者生成句子，因而在《牛津高阶》（第8版）中短语例证一般是跟整句例证同时出现，仅有短语例证的词只占少数。整句例证提供丰富的语义、语法、语用信息，弥补了短语例证的缺陷。《牛津高阶》（第8版）中的整句例证很少使用复合句或复杂句，一般是简单的句子，句法结构一目了然，不会增加学习者解码的难度。

3. 例证体现了用户友好原则

《牛津高阶》（第8版）的例证设计与编排秉承了该词典一贯的读者为上、用户友好的原则。例证包含大量的信息，一些例证甚至还包含外语学习者不易理解的言外之意。为了让学习者准确理解例证的含义，编纂者采取在例证中添加括注的方式进行说明，以保证学习者理解无误。此外，

① 霍庆文．英语学习词典的发展趋势［J］．辞书研究，2004（5）：58.

② 刘军怀．语文词典例证的类型［J］．辞书研究，2010（1）：86.

《牛津高阶》（第 8 版）还对一些学习者可能忽略或需要重视的地方进行加粗处理，也体现了《牛津高阶》的用户友好原则。

（二）不足

在《牛津高阶》（第 8 版）中，无例证动词义项约占总数的五分之一，不算少见。这些无例证的词目大多是专业术语，还有一些兼类词（如名词兼动词，名词用法更常见），或者释义已经详细地对词目进行了解释的单词。为篇幅计，无例证确实可以达到俭省效果，但同时也会带来一些问题。江桂英指出："没有例证，定义就会超负荷。另外，没有例证的定义，可能使读者在记忆没有上下文的词的用法时感到困难。"① 例证具有强化、辅助释义的作用，没有例证，释义就需要更加详尽。超负荷的释义可能会给学习者带来理解上的困难。同时，使用语境的缺乏，也会给学习者带来记忆和编码的困难。

《牛津高阶》（第 8 版）的无例证动词中有一部分既不是专业术语，也不是名词兼动词的单词。这些动词的释义一般非常详细，表现为做什么、怎么做、在什么环境下做。如 channel - hop 给出的释义是 to repeatedly switch from one television channel to another（反复从一个电视频道切换到另一个电视频道），释义中详细地解释了该动作是做什么、怎么做，可以没有例证。但有一些动词，我们认为如果有例证可能更加有助于学习者学习，如 caterwaul，释义是 to make a loud unpleasant noise that is typical of cat（发出猫特有的让人不舒服的声音）。虽然该释义对该动作的描述比较详细，但至于这个词怎么用、用在什么地方等还是不清楚，像这类动词如果有例证便会更好。

四、《牛津高阶》（第 8 版）动词例证对外向型汉语学习词典的启示

（一）外向型汉语学习词典例证的不足

随着汉语国际教育事业的发展，外向型汉语学习词典受到越来越多的关注。但因起步晚，以及词典学科整体发展的滞后性，外向型汉语学习词典尚处于初创阶段。就其例证而言，张婧总结了五点不足：例证搭配不典型；例证搭配词不常用；某些搭配的重要义类或结构缺失；例证搭配多但

---

① 江桂英．例证作为词汇语境在学习词典中的作用［J］．辞书研究，1997（3）：59.

排列缺少规律；例证与词条的义项不统一。①

除此之外，我们觉得例证在有些方面还需要改进。比如据笔者粗略调查，短语例证占据很大比重。短语例证虽能减少词典的篇幅，但缺乏具体语境，导致例证的语用功能降低，初学者难以直接模仿用来交际。此外，外向型汉语学习词典的例证仍重语义展示而轻用法体现，侧重解码功能，不够重视编码功能。

这些不足主要是因为外向型汉语学习词典没有强大的语料库作为支撑。汉语的语料库建设还处于初期阶段，已有的语料库尚不够全面或分类不够完善，缺少可供词典直接使用的语料库，同时编纂者使用语料库的意识也不强。

（二）对外向型汉语学习词典例证的启示

《牛津高阶》是英语学习词典的杰出代表，在编写例证方面有许多值得外向型汉语学习词典借鉴的地方。

1. 例证要有典型性

《牛津高阶》背后有一个由词典学家、语言学家和计算机程序工程师组成的强大团队，他们综合考虑一些量化指标来精选例句，因此例句最能体现典型释义也最能体现词语搭配，有利于学习者更充分地理解句子，更地道地使用英语②。《牛津高阶》（第 8 版）从语料库中精选例证的做法十分值得外向型汉语学习词典借鉴。另外，《牛津高阶》（第 8 版）并不排斥自撰例。《牛津高阶》创始人霍恩比（Hornby）就极力赞成自撰例，认为自撰例可以包含详尽的语法信息和词汇信息，有助于说明词目的意义和用法。考伊（Cowie）认为自撰例同样能起说或写的典范作用，同时还指出，词典中的例证无论出自何处，都必须适应用户学习英语的需要③。外向型汉语学习词典可以采用自撰例，但应包含详尽的信息，以满足学习者需求。

2. 例证要有系统性

“《牛津高阶》以例证丰富闻名于世，但是多而不滥，多而不乱。”④

---

① 张婧．外向型单语汉语学习词典例证初探——以动词搭配为例［D］．北京：北京语言大学，2009：71－72.

② 渠竞帆．“牛津高阶”学习词典如何打造？［N］．中国出版传媒商报，2014－09－19（03）：2.

③ 转引自霍庆文．英语学习词典的发展趋势［J］．辞书研究，2004（5）：58.

④ 徐婷婷．积极型单语汉语学习词典例证分析——基于常用动词例证语法信息处理的研究［D］．北京：北京大学，2007：11.

《牛津高阶》（第 8 版）的词条结构一般是“释义 + 用法 + 例证”，一个用法一个或两个例证。如果一个义项有多个用法，则用法后紧跟例证，该用法的例证列举完毕后，再继续下一个用法，每个用法都进行了加粗处理，具有很强的系统性。《牛津高阶》（第 8 版）启示我们，例证的设置需要综合谋划，既要考虑“释义”“用法”“例证”几个部分安排有序，也要考虑例证本身由简到繁或由短到长排列井然，还要注意结合“用法”尽量设计周全，同时要将某些重要内容予以突出显示或特殊处理等，形成例证设置的系统性，做到丰富而不杂乱。

3. 多用整句例证

《牛津高阶》（第 8 版）虽然也有短语例证，但以整句例证为主。李明、周敬华指出，对于为外语学习者编写的词典来说，例证可以提供典型语境，显示搭配关系，记录语法功能。① 短语例证缺乏完整的语境，而整句例证可以显示句法结构，提供语境、语用信息，更加有助于学习者记忆、理解和模仿表达，更能体现学习词典的编码功能。

4. 例证要兼顾解码和编码功能

词典不仅要帮助学习者看懂或听懂目标语篇，而且要帮助学习者学会使用目标词语准确表达。从这个意义上来说，编码和解码功能同样重要。《牛津高阶》（第 8 版）在例证前的用法提示、对修辞手法的提示，都可以看出《牛津高阶》（第 8 版）对编码功能的重视。此外，《牛津高阶》（第 8 版）对于含有言外之意的例证会用括注的方式加以解释，有助于学习者提高解码能力。由于“汉语是语用强势语言”②，言外之意大量存在于人们的日常交际之中，外向型汉语学习词典除了说明词语的常规意义和用法以外，还应对典型的言外之意给出例证并加以解释。

五、结语

本节从数量、形式与编排、语义信息、语法信息、语用信息五个方面对《牛津高阶》（第 8 版）以 C 字母开头的 545 个动词的例证进行统计、分析。

在数量方面，《牛津高阶》（第 8 版）将近半数是“一义一例”，还有“一义多例”和“无例证”等情况，主要取决于动词的常见性、专业性和用法的复杂性。无例证虽然可以减少词典的篇幅，但会使释义超负荷，加大学习者的理解难度，因此对于一些非专业术语、兼做名词的动词，应考

① 转引自徐婷婷．积极型单语汉语学习词典例证分析——基于常用动词例证语法信息处理的研究［D］．北京：北京大学，2007：1.

② 陆俭明．现代汉语语法研究教程［M］．4 版．北京：北京大学出版社，2013：7.

虑增加例证。

在形式与编排方面,《牛津高阶》(第8版)采用了短语例证和整句例证结合、以整句例证为主的形式。为了尽可能体现词语的用法和语境,在编排上主要采用“释义+用法+例证”的模式,用法优先。

在语义信息方面,《牛津高阶》(第8版)动词例证起到了强化、辅助释义的作用。对于一些可能会被学习者忽略而应该引起重视的地方,在例证中进行加粗处理,以提醒学习者注意。

在语法信息方面,义项中的例证主要起到提示、补充说明常用句法结构的作用。对于经常用于被动态的动词,词典会用“usually passive”(一般用于被动态)或“often passive”(常用于被动态)标注,并且在例证中使用被动态进行例示。

在语用信息方面,除了在释义中标注、在例证中例示的语体信息以外,《牛津高阶》(第8版)还注意到了修辞义和言外之意,在用法、例证中以括注形式进行说明。这些都有助于提高学习者的解码和编码能力,有助于学习者运用目的语进行交际。

总的来说,《牛津高阶》(第8版)的动词例证反映了编写理念和操作模式,重实用和表达,时时从使用者出发,处处为用户考虑,许多做法值得我们学习。外向型汉语学习词典应结合汉语特点和汉语词典编纂实际,借鉴《牛津高阶》的成功经验,不断完善,推动我国词典编纂事业迈入新阶段。

第三节 《剑桥高阶英语词典》的释义方式[①]

一、《剑桥高阶英语词典》概况

(一) 编纂概况

剑桥大学出版社是世界知名出版公司,出版了大量的英语教材、词典和英语作为外语教学的理论著作。词典方面比较著名的有1995年出版的*Cambridge International Dictionary of English*,即《剑桥国际英语词典》第1版。2005年,推出第2版,名称也改为*Cambridge Advanced Learner's Dictionary*,即《剑桥高阶英语词典》[②](本节内以下简称《剑桥高阶》,直接

① 此节由广东海洋大学文学院对外汉语专业2011级本科生韩萍撰写,在安华林教授的指导下完成,此处有较大改动。文中译文为笔者自译。

② 另有《剑桥高阶学习词典》《剑桥高阶英语学习词典》《剑桥高级英语学习词典》等汉语译名。

引用仍依原文）。2008 年，《剑桥高阶》（第 3 版）（*Cambridge Advanced Learner's Dictionary 3rd*）问世。《剑桥高阶》凭借自己的优势和特色，迅速成为全球五大英语学习词典之一。

《剑桥高阶》（第 3 版）以容量超过 5 亿个词的剑桥国际英语语料库为基础，并参考了剑桥英语学习者语料库（Cambridge Learner's Corpus），对词目和例证进行精选后编纂而成。特色有：收录词语数量庞大，有词目和短语170 000余条；收录最新词汇（如 green wash、dirty bomb、blog 等），紧跟语言生活潮流；基于著名的剑桥英语学习者语料库，提供 200 项常见错误分析，帮助读者避免表达错误；多义项词条独立呈现，并提供导向词标示，方便快速查阅定位；释义简洁，用常见的 2 000 个基础词汇解释所有词条，通俗易懂；16 页全彩图解，21 页实用英语知识专项介绍；提供 25 000 项词条搭配，并附 400 项搭配用法指导。① 除这些特点之外，我们认为，《剑桥高阶》（第 3 版）特印版——剑桥大学 800 周年志庆纪念版还体现了以下编纂特点：

（1）内容丰富，信息量大。

（2）释义通俗易懂，便于理解。一般采用句子释义，并且说明词目的具体使用场合。

（3）例证丰富，典型自然。词典提供了大量例证，既有短语例证，也有整句例证。例如，exhaustive（详尽的）：an exhaustive account of the incident（对事件的详尽描述）。又如，gratitude（感激）：I would like to express my deep gratitude to all the hospital staff（我想对医院的全体工作人员表示衷心的感谢）。这样的例证更有助于学习者理解词语的意思及用法。

（4）注重用法，实用性强。词典注重介绍词语的基本用法，包括语法特点、常用搭配、常用句型等。例如，注明“advice”（建议，忠告）只有单数，“exercise”（练习）有单数也有复数。

（5）用插图辅助释义，加深读者的印象。词典中含有不少黑白插图，能够补充文字释义的不足。除此之外，词典中还有部分彩色实图，在视觉上为词典增色不少。

（6）附有系统的语言知识介绍。内容涉及发音、拼写、标点符号、习语、搭配、短语动词、语法规则等方面，帮助学习者系统地了解英语语言知识，以便在此基础上更快、更好地应用。

（7）查阅方便，省时省力。词典字体清晰，编排醒目，层次分明。词

---

① 荣月婷.《剑桥高阶学习词典》第 3 版中的语义网络构建［J］. 廊坊师范学院学报（社会科学版），2013（1）：43.

条大多比较简短，复合词大都单独列条。这些特点能为学习者节约不少查阅时间和精力。

总之，这部词典编纂内容覆盖面广，集学习词典、搭配词典、习语词典、考试词典于一身，是初、中、高级英语学习者及雅思、BEC 考生的理想工具书，因此，颇受我国广大英语学习者的青睐。

（二）研究概况

自《剑桥高阶》出版以来，学界便开始对它进行研究。霍庆文指出，《剑桥高阶》简化语法代码，把释义词语控制在 2 000 个之内，在语法信息标注和释义词语控制方面进行了有益尝试①。我们认为，《剑桥高阶》已由传统的短语释义与整句释义相结合，转向以短语释义为主，整句释义为辅。另外，《剑桥高阶》最先为常用的多义词词条列出“语义菜单”（menu）或“引导词”（guidewords），作用在于用醒目、简单的词或短语提示多义词各义项的意义，使读者能够迅速查到自己所需的义项，而不需要逐项阅读释义以免耗费时间。此外，它还融合了大量来自语料库的例证与自撰例证，使二者相得益彰。王馥芳对 1995 年的最初版本《剑桥国际英语词典》进行了研究，得到的认识是，与当时几部其他词典比较，这部词典本身的特色是：收词量大，达 10 万条；成语收录极为广泛；例证丰富；提供大量的词外信息。另有显著的“国际性”特色：反映英语变体，它是第一部反映美国英语和澳大利亚英语变体的词典；注明两种语言变体中词性或发音相似而实际词义不同的词。② 张逸也提出与霍庆文类似的看法。③ 荣月婷从词库、词汇构建、参见、搭配、释义和插图等角度对语义网络构建问题进行研究，并就其不足提出了自己的见解。④ 田兵指出，《剑桥高阶》立足于以“一义一词”为主的“语义优先”原则，即把词的每一个义项列为一个词目，语义相关的义项排在这个词目之下，其他词性的义项再作为内词条处理。⑤

---

① 霍庆文．英语学习词典的发展趋势［J］．辞书研究，2004（5）：56－57.

② 王馥芳．评《剑桥国际英语词典》［J］．辞书研究，2000（1）：110－113.

③ 张逸．浅评剑桥国际英语词典——剑桥大学出版社的第一部大型词典［J］．外语教学理论与实践，1997（2）：47－48，封三.

④ 荣月婷．《剑桥高阶学习词典》第 3 版中的语义网络构建［J］．廊坊师范学院学报（社会科学版），2013（1）：42－44.

⑤ 田兵．20 世纪英语高阶学习词典研究［J］．外语教学与研究，2007（1）：64－65.

二、《剑桥高阶》（第3版）的释义方式

（一）释义方式概说

释义是词典的核心，是使用者要查阅的核心内容之一。正如著名词典学家兹古斯塔所说："词义是词典编纂者应当注意的中心问题……词典学家的一切决定都涉及到如何在词典中处理词义。"① 一般认为，词典释义需要遵循两点：一是对词条的解释力求最大限度的准确、具体、简明；二是尽可能提供多元化的释义方式，让学习者可以发散思维，从多维角度来了解一个词，不仅知道它的概念意义是什么，而且还能进一步了解它的近义词和反义词，知道该词的使用语境。

关于释义方式的类型，不同学者划分的结果不尽相同。胡明扬等将释义方式分为定义式和对释式两大类，定义式又分为逻辑定义式和说明定义式两种，对释式又分为同义词对释、反义词对释、词语交叉对释、限制性对释等几种。② 汪耀楠等指出："释义方式较多，如语词式、说明式、描写式、定义式、插图式、综合式等等。概言之，主要是对译和解说两种。对译式就是语词式……"③ 黄建华将释义方式分为形容式、描述式、原因式、发生式。④ 赵振铎将释义方式分为词语式、描写说明式、定义式、譬况式。⑤ 章宜华将释义方式分为义素分析释义、形态—语义释义、实质性释义、关系释义、元语言释义、形式转换释义、原型释义、指物释义。⑥ 章宜华、雍和明把学习词典的概念释义分为直接释义、解述性释义、复合释义和功能性释义。⑦

以上对释义方式的分类，标准不同，结果有同有异。综合前人的研究成果，我们把释义方式分为对释式、描述式、定义式（含准定义式）、插图式和综合式。本节据此分类，选取字母C开头的词条作为封闭语料，对《剑桥高阶》（第3版）的释义方式进行研究，在定性分析的基础上进行量化统计，通过例证和数据来考察这部词典释义的基本特点。

---

① 转引自章宜华．语义学与词典释义［M］．上海：上海辞书出版社，2002：1.

② 胡明扬，谢自立，梁式中．词典学概论［M］．北京：中国人民大学出版社，1982：132－136.

③ 汪耀楠，祝注先．大型语文词典释义的特点和要求［J］．辞书研究，1982（3）：32.

④ 黄建华．词典论（十三）［J］．辞书研究，1985（1）：36－40.

⑤ 赵振铎．辞书学纲要［M］．成都：四川辞书出版社，1998：117－121.

⑥ 章宜华．语义学与词典释义［M］．上海：上海辞书出版社，2002：64－85.

⑦ 章宜华，雍和明．当代词典学［M］．北京：商务印书馆，2007：273.

（二）释义方式的分类说明

1. 对释式

对释式，就是用一个或几个词来解释被释词，释词与被释词之间的意义紧密关联，或者使用意义相同或相近的词或短语，或者使用意义相反或相对的词或短语。这种释义方式可以使学习者利用已经习得的词语来认识新词，通过迁移词义来扩展词汇量，又可分为同义对释和反义对释。

（1）同义对释。解释性词语与被释词之间是同义或近义的关系，它们之间可以互相解释。例如（对多义词我们只取它的常用义）：

a. 【**cab**】taxi（第289页①）译文：出租车
b. 【**cradle**】origin place（第413页）译文：发源地
c. 【**credible**】quite believable（第416页）译文：相当可信的
d. 【**cry**】bawl out（第518页）译文：大叫

以上例子中，a是以词释词，词目和释义词语之间是同义关系。b、c、d都是以短语释词，但释语结构不同，分别是定中、状中和中补结构。

（2）反义对释。解释性词语与被释词之间是相反或相对的关系，用否定词缀或否定词实现与被释词同义。例如：

a. 【**courageous**】fearless（第402页）译文：（勇敢的）不胆怯的
b. 【**cheap**】inexpensive（第346页）译文：（便宜的）不值钱的
c. 【**cruel**】not kind（第516页）译文：（残酷的）不仁慈的
d. 【**careful**】not careless（第310页）译文：（小心的）不粗心的

以上例子中，a使用的是带否定后缀的释词，b使用的是带否定前缀的释词，c使用的是反义词前加否定词，d使用的是带否定后缀的释词前加否定词。

对释式是一种较为简单直接的释义方式，但在实际运用中也有不足。“它是一种充分利用人们已有的知识，不直接说出词义内涵的方式。”② 这种释义方式仅仅根据词的表层意义来寻找与它相对应的同义词或者近义词，而没有从深层次去进一步挖掘这个词的具体使用语境是什么，对同义词之间的界限认识模糊，因此，可能会造成学习者理解不清或者运用不准确、不恰当的情况。

---

① 此节例证的页码，均来自《剑桥高阶英语词典》（第3版），明确标注其来源词典的除外。
② 汪耀楠，祝注先. 大型语文词典释义的特点和要求［J］. 辞书研究，1982（3）：32.

2. 描述式

描述式就是运用短语或者句子对被释词所表达的事物、动作、属性等进行简要的说明，从而揭示词义具体所指的一种方法。例如：

a. 【**cafeteria**】a restaurant（often in a factory，a college or an office building）where people collect food and drink from a serving area and take it to a table themselves after paying for it（第 290 页）

译文：（自助餐厅）餐厅（通常在一个工厂、大学或办公大楼里），人们把从一个服务区买完单的食物和饮料自行带到某个餐桌旁边食用的地方

b. 【**civet**】a strong－smelling substance from this animal，which is used for making perfume（第 369 页）

译文：（香猫）这种动物身上携有气味浓烈的物质，这种物质被用来制造香水

c. 【**clap**】when you hit someone lightly on the shoulder or back in a friendly way，especially to express pleasure at what they have done（第 373 页）

译文：（轻拍）友好地轻拍某人的肩膀或者背部，尤其是想要对某人所做的事情表示好意的时候

d. 【**clarified**】with water and unwanted substances removed by heating（第 374 页）

译文：（澄明的）通过加热把不必要的水分和杂质蒸馏后留下的物质的状态

以上例子中，a 简要说明该事物的位置和用途；b 简要交代被释词最为突出的基本特征（即动物，且带有强烈的气味），并进一步说明其用途；c 简要描述了这一动作及其具体应用场景；d 简要说明被释词所表示的状态是如何形成的。

3. 定义式

定义式就是界定一个词的概念意义，一般采用“种差＋属”或“属＋种差”的方式。定义式比较客观准确，但有缺点，如果被释词对学习者来说是一个陌生且较为抽象的词，那么就很难单从定义的字面上去理解它，更不知道它在什么具体语境下使用。因此，这种方法一般适用于那些基本意思为大众熟知、词义比较易懂、需要解释其准确含义的词。

定义式以解释名词性词语为主，因此适用范围较小。符淮青根据形容词的释义情况提出了“准定义式”的说法。[①] 所谓“准定义式”，就是未严格采用“种差＋属”或“属＋种差”方式释义的定义式。这种释义方法

① 符淮青．“词义成分——模式”分析（表性状的词）［J］．汉语学习，1997（3）：31.

的适用范围较广，可用于名词、动词、形容词、副词等的释义。例如：

a. 【**class**】a group of students who are taught together at school，college or university（第 375 页）

译文：（班级）普通的学校或大学中在一起接受教育的学生群体

b. 【**clasp**】to hold someone or something firmly in your hands or arms（第 374 页）

译文：（紧握）用手或胳膊把某人或某物紧紧地控制住

c. 【**classic**】having a higher quality or a standard against with other things are judged（第 375 页）

译文：（经典的）跟其他做比较的事物相比具有更高质量或标准的

d. 【**calmly**】in a quiet or relaxed way（第 290 页）

译文：（平静地）以一种相当安静或者放松的方式

以上例子中，a 用于名词释义，b 用于动词释义，c 用于形容词释义，d 用于副词释义。

4. 插图式

插图式就是用插入的图片来辅助解释词义的释义方式。这种释义方式可以在很大程度上刺激学习者的大脑皮层，加深学习者的印象。对于一些便于图示的名词，可以直接插入一幅图片来显示这种事物。这种释义直接、简洁、一目了然，能够很好地弥补单一文字释义的不足。

《剑桥高阶》（第 3 版）在释义时就插入了许多图片，为这部词典增色不少，如 cactus（仙人掌）、cage（鸟笼）、cake（蛋糕）、coral（珊瑚）、crown（王冠）、cup（杯子）等。除此之外，《剑桥高阶》（第 3 版）还采用 16 页的全彩图详细地解释习语，形象生动，使读者更直观、便捷地获取信息，学习者只需要看图解便可获知词条的释义。这种释义方式主要适用于形象直观、含义单一的名词和动词，较少用于意义抽象的形容词或动名词。例如图 2－2 和图 2－3 两个名词采用插图式就比文字释义更加简洁、直观。

图 2－2　cage

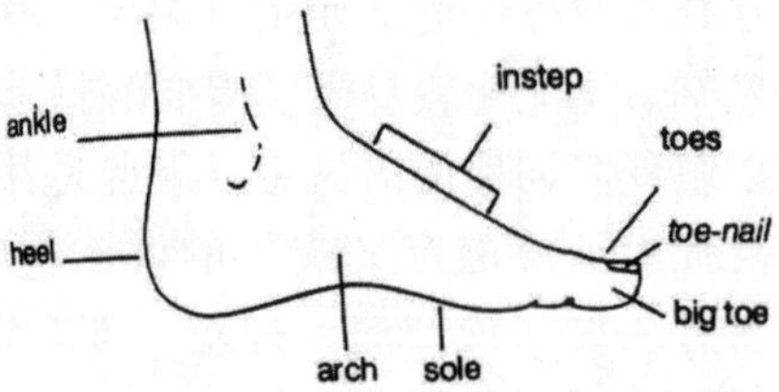

图 2－3　foot

5. 综合式

综合式就是用两种或两种以上的释义方式解释某一词语的释义方式。主要用于一些语义比较复杂的词语，因为用单一的释义方式很难达到理想的效果。章宜华称之为“复合释义”，又分为并列释义、选择释义、组合释义等。①

（1）并列释义。有些词语所包含的意义之间的联系跨度较大，或是不能在同一场合使用，或是适用的对象不同，这时候就要用两个并列的释义单元来进行比较，区分两个意义之间的细微差别，凸显意义的不同特征。例如：

a. 【**cohere**】if an argument or theory coheres，all the different stages fit together to form a reasonable whole；to unit or to hold together as unit（第401页）

译文：（凝聚）如果一种观点或者理论连贯一致，那么它的所有不同方面就会结合起来，形成一个合理的整体；作为一个整体统一或结合在一起

b. 【**cohort**】a group of people who share a characteristic，usually age；a group of people who support a particular person，usually a leader（第401页）

译文：（群体）具有共同特点的一群人，通常在年龄方面；具有共同支持对象的一群人，通常支持的是一个领导者

c. 【**coin**】to invent a new word or expression，or to use one in a particular way for the first time；to be earning a lot of money（第402页）

译文：（创造）发明一个新的词语或表达式，或第一次以特定方式使用一个词语或表达式；赚很多钱

d. 【**coinage**】a set of coins of different values used in a country's money system；a new word or phrase in a language（第402页）

译文：（货币制度）一个国家货币体系中使用的一套不同币值的硬币；（新造词语）一种语言中的一个新词或短语

以上例子中，两个并列的意义之间很难糅合，所以把二者并列起来，中间以分号隔开，形成并列释义。a中并列的是复句和动词短语；b中并列的是两个含有从句的名词短语；c中并列的是两个动词性短语，前项含有选择关系；d中并列的是两个名词短语，前项含有过去分词短语。

（2）选择释义。有时候，一个词的意义，既可以用甲来说明，又可以用乙来说明，这时，就可以采用选择释义的方式把这种意义表示出来。在选择式中，处于选择关系的释义词语一般意义相同或者相近。它与并列释义的区别在于几个释义项之间的意义相似度不同，并列式中释义项之间的

① 章宜华，雍和明．当代词典学［M］．北京：商务印书馆，2007：271.

差别比较大，而选择式中释义项之间的意义联系相对比较紧密，一般用"or（或者）"来连接。例如：

a. 【**coincidence**】chance or luck（第402页）

译文：（巧合）机会或者运气

b. 【**clean**】honest or moral（第377页）

译文：（正派的）诚实的或者有道德的

c. 【**cognate**】describes languages and words that have the same origin，or that are related and in some way similar（第401页）

译文：（同源）说明某种语言和词语具有相同的起源，或者是相关的并在某种程度上相似

d. 【**cognitive**】connected with thinking or conscious mental process（第401页）

译文：（认知的）与思维或有意识的心理过程相关的

由上例可知，选择关系可以处于释义成分的第一个句法层次，也可以处于某个成分内部。以上例子中，a 的两个选择项和词目均为名词，b 的两个选择项和词目均为形容词，c 中具有选择关系的是两个定语从句，d 中具有选择关系的是介词"with"引导的宾语部分。

（3）组合释义。这种释义方式主要由描述式和对释式组合而成，因此，都由两个或两个以上的释义单元构成。两个单元差别明显，描述式释义由短语或者句子构成，对释式释义采用同义对释或反义对释（用反义词的否定形式）。当描述式和对释式并用时一般描述式在前、对释式在后，二者以分号隔开。例如：

a. 【**collaborative**】involving two or more people working together for a special purpose；connected（第404页）

译文：（协作的）两个或者更多的人为某种共同目的在一起工作的；连接的，有联系的

b. 【**crap**】something which is not worth anything，not useful nonsense or of bad quality；badness（第501页）

译文：（废物）没有用的东西，无用的废话或质量不好的东西；不良

c. 【**crazy**】stupid or mentally ill；insensible（第503页）

译文：（疯狂的）愚蠢的或有精神病的；不明智的

d. 【**cold**】a low temperature，especially when compared to the temperature of the human body；not hot or warm（第403页）

译文：（寒冷的）温度低，尤其是跟人体温度相比；不热或不暖和的

以上四例都使用了描述式 + 对释式，但使用对释式的具体方法不同：

a 使用了同义对释，释词是动词的过去分词形式；b 使用了同义对释，释词是形容词的名词化形式；c 使用了反义对释，释词是被释词的反义词加否定前缀的形式；d 使用了反义对释，释语是被释词的反义词加否定词的形式。

（三）释义方式的统计与分析

考虑到目标学习者的适应水平，词典的释义会根据每个词的语义复杂程度选用恰当的释义方式，以提高学习者认知度，实现高效释义。我们调查统计了《剑桥高阶》（第 3 版）中以 C 字母开头的所有词条的释义方式，各种释义方式分布如表 2－2 所示。

表 2－2　《剑桥高阶》（第 3 版）释义方式分布表（以 C 字母开头的词为例）

类型	对释式	定义式	描述式	插图式	综合式	其他	合计
数量	876	253	300	102	634	100	2 255
比例（%）	38. 85	11. 22	13. 30	4. 52	28. 12	4. 43	100

由表 2－2 可知，在所有释义方式中对释式使用频率最高，其次是综合式，再次分别是描述式、定义式（含准定义式）、插图式和其他方式。这一分布说明这部词典在释义方面的特点：尽量选用较简单的释义方式；对于一些内涵较为复杂的词会采用多种释义方式综合阐述词义。

由于对释式使用最多，内部又包括同义对释和反义对释两种方式，所以我们统计了两种释义方式的使用情况，结果如表 2－3 所示。

表 2－3　《剑桥高阶》（第 3 版）对释式释义方式分布表（以 C 字母开头的词为例）

类型	同义对释	反义对释	合计
数量	440	436	876
比例（%）	50. 23	49. 77	100

由表 2－3 可知，对释式包含的两种释义方式几乎各占一半，这表明《剑桥高阶》（第 3 版）对于使用同义对释还是反义对释并没有特别偏好。

我们还统计了综合式三种释义方式的使用情况，结果如表 2－4 所示。

表2-4 《剑桥高阶》(第3版)综合式释义分布表(以C字母开头的词为例)

类型	并列释义	选择释义	组合释义	合计
数量	230	85	319	634
比例(%)	36.28	13.41	50.32	100

由表2-4可知，综合式释义中，组合释义最为常见，占了一半；其次是并列释义，所占比例最小的是选择释义。

总体来看，《剑桥高阶》(第3版)的释义方式以对释式和综合式为主。在使用对释式时，对选用同义对释还是反义对释并没有特别的偏好；在使用综合式时，半数使用“描述式+对释式”的组合释义。这些情况表明，《剑桥高阶》(第3版)对简洁的“对释式”有所偏爱，同时又尽量避免因简洁而可能带来的释义的含混不清，所以又辅以描述式等。这些体现了该词典兼顾简洁和准确的释义追求。

三、结语

我们从《剑桥高阶》(第3版)中提取出以C字母开头的所有词条，通过对这些词的释义方式进行封闭式的分析和统计，对该词典的释义方式有了较为具体的认识。

该词典主要运用对释式、描述式、定义式(含准定义式)、插图式和综合式等释义方式，特别注意到不同释义方式的针对性，比如对内涵简单的词，倾向于使用对释式；对内涵复杂的词，倾向于使用描述式、综合式；对表示具体实物的词，倾向于使用插图式；对表示抽象事物而又需要准确解释的词，倾向于使用定义式(含准定义式)。因此，可以说该词典释义方式的选择是比较恰切而精当的，能够很好地满足学习者的需求。

《剑桥高阶》(第3版)也存在不足的地方。虽然从宏观上看该词典在释义方式的选择、释义内容的编排、释义词语的限定等方面均经过精心的设计，但是从微观上看，一些释义仍然存在词义界限模糊、解释比较抽象的情况。另外，对释式使用过多，也会增加再次查询的可能性。

《剑桥高阶》(第3版)释义部分的处理给汉语学习词典如下启发：第一，把释义用词限定在2 000个基础词汇中，保证了释义的可接受性，控制了学习难度。这点汉语学习词典亟待加强研究并付诸实施。第二，针对词目意义的不同情况选用合适的释义方式，“因词制宜”。第三，多种释义方式共同使用，多元互补。尤其是辅助性释义方式，更值得我们借鉴。汉语学习词典需要加强辅助性释义方式的使用，如插图式、括注式、补充式等。一部囊括了数以万计词语的词典在释义过程中，仅凭一两种释义方式是远远不能满足充分释义的需要的，这就要求既要有主要的释义方式，又要有辅助的释义方式，力求释义准确而简洁。

释义方式的选择和处置直接关乎一部词典使用价值的大小，更直接关乎学习者从词典中受益多少，在词典编纂实践中占有相当重要的地位。外向型汉语学习词典的释义水平相比英语学习词典还有很大差距，我们要在吸收借鉴的基础上，努力开创具有汉语特色的外向型学习词典的释义之路。

第四节　《朗文当代高级英语辞典》形容词的释义方式①

一、朗文词典编纂与研究概况

（一）编纂概况

《朗文当代高级英语辞典》（本节内以下简称《朗文当代》，直接引用仍依原文）② 自 1978 年由英国朗文集团出版以来，到现在已经推出 6 版，深受广大学习者的喜爱，在学习词典中占有重要地位。

该词典敢于创新，第 1 版就成功地把现代语言学的新理论、新原则与词典编纂有机地结合起来。它详注句型、词法，注重用法，释义词语限定为2 000个浅显易懂的常用词，这为读者准确理解词义、加快阅读速度等提供了便利。英汉双解版本于 1988 年在香港出版，后以简化字版本的形式引进到内地，即《朗文当代英汉双解词典》。

1987 年推出的《朗文当代》第 2 版与第 1 版相比，在保留原来特色的基础上，又有了明显的改进。表现为：有选择地增收新近出现的 3 000 条新词；增补了 K. K. 音标，满足了一部分惯用美式读音读者的需要；根据第 1 版读者的反馈意见，第 2 版改用了一套新的语法标注体系，方便读者使用；注重英语的得体性，为此增添了大量的语用知识。第 2 版的双解本

① 此节由广东海洋大学文学院对外汉语专业 2011 级本科生蓝文婷撰写，在安华林教授的指导下完成。此处有较大改动。

② 《朗文当代高级英语辞典》另有《朗文当代英语词典》《朗曼当代英语词典》等汉语译名，本节内一律简称“《朗文当代》”，需专门交代的除外。

于1997年在香港出版，书名改为“朗文当代高级辞典”（英英·英汉双解），次年内地引进该版的简化版本。

1995年推出的第3版，从设计到内容全面更新，尤其是大型语料库的运用，为词典的编纂提供了坚实的材料基础。例证全部取材于语料库，保证了例句的真实性和可靠性。在释义方面，借鉴了柯林斯词典的做法，开始使用句子进行释义。这一版还充分利用词频信息，为读者提供学习上的便利。第3版双解本于2001年在香港和内地同步出版。

2003年推出的第4版，在微观信息方面更加丰富和多样化，具体表现为用法信息更加丰富，增加了习惯搭配信息，新增类义词汇栏及百科信息，恢复并改进第2版的语言说明栏。采用全彩印刷，查找更为方便，插图更为丰富，另外附有CD－ROM光碟，这是对传统纸质版词典的重大突破。

2009年推出的第5版，保留并强化了第4版的部分特色，在此基础上新增了一些栏目与特色，例如：语域框和语体正式度专题插页，提供了更多的用法和词义信息；学术词汇的标注为学习学科术语的英语学习者提供了一个有益的导引；类义词框体现了更多词语之间的语义关系；承载媒介的多样化为学习者提供了更多的内容和更便捷的搜索方式。

本节的研究对象是《朗文当代》第5版英英、英汉双解版本。为便于区别，本节内以下称此版本为《朗文双解》。

（二）《朗文当代》研究概况

1. 总体研究概况

随着朗文系列词典的出版和引进，国内学者对它的关注也越来越多。万江波把《朗文当代》的特点归纳为：选词覆盖面广，新词丰富多彩；使用定义专用词汇，坚持定义词比被定义词更简单的原则；进一步简化语法标号；充分利用语料库，词典编写计算机化；重视图示，事半功倍；针对语言难点、疑点，用法注解有的放矢；渗透语用知识，注意语言的交际功能。此外，万文还分析了《朗文当代》前后三版的不足之处，指出未来的发展趋势。① 敬万秋对前三个版本的编纂特色进行评价，最后给出总结。②

---

① 万江波．析《朗文当代英语词典》的编纂特点及走势［J］．国外外语教学，2001（3）：31－36.

② 敬万秋．《朗曼当代英语词典》评介［J］．川北教育学院学报，1998（3）：25－28.

也有针对某一版研究的，如源可乐①、李红梅②分别评介第 3 版和第 4 版在收词、释义、例证、搭配、语法、语用等方面的特点。陈燕把第 5 版与第 4 版进行比较，总结第 5 版保留并强化了前一版本的部分特色，同时新增了一些栏目与特色，如语域框和语体正式度专题插页，但是，第 5 版在搭配、用法信息的处理上仍然存在一定问题。③

2. 释义研究概况

章宜华通过对比英、法、汉语学习词典来揭示学习词典的释义结构和释义方法，指出学习词典的释义是把词义描述为一组可能的意义特征，通过对语词用法规则的描述说明其潜在的语言或非语言环境。④ 章宜华还根据西方词典学家对词典释义分出的三种类型：传统理解型、理论提示型和理论研究型，指出《朗文当代》属于第二种类型；并指出，这种词典的释义要把被释词放到整个语义系统中来考虑，从多方面来揭示和表述词义。⑤郑淑明主要从音标、词汇、语法、例句等方面对《朗文当代》（第 4 版）的释义和译文提出商榷。⑥ 霍小梅以《柯林斯 COBUILD 英语词典》和《朗文当代》为例，从认知心理习惯的角度讨论两部词典释义方式的优缺点与异同之处，指出《朗文当代》利用与词条词性一致的短语来释义，虽然两本词典的释义方式截然不同，但遵循共同的基本原则。⑦

本节对《朗文双解》形容词的释义方式进行调查与分析，总结特色与不足，以期为我国外向型汉语学习词典的编纂提供借鉴。

二、《朗文双解》形容词释义方式的具体考察与分析

（一）《朗文双解》形容词释义方式分类考察

根据释义单位的形式，我们把学习词典的释义方式分为单词式、多词式和句子式三种。这种划分适用于各种词类，本节只对形容词的释义方式做具体分析。

---

① 源可乐. 评《朗曼当代英语词典》（第三版）［J］. 外语教学与研究，1997（3）：76－79.

② 李红梅. 评《朗文当代英语词典》第四版［J］. 辞书研究，2004（4）：119－128.

③ 陈燕.《朗文当代英语词典》（第五版）评介［J］. 辞书研究，2011（1）：129－141.

④ 章宜华. 学习词典释义结构与释义方法初探——英、法、汉语学习词典的对比研究［J］. 上海外国语大学学报，1999（3）：73－78.

⑤ 章宜华. 西方词典释义类型和释义结构研究［J］. 辞书研究，2001（1）：39－42.

⑥ 郑淑明.《朗文当代高级英语辞典》（第 4 版）释义与译文之商榷［J］. 中国科技翻译，2013（3）：35－38.

⑦ 霍小梅. 英语单语学习词典释义方式浅议——以《柯林斯 COBUILD 英语词典》和《朗文当代英语词典》为例［J］. 科技文汇，2009（5）：253.

本节对《朗文双解》以 F 字母开头的形容词进行封闭性考察，统计到的词目共计 370 个，但本次研究按义项计数，共计 596 个义项。其中，有些词目虽然标有形容词的符号"*adj*"，但词典的释义部分却是针对它们跟名词或其他词类组成的常用搭配而给出的，这类组合大多是名词性或动词性的短语，这里不予统计和分析。例如：

fact – finding *adj* **fact – finding trip/visit/mission etc.** an official trip, visit etc during which you try to find out facts and information about something for your organization, government etc. 实情调查［查访］

"fact – finding"是词目，《朗文双解》是通过对它的常用组合，即"fact – finding trip/visit/mission"的释义来解释词目的，而不是直接解释词目本身。

同时对于词目下的某个义项使用类似方式释义的也不做统计和分析。例如：

faint *adj* **a faint hope/possibility/chance etc.** a very small or slight hope etc not have the faintest idea to not know anything at all about something 微弱的希望/很小的可能/些微的可能

"a faint hope/possibility/chance"是"faint"词目下的一个义项，它的释义不是对这个词目本身的释义，因而不在我们的统计之列。

同时，在统计过程中我们发现，词典中"free"词目下的"free and easy"的释义跟它单独列为词目的释义略有出入，释义方式不同，统计时算作两次。两者释义分别如下：

free *adj* **free and easy** relaxed, friendly, and without many rules 无拘束的，随便的；不拘礼节的

free and easy *adj* **very informal and relaxed** 无拘无束的，随意的

经统计，《朗文双解》以 F 字母开头的形容词采用单词式释义方式 3 次，多词式释义方式 399 次，句子式释义方式 194 次。

1. 单词式释义方式

单词式释义方式即用一个同义词或近义词对被释词进行解释的释义方式。这种方式简单便捷，易于操作，但在《朗文双解》中很少使用。在本研究的考察范围内仅有 3 例，如下所示：

famed *adj* well – known 著名的，出名的

frosty *adj* unfriendly 不友好的，冷淡的

full - on *adj* extreme 极度的

2. 多词式释义方式

多词式释义方式即释义单元由多个单词组成但不构成一个完整句的释义方式。使用这种方式的释义单元可根据其内部结构进一步分为并列式、修饰式、非限定式、短语式、否定式和综合式。

（1）并列式。

并列式是指两个或两个以上被释词的同义词或近义词通过“and”“or”或者“,”连接在一起共同释义的一种方式。例如：

felicitous *adj* wellchosen and suitable 恰当的，贴切的，选得好的

用“and”连接，表示相加的意义关系。

fair dinkum *adj* real or true 真正的，真实的

用“or”连接，表示选择的意义关系。

faltering *adj* nervous and uncertain or unsteady 踌躇的，犹豫的，不稳定的

用“and”和“or”连接，表示先相加后选择的意义关系。

ferocious *adj* violent, dangerous and frightening 凶猛的，危险的，可怕的

用“,”和“and”连接，表示都是相加的意义关系，只是第一项更重要。

（2）修饰式。

修饰式是指把被释词的同义词、近义词等冠以修饰成分，共同为词目释义的方式。这里的修饰不仅指副词对形容词的修饰，也包括对各类成分的限定、从句对某个释词的补充说明。例如：

fab *adj* extremely good 极好的，极妙的

这是在被释词的近义词前加程度副词进行释义。

farther *adj* more distant; a comparative form of “far” 更远的

foremost *adj* the best or most important 最重要的

这是对具有比较级和最高级意义的形容词的释义，通过修饰成分“more”或“best or most”来显示这些意义。

fetching *adj* attractive, especially because the clothes you are wearing suit you［尤指因衣着得体而］动人的，迷人的

“especially because the clothes you are wearing suit you”是对“attractive”的补充说明，其中含有一个定语从句。

fiendish *adj* very clever in an unpleasant way 刁钻的

“clever”是被释词的近义词，前后都有修饰成分。通过后面的修饰成分，学习者可以轻松地获悉“fiendish”具有贬义色彩。

fabled *adj* famous and often mentioned in traditional stories 著名的，神话中的

这是一种较特殊的情况，释语中用“and”连接的两个部分，句法上是并列关系。但从语义上看，后面成分有补充说明的作用，以使学习者能够把“fabled”和近义词“famous”区别开来。

（3）非限定式。

非限定式指以动词的三种形式（V + ing、V + ed、to do）来引导的释义方式。前两种可以称为“分词式”，后一种是不定式。使用这种释义方式的形容词意义上往往跟名词、动词密切相关。

有些与名词相关的形容词在释义时使用非限定式，例如：

feudal *adj* relating to feudalism 封建（制度）的
freckled *adj* having freckles 长雀斑的，长斑点的
filthy *adj* showing anger or annoyance 气愤的，恼怒的

从上面的例子可以看出，当使用非限定式来解释与名词相关的形容词时，是表示被释词是“与什么有关”“有什么特点”或者“表示什么”的。这些释义前面都可以加上“indicates that a person or thing has a characteristic（表示人或事物具有……的特点）”。为篇幅计，删减了前面的说明部分，只留下了分词部分说明被释形容词的核心属性。值得注意的是，这种释义中的分词形式主要是“relating/having/showing”（有关/有/表示……的）。

有些与动词相关的形容词在释义时使用非限定式，例如：

frightened *adj* feeling afraid 受惊的，害怕的

facetious *adj* saying things that are intended to be clever and funny but are really silly and annoying 乱开玩笑的

以上两个例子中，被释词“frightened”的意义跟动词“frighten”有关，“facetious”的意义跟动词“say”有关。释义时分别使用分词形式“feeling”和“saying”，使释语的功能得以转换成形容词性。

“used”虽然是过去分词形式，但有别于其他分词的用法。它往往以“used when”“used to emphasize something/that”“used to show that”和“used to humorously say that”的形式出现，主要功能在于给出语用信息。例如：

fantastic *adj* used when someone has just told you something good 太好了

frigging *adj* used to emphasize something you are saying when you are angry，annoyed etc. 该死的

flipping *adj* used to show that you are slightly annoyed about something 该死的，讨厌的［表示对某事有点生气］

fine *adj* used to humorously say that someone or something is bad in some way 糟糕的

尤为明显的是“fantastic”和“fine”都可翻译为“棒极了的”，但使用条件完全不同，前者是褒义，而后者是贬义，并且是以一种诙谐的方式表达出来的贬义。这些需要特别说明用法的词目主要是在口语环境里使用的。

对于非限定式还有一点需要说明的是，有时会另外加上修饰语。例如：

forgetful *adj* often forgetting things 健忘的

fair *adj* treating everyone in a way that is right or equal 公平的，公正的

以上两例，第一个例子前加修饰语“often”，第二个例子后加修饰语“in a way that is right or equal”。

（4）短语式。

这里的短语式指释义时使用动词短语以外的其他短语进行释义的方式。主要包括形容词短语和介词短语两类。

①形容词短语。例如：

fair – minded *adj* able to understand and judge situations and always considering other people's opinion 公正的，不偏不倚的

fanciful *adj* full of unusual and very detailed shapes or complicate designs 想象的，空想的

“（be）able to”表示“有能力……，能够……”，用它来引导释义，表示人或事物具有某种能力的特征。而“full of”是常带名词性宾语的形容词短语，有“充满，装满”的意思。它们都具有形容词性质。

②介词短语。例如：

fallen *adj* on the ground after falling down 倒下的，落下的，倒在地上的

fine *adj* in good health 健康的

形容词用介词短语来释义经常表示一种状态。“on the ground”虽是处所，此处也表达“东西掉或倒在地面上”的状态；而“in good health”表示身体处于健康的良好状态。

（5）否定式。

否定式是在被释词的反义表达前后加上“not”或“no longer”进行释义的方式。

①not + 并列式（有时带修饰成分）。例如：

frigid *adj* not friendly or kind 冷淡的，不友好的

feeble *adj* not very good or effective 蹩脚的，无效的

否定词“not”连接“or”前后的内容。第二个例子带修饰词“very”，修饰后两项。

②not/no longer + adj/分词式。例如：

false *adj* not real，but intended to seem real and deceive people 假的，伪造的

faint - hearted *adj* not trying very hard，because you do not want to do something or you are not confident that you can succeed ［因不想做或没有信心而］未尽全力的，怯懦不前的

finished *adj* no longer doing，dealing with，or using something 结束的，用完的

第一个例子“not”否定形容词，第二个例子“not”否定分词短语，第三个例子“no longer”否定后面的各项内容。

（6）综合式。

综合式就是综合运用两种或两种以上释义方式进行释义。一般用

"or" 连接。

①单词式 + 否定式。例如：

feeble - minded *adj* stupid or not sensible 愚蠢的，不明智的

②短语式 + 分词式。例如：

facial *adj* on your face or relating your face 脸上的，面部的

③并列式 + 短语式。例如：

funny *adj* unusual, strange, or difficult to explain 古怪的，难以解释的

④并列式 + 分词式。例如：

fleecy *adj* soft and woolly, or looking soft and woolly 羊毛的，似羊毛的，毛茸茸的

这里列举的综合式只涉及《朗文双解》中以 F 字母开头形容词的释义，其他字母或词类可能还存在其他综合式类型。

3. 句子式释义方式

句子式释义方式是指采用完整句来释义的方式。这种方式有一个明显的特征就是，被释词被嵌用在释文中。这一点明显不同于单词式释义和多词式释义。完整句释义主要由两部分构成，第一部分表现句法结构和搭配关系，第二部分说明词义，甚至显示使用条件。例如：

flighty *adj* a woman who is flighty changes her ideas and opinions often, and only remains interested in people or things for a short time ［女子］反复无常的，见异思迁的

"who is flighty" 是 "a woman" 的定语从句，揭示了被释词 "flighty" 的 "主语为人，并且是女性，可作表语" 的语法信息；"a woman changes her ideas and opinions often, and only remains interested in people or things for a short time" 是主句，具体解释词义，并显示 "flighty" 的语用条件。

形容词除了做表语，也可以充当定语。有的词目在整句释义时通过其后的名词性成分来说明该词的搭配对象。例如：

face - saving *adj* a face - saving action or arrangement prevents you from losing other people's respect ［举动或安排］保全面子的

（二）《朗文双解》释义方式的分布情况与分析

各种释义方式有利有弊。单词式释义方式和多词式释义方式释文简洁，句法简单，便于解码，但是不足也显而易见：过多的括注把释文“切割”得支离破碎，可读性差，堵塞了人们的语感；许多选择限制成分没有揭示出来。① 而句子式释义方式，虽然弥补了学习者语感不畅以及搭配关系在释义中体现得不够充分等不足，但也面临着诸多问题，例如容易出现限制不足或限制过度的问题，并且也不是所有词目的释义都适合使用这种方式。由一种释义方式完成对所有词目的解释是不可能的，各种释义方式是互相补充的关系。我们通过统计分析发现，《朗文双解》在释义方式的选择和使用上体现出一定的规律。

先看形容词三种释义方式的总体分布情况，如表 2 -5 所示。

表 2 -5　以 F 字母开头的三种释义方式在形容词词目中的分布

类型	单词式释义方式	多词式释义方式	句子式释义方式	合计
数量	3	399	194	596
比例（%）	0.5	66.95	32.55	100

从表 2 -5 可以看出，多词式释义方式占绝对优势，其次有近三分之一的词目使用了句子式释义方式。这两种释义方式几乎涵盖了以 F 字母开头的所有形容词。单词式释义方式只占 0.5%，原因在于一个语言系统中，完全等值的词语很少，而且用多了会造成循环释义。

使用最为频繁的多词式释义，根据内部结构可以分为并列式、修饰式、非限定式、短语式、否定式、综合式等。对这些具体方式的使用情况的统计分析如表 2 -6 所示。

表 2 -6　以 F 字母开头的形容词多词式释义方式的分布

类型	并列式	修饰式	非限定式	短语式	否定式	综合式	合计
数量	27	78	201	49	30	14	399
比例（%）	6.77	19.55	50.38	12.28	7.51	3.51	100

① 章宜华，雍和明．当代词典学［M］．北京：商务印书馆，2007：281.

从表2－6可以看出，半数以上的多词式释义采用了非限定式，这一释义方式占所有以F字母开头的形容词的50.38%，高于其他所有释义方式。这说明非限定式在形容词释义中扮演着重要角色。有不少形容词是与动作行为相关的，表示动作的状态或特征，这类词语会优先选用非限定式来释义。除了非限定式之外，形容词的释义方式以修饰式和短语式为多。这是因为有一小部分形容词是与名词相关的，对它们进行解释常常采用短语式。而修饰式和并列式其实是单词式释义方式的拓展，它们都是围绕被释词的同义词或近义词来表述的，它们和单词式释义方式一共有108次，占释义总数596次的18%左右。由此可见，《朗文双解》为形容词释义时选用同义词、近义词的比例并不高。总体上看，《朗文双解》在使用多词式释义方式时虽以非限定式为主，但呈现多样化的特点。

三、《朗文双解》形容词释义方式的特色与不足

（一）特色

《朗文双解》形容词释义方式的特色主要在于，在严格限制释义用词的条件下，多种释义方式并举。不论是单词式、多词式还是句子式释义方式都有其自身的优势和不足，如果仅仅使用其中一种，就难以完成大规模词目的确切释义。单词式、多词式释义是传统的释义方式，由于长期沿用，词典编纂者使用时得心应手。《朗文双解》在对形容词释义时使用最多的是多词式释义方式。单词式释义方式使用得很少，以F字母开头的形容词中只统计到3例，这点符合学习词典为第二语言学习者编纂的主旨。众所周知，如果大量使用单词式释义，就会出现循环释义的情况。如果没有很好的词汇基础，这样的释义对学习者来说可能是无效的，并且一个语言系统中完全等值的语词少之又少，故而学习词典应该尽量避免使用单词式释义。

多词式释义方式中的并列式和修饰式主要使用同义词和近义词释义，有时通过修饰成分来提示语用信息和同义词差异。这种方式给学习者提供了方便，在学习时能够联系到被释词的近义词，使学习者能够将它们联系起来，收到事半功倍的学习效果。多词式释义方式虽然未能提供完整的语境，但是不失为学习词典释义的有效方式，因为学习者可以快捷地获得语词的意义。《朗文双解》为了避免因括注过多而割裂语感的缺陷，并没有使用太多的括注，而是常把语用信息等附加意义成分与语词意义融合在一起，当成一种修饰，这样就增强了语句的流畅性，不会有那么明显的碎片感。

此外，《朗文双解》形容词释义方式中的单词式和多词式释义方式，释语功能与被释词的词性尽量保持一致，这种处理方式更有利于二语学习者对词义和词性以及相关用法的理解和把握。在此基础上《朗文双解》还引进了句子式释义，这是一种全新的释义方式，语境完整、可读性强，并且在释文中直接呈现语法规则和搭配关系。《朗文双解》对部分形容词使用了句子式释义，使得该词典的释义方式更为多样，在一定程度上弥补了其他释义方式可能的不足。学习词典的编纂需要与时俱进，不断尝试新的方法，比如《朗文双解》就适当引进了句子式释义方式，但并未因此摒弃传统的多词式释义方式，而让各种释义方式扬长避短、互为补充。这些都值得汉语学习词典借鉴。

（二）不足

首先，《朗文双解》形容词释义方式的不足主要在于，何时使用句子式释义方式，何时使用多词式释义方式，缺乏一个固定标准。例如：

> **faddy** *adj* someone who is faddy dislikes many kinds of food，used to show disapproval 挑食的，偏食的
>
> **flipping** *adj* used to show that you are slightly annoyed about something 该死的，讨厌的［表示对某事有点生气］

“faddy”使用了句子式和分词式两种释义方式，前一部分句子式释义可以换成分词式释义：“used to show that someone dislikes many kinds of food（用来表示某人不喜某些食物）”；“flipping”使用了分词式释义方式，也可换成句子式释义：“if something is flipping，you are slightly annoyed about（如果有什么东西挺讨厌，你会有点儿恼火）”。这种处理不利于两种释义方式明确分工。

其次，连接词“and”的使用过于频繁，承担的功能过多；有时与“or”似乎可以互换。例如：

> **fabled** *adj* famous and often mentioned in traditional stories 著名的，神话中的

此例中的“and”是表示前后两项的意义并举呢（可以是“著名的”，也可以是“神话中的”），还是表示后项对前项有限制作用呢（意思是“神话中著名的”）？再如：

> **felicitous** *adj* wellchosen and suitable 恰当的，贴切的，选得好的

fair dinkum　*adj* real or true 真正的，真实的

尽管理论上“and”表示合并关系，“or”表示选择关系，但是实际上有时不易区分。如上两例，互换之后有什么不同？恐怕学习者难以分清。

四、结语

本节以《朗文双解》以 F 字母开头的 370 个形容词为研究对象，对 596 个义项进行封闭式的考察分析，根据释文的语言单位把形容词的释义方式分为单词式、多词式和句子式三种。这三种方式各有优点，但也存在不同的问题：单词式简洁，但容易形成循环释义；多词式语义丰满但语境不完整；句子式真实再现使用场景但容易限制不足或限制过度，且不简洁。若将这三种方式综合使用，则可避免单一方式的不足，在释义时可以取长补短。在《朗文双解》的这三种方式中，多词式使用得最多，其次是句子式，单词式使用得最少。本节把多词式释义方式进一步细分为并列式、修饰式、非限定式、分词式、短语式、否定式和综合式。从统计的结果看，非限定式使用得最频繁，甚至超过了句子式释义方式。多词式的释语功能与被释词的词性保持一致，这样可以帮助学习者记住词性，理解用法，提高学习效率。同时该词典还尽量减少括注，来增强多词式释义的可读性。《朗文双解》还适时引入了句子式释义方式。这些都表明，《朗文双解》善于吸收最新理论，并结合词典编纂的实践经验和客户的反馈，不断尝试和创新。至于如何科学地选用和改进释义方式，这是英语学习词典不断探索的重点，也是汉语学习词典需要不断借鉴和改进的地方。

第五节　《柯林斯 COBUILD 高阶英汉双解学习词典》动词的释义方式[①]

一、词典概况

哈珀—柯林斯出版公司（Harper Collins Publishers）于 1817 年成立于英国，是一家历史悠久的大型综合性出版公司。自 1824 年出版第一部词典以来，柯林斯公司已有近两百年的词典出版历史。1979 年，它与英国伯明

① 此节由广东海洋大学文学院对外汉语专业 2011 级本科生姜雪撰写，在安华林教授的指导下完成。此处有较大改动。

翰大学（Birmingham University）携手合作，创建了英国四大语料库之一的柯林斯—伯明翰大学国际语言数据库（Collins Birmingham University International Language Database，简称 COBUILD）。该语料库显著的特点是语料规模庞大，将语料库建设和商业研发相结合。基于此语料库，柯林斯出版公司推出了适合各种水平层次的读者使用的工具书，而这些工具书占据"英国五虎"① 一席之地。1987 年出版的《柯林斯 COBUILD 高阶英语词典》第一版被认为是世界上第一部真正意义上的基于语料库编写的学习型英语词典。②

《柯林斯 COBUILD 高阶英语词典》是继《牛津高阶英语词典》（本节内以下简称《牛津高阶》，直接引用仍依原文）和《朗文当代高级英语辞典》（本节内以下简称《朗文当代》，直接引用仍依原文）之后辞书界的又一巨作，一经问世，就引起了学术界的巨大反响和读者们的青睐。无论是在选词、注音、释义、义项取舍还是版面设计等方面，它都另辟蹊径，体现了更多创新。

传统释义方式注重词义的概括性与抽象性，而忽视了词义与语用密切联系的事实。在释义方式上，词典学家通常会遵循准确、简约和充分必要的原则，因而传统的释义方式一直以短语式为主。杨荣才对《牛津高阶》《朗文当代》和《柯林斯 COBUILD 高阶英语词典》三部词典的释义方面进行了比较，提出词典的释义应简明、精确、用词规范，并认为《柯林斯 COBUILD 高阶英语词典》利用上下文情景来解释词义的整句释义的做法，是一种突破。③ 曹杰旺参照《柯林斯 COBUILD 高阶英语词典》的释义方法，对传统的释义方式提出了质疑，指出整句释义的方法将有可能成为主流。④

《柯林斯 COBUILD 高阶英语词典》采用整句释义方式，将语境充分融入释义中，是对词典传统释义方式的一次革命。

2011 年 7 月，外语教学与研究出版社出版了由柯林斯出版公司编纂的《柯林斯 COBUILD 高阶英汉双解学习词典》（本节内以下简称《柯林斯双解》，直接引用仍依原文）。这是本节的研究对象。这部词典秉承了该公司清晰解释词语用法的一贯传统，同时，在编纂体例等方面的改进让人耳目一新。

---

① 著名英语词典品牌有牛津、朗文、剑桥、麦克米伦、柯林斯，合称"英国五虎"。

② 潘佳．《柯林斯 COBUILD 高阶英汉双解学习词典》评介［J］．学理论，2013（33）：202.

③ 杨荣才．三部英语教学词典的释义比较［J］．咸宁师专学报，1996（1）：83－84.

④ 曹杰旺．词典句子释义模式的文本分析［J］．山东外语教学，2008（1）：44.

与其他同类词典相比，《柯林斯双解》突破了传统词典长期沿袭的体例和模式，更加突出学习型词典的学习功能，同时在可读性和易用性方面均有大幅提升。

（1）全部释义、例证及发音均以收词规模达4亿多个词、口语与书面语并重的语料库为基础。

（2）绝大多数义项采用整句释义，成功凸显词语在典型语境中的典型用法，释义本身即是绝佳的例证。

（3）独有的附加栏设置，提供丰富的词频、语法、搭配结构、语用、同义词和反义词等方面的信息，使人一目了然。

（4）为了英汉双解词典的出版，柯林斯公司专门组织英语专家编写了符合中国学习者特点的词语用法辨析专栏（Usage Note），详细剖析近义词和相似表达方式的用法。这些都是语言学习的难点所在。

（5）双解版在原英文版基础上增加了10%的义项和30%的例证，扩充了原英文版的规模。这样，该词典总计收录词汇、短语及释义20万条，收录例证达11万条。整部词典内容更加丰富，也更贴近中国学习者的需求。

（6）词典的出版具有时效性，双解版距原英文版的出版已有几年的间隔，不免会有些滞后。因此双解版在翻译编校过程中，参照了柯林斯COBUILD系列的第6版，增补了近几年的新词新义，保证了词典和社会语言生活的基本同步。

二、《柯林斯双解》动词释义方式分类考察

释义是词典的核心内容。《柯林斯COBUILD高阶英语词典》率先做了突破性尝试，用“通俗”的句子释义模式取代传统的短语释义模式。从此以后许多词典，尤其是学习词典纷纷仿效。《柯林斯双解》在动词的释义方面亦是如此，大多采用整句释义法，将语法、语用等信息融入上下文情景中，释义更加精确完善；同时也采用短语释义法作为补充，来解释一些概念性的词汇。以下分整句释义法和短语释义法两方面进行考察。

（一）整句释义法

整句释义法是用完整的句子来解释词目意义的方法。词目含在释义之中。它是一种直观的、可读性强的释义模式，突破了传统释义方法上的局限性，具有革新的意义。整句释义“不再是一个结构短语，而是一个完整的句子，被释词的语义、语法和使用规则，包括搭配关系和选择限制，都

直接融入这个句子中，使读者一目了然”①。

《柯林斯双解》释义时尽可能使用简单而常见的词汇，释义用词基本控制在2 500个之内。然后用完整的句子把这些释义用词组织起来，将词目与习惯搭配、句法结构有机地融合在一起。这就使读者在查阅某词释义的同时，也了解了使用规则，更加自然地熟悉和掌握一个词。例如（以下例子仅列出动词义项）：

accommodate：

❶ If a building or space can **accommodate** someone or something, it has enough room for them.（如果一个建筑或空间可以**容纳**某人或某物，它就有足够的空间容纳他们。）②

❸ If something is planned or changed to **accommodate** a particular situation, it is planned or changed so that it takes this situation into account.（如果筹划或改变某事以**适应**某一特定情况，那么筹划或改变某事是为了把这种情况考虑在内。）

❹ If you do something to **accommodate** someone, you do it with the main purpose of pleasing or satisfying them.（如果你做一些事情来**迁就**某人，那么你这样做的主要目的就是取悦或满足他们。）

❺ If you **accommodate** to something new, you change your behaviour or ideas so that you are able to deal with it.（如果你**适应**某种新事物，你就改变行为或想法，从而能处理它。）（第16－17页③）

bluster：

If you say that someone **is blustering**, you mean that they are speaking aggressively but without authority, often because they are angry or offended.（如果你说有人在**咆哮**，你的意思是说他们说话很有攻击性，但没有权威性，通常是因为他们生气或被冒犯。）（第269页）

check：

❶ If you **check** something such as a piece of information or a document, you make sure that it is correct or satisfactory.（如果你**核对**一条信息或一份文件等，是要确保它是正确的或令人满意的。）

❷ If you **check on** someone or something, you make sure they are in a safe or satisfactory condition.（如果你**检查**某人或某物，你要确保他们处于安全或令人满意的状态。）

❸ If you **check** something that is written on a piece of paper, you put a

---

① 章宜华，雍和明．当代词典学［M］．北京：商务印书馆，2007：285.

② 本节英语例证的汉语译文皆为编者所加。

③ 本节例证页码若未专门标注均指《柯林斯双解》中的页码。

mark，like a √ with the right side extended，next to it is to show that something is correct or has been selected or deal with.（如果你**核对**写在一张纸上的东西，你会在它旁边打上一个勾之类的记号，表示某个东西是正确的，或者已经被选中或处理过。）

❺ If you **check yourself** or if something **checks** you，you suddenly stop what you are doing or saying.（如果你**制止**自己或者有什么东西**制止**你，你会突然停止正在做的或者说的事情。）

❻ When you **check** your luggage at an airport，you give it to an official so that it can be taken on to your plane.（当你在机场**托运**行李时，你把它交给一位工作人员，这样它就能送到你的飞机上了。）（第 420 – 421 页）

从以上三组例子可以看出，《柯林斯双解》将释义全部纳入自然而流畅的完整句子中，描述出词汇使用的真实语境，有些直接带入词目的习惯搭配或用法，如“check”第❷义项的“check on”是一种习惯搭配；第❺义项的“check yourself”是后接反身代词的用法；有些则通过后面的主句来解释词目的意义，如“accommodate”的第❹义项和“bluster”的释义。

《柯林斯双解》动词的整句释义法主要运用两种句式，即“If someone/something V…，…”和“When someone/something V…，…”两种条件句式，直接把词义置入语境中，使读者仿佛身临其境，迅速知晓其中的含义。相比之下，《牛津高阶》和《朗文当代》很少用到这种整句释义法，则更多采用短语释义法。例如：

《牛津高阶》accommodate：

❶ **accommodate somebody** to provide somebody with a room or place to sleep，live or sit（为某人提供或睡或住或坐的房间或地方）

❷ **accommodate somebody/something** to provide enough space for somebody/ something（为某人/某物提供足够的空间）

❸ **accommodate something**（formal）to consider something，such as somebody's opinion or a fact，and be influenced by it when you are deciding what to do or explaining something（考虑某件事，比如某人的意见或某种事实，并在决定做什么或解释某件事时受其影响）

❹ **accommodate somebody**（**with something**）（formal）to help somebody by doing what they want（帮助某人做他们想做的事）

❺ **accommodate**（**something/yourself**）**to something**（formal）to change your behaviour so that you can deal with a new situation better（改变你的行为以便更好地处理新情况）

《朗文当代》check：

❶ **find out**：to do something in order to find out whether something really is correct, true, or in good condition（弄清楚：做件事情以便弄清某事是否确实是对的、真的或处于良好状态）

❷ **ask somebody**: to ask someone whether something is correct, true, or allowed（询问某人：问某人某事情是否正确、真实或被允许）

❸ **not do something**: to suddenly stop yourself from saying or doing something because you realize it would be better not to（不做某事：突然停止自己说话或做事，因为你意识到最好不要做）

❹ **stop something**: to stop something bad from getting worse or continuing to happen（制止某件事：阻止坏事情恶化或继续发生）

❺ **leave or accept bags/cases etc**: to leave your bags at an official place so they can be put on a plane or a train, or to take someone's bags in order to do this（托运包裹/箱子等：把你的或别人的行李放在一个工作区，它们就可以放到飞机或火车上了）

❻ **make a mark**: to make a mark next to an answer, something on a list etc to show that you have chosen it, that it is correct, or that you have dealt with it（做个记号：在答案、表上的某个内容旁边做个记号，表明它是你已经选择的，或正确的，或已经处理过的）

❼ **check**: say this when someone mentions each thing on a list, to tell them that you have it or have done it（核对：当有人提到清单上的各项你说这个词时，是想告诉他们你已经有它或者已经做了）

从以上例子可以看出，《牛津高阶》多用不定式来解释词目及其搭配的意义，而《朗文当代》多用同义词语进行互换式解释，然后再用不定式解释。相比之下，这两部词典显得不够精练，传达的信息量和对词义描述的精确度似乎不如《柯林斯双解》。更重要的是，《柯林斯双解》诠释和反映了词语的语境和用法，所展示的信息更为丰富有效。

从整句释义法的内容来看，大体上可分为直接释义和兼顾用法释义两种。

（1）直接释义。

语义是语言形式所表达的内容。在整句释义法中，《柯林斯双解》运用地道自然的英语，把被释词巧妙地嵌入由“if/when（多用‘if’）”引导的分句之中，然后用另一分句加以详细解释。例如：

deepen:

❷ If you **deepen** your knowledge or understanding of a subject, you learn more about it and become more interested in it.（如果你**加深**对某一主题的认识或理解，你就会对它了解更多，并对它更感兴趣。）

❻ If people **deepen** something, they increase its depth by digging out its lower surface.（如果人们**深挖**某东西，他们会往下挖来增加它的深度。）（第668页）

在“deepen”的第❷义项中，后面分句是前面分句的结果，是对前面分句的进一步解释；在第❻义项中，后面分句是对前面分句的直接解释。

hook:

❷ If you **hook** one thing to another, you attach it there using a hook. If something **hook** somewhere, it can be hooked there.（如果你把一样东西**钩**在另一样东西上，你就用钩子把它挂住了。如果有什么东西**钩**在某处，它就可以挂在那里了。）

❹ If you **hook** a fish, you catch it with a hook on the end of a line.（如果你**钓**鱼，就是用绳子末端的钩子钩住它。）（第1274页）

在“hook”两个义项中，后面分句分别解释了“某物钩住某物”“某物挂在某处”和“钓鱼”三种不同的含义。

（2）兼顾用法释义。

在《柯林斯双解》整句释义法中，最大的特色就是将用法融入进去，在释义中力求呈现词语的典型搭配，提供词语出现的完整语境，体现地道的英语用法，使读者在了解词语含义的同时，也掌握了搭配和用法，一举两得。例如：

opt:

❶ If you **opt for** something, or **opt to** do something, you choose it or decide to do it in preference to anything else.（如果你**选择**某事，或**选择**做某事，你会优先选择或决定做它，而不是做其他事情。）

❷ If you can **opt in to** something, you are able to choose to be part of an agreement or system.（如果你**选择参与**某事，你就可以选择成为协议或系统的一部分。）

❸ If you **opt out of** something, you choose to be no longer involved in it.（如果你**选择退出**某事，你就选择不再参与其中。）（第1840页）

上述“opt”的三个义项中，将短语搭配结构“opt for something”“opt to do something”“opt in to something”和“opt out of something”代入释义中，体现不同的用法，表达不同的含义。尤其是“opt in to something”和“opt out of something”，意义正好相反，分别是“选择参与”和“选择退出”。

grab:

❶ If you **grab** something, you take it or pick it up suddenly and roughly.（如果你**抢夺**什么东西，你就突然粗暴地取走或拿到它。）

❷ If you **grab at** something, you try to grab it.（如果你**试图抓取**某物，你就努力想得到它。）（第 1147 页）

从上述“grab”的两个义项中可以看出，“grab”还有习惯搭配“grab at”的用法，意义上也有细微差别，后者是“试图抓取”的意思。

hope:

❶ If you **hope that** something is true, or if you **hope for** something, you want it to be true or to happen, and you usually believe that it is possible or likely.（如果你**希望**某事是真的，或者你**盼望**某事，你就想要它成真或者发生，而且你通常认为这是可能的。）

❷ If you say that you cannot **hope for** something, or if you talk about the only thing that you can **hope to** get, you mean that you are in a bad situation, and there is very little chance of improving it.（如果你说你不能对某件事**抱有希望**，或者你谈论你唯一**希望**能得到的东西，你的意思是你处于一个糟糕的境地，而且很难有机会改善。）

❻ If you are in a difficult situation and do something and **hope for the best**, you **hope that** everything will happen in the way you want, although you know that it may not.（如果你处在一个困难的境地，做一些事情并**尽量往好处想**，就是**希望**一切都会按照你想要的方式发生，尽管你知道这不一定。）（第 1276 页）

从上述“hope”的三个义项可以看出，“hope”既可以后跟“that”引导的宾语从句，也可以构成“hope to do”结构，还可以组成动词短语“hope for something”；第❻义项还给出了固定搭配“hope for the best”，意思是“从最好的方面想，抱乐观的希望”。

由此可见，兼顾用法的释义方法是实用性最强的一种释义方法，辅以真实使用的自然语句，使词义更清楚明了，有助于学习者提高英语学习的效率。

（二）短语释义法

短语释义法就是用短语来解释词目意义的方法。《牛津高阶》和《朗文当代》等大多数学习词典主要采用这种释义方式。《柯林斯双解》以整句释义法为主，也采用短语释义法来进行补充，大多用于对词目概念意义的阐释。例如（下划线为笔者所加，本节内下同）：

impact：

❸ to impact on a situation, process, or person means to affect them（对某一情况、过程或人施加影响，意味着影响它们）（第 1322 页）

画线部分“to affect them”是用一个不定式短语对该词的解释，同时也可以看作短语释义中的同义词语替换，“affect”为“impact on”的同义词语。

jink：

to jink somewhere means to move there quickly in an irregular way, rather than by moving in a straight line（在某个地方急转意味着以不规则的方式快速移动，而不是直线移动）（第 1418 页）

画线部分“to move there quickly in an irregular way”就是对“jink”（急转）的解释，用一个不定式短语来释义。

由此可见，在动词的短语释义法中，《柯林斯双解》使用的一般格式是“to X something/someone/somewhere means to V something/someone/somewhere”，“X”代表词目，“V”代表任一动词性词语，两部分之间用“means”（“意思就是”）连接。

当然，《柯林斯双解》也使用其他释义方法，但最主要的是以上两种。

三、《柯林斯双解》动词释义方式的特色与不足

（一）特色

《柯林斯双解》“110 000 余条词汇、短语，绝大部分采用完整语句进行解释，简明、自然、可靠，连同释义共计 200 000 多条；这些例证直接源自柯林斯独有的 The Bank of English；所有释义和用法说明都来自语料库，而语料库收录了口语、书面语并重的词，以及 8 500 余个重要搭配及句式，收词规模达 6.5 亿词。”① 《柯林斯双解》特色鲜明，极富创新性，是借鉴了很多英语学习词典的优点、博采众长的结果。下面主要从整句释义、词频信息、语料来源和附加栏目四个方面来分析其特色。

1. 语境完整的整句释义

《柯林斯双解》首创整句释义法，突破了传统的短语释义方式，将释义全部纳入完整的上下文情景之中。整句释义不仅提供了词语具体使用的语境，而且重要的是给出了词语在何种情况下使用以及如何使用的示例。

① 潘佳.《柯林斯 COBUILD 高阶英汉双解学习词典》评介［J］. 学理论，2013（33）：202.

这样使用者在查阅时，一方面在扩展自己的词汇量，另一方面也通过阅读大量整句提升了自己的阅读量。

2. 详细实用的词频信息

不同的词在语言使用过程中出现的频率相差甚远，有些词出现的频率高，就是一般所说的常用词；有些词出现频率较低，较为生僻，不常使用。《柯林斯双解》首创词频标签，采用“黑色菱形”标注词频信息，由最不常用到最常用分为一到五级。动词是语言教与学的重点，《柯林斯双解》在每一个动词右边，都用不同个数的“黑色菱形”来表示该词的难易程度。例如：“glint”（闪闪发光，闪亮），标注一个菱形，属于最不常用等级；“hope”（希望），作动词使用时，标注五个菱形，属于最常用等级。因此，在词汇教学，尤其是动词教学的时候，教师可以根据这些词频信息来选择教学内容，安排教学次序，划定教学重点。而学习者在查阅词典时，也可以根据自己的语言水平、学习时间和词语的词频信息，对所查词语进行有区别的处理。

3. 真实可靠的语料来源

现代新出的重要英语学习词典，一般都以庞大的语料库作为基础，如《朗文当代》有 The Longman Corpus Network（朗文语料库网络）。《柯林斯双解》依据哈珀—柯林斯出版社与伯明翰大学合作建立的大规模英语语料库 COBUILD 的语料编纂而成。“它的体积虽小，靠山可不小，它的依据是 The Bank of English，共 3.2 亿单词，其中有书面材料，也有口头材料”①，范围涉及英国英语、美国英语、澳大利亚英语及多种英语方言，包含小说和非小说类的多种语体，如广播和电视用语、日常自然会话 、报纸杂志文章等。《柯林斯双解》每一个动词背后都有强大的语料库支撑，我们可以通过检索了解它们的词频信息、文化背景和语用规则等。

4. 独具匠心的附加栏目

通常，学习词典把版面分成两大栏，左右排齐。《柯林斯双解》摒弃了这种做法，首次把版面分成四栏：两大栏、两小栏。动词的两大栏为主栏，排列词条、义项、例证、不规则动词及其变化形式，以及语体色彩标注。两小栏为附加栏（extra column），置于两大栏旁。附加栏用小号字体，标注各义项的语法功能和用法，包括同义词、反义词、上义词、动词句型等。这种独具匠心的版面设计是该词典的又一大创新。

例如，在“lend”一词右侧的附加栏中就标有“V Also V n. to n. V

---

① 王宗炎．评《柯林斯最新英语词典》[J]．上海外国语大学学报，2001（2）：66.

to n. N－UNCOUNT”的字样，说明了“lend”一词的用法，作为动词使用时，后面可以不带名词，带名词有不同情况，名词为不可数名词；在第三个义项中附加栏这样写着“VERB＝give”，这反映的是同义词情况，表示“lend”与“give”同义，都有“提供，给予（支持）”的意思。

（二）不足

尽管《柯林斯双解》在释义方式、语料库使用等方面多有创新，尤其是采用整句释义法，特色鲜明，但仍有一定的不足。

首先，《柯林斯双解》作为一本英语学习词典，在给动词释义的时候，绝大多数使用整句释义的方法，这样虽整齐一致，但千篇一律，略显呆板，学习者难免会感到视觉和认知疲劳。是不是每个动词都有必要用整句释义，值得探讨。

其次，《柯林斯双解》动词的释义主要依靠条件句式来解释词汇含义，充分带入语境。有些学者认为这样过于口语化，不太正式，甚至有些释义还没有例句正式，不免引来一些不满与批评。

最后，有些学者认为，《牛津高阶》《朗文当代》等学习词典大多使用短语式的释义方式，简短明了，而《柯林斯双解》使用整句释义，所占篇幅过大，结构略显松散。词典释义讲求准确性和简明性的统一。从这点来看，与其他词典相比，《柯林斯双解》确实不那么简练。

针对以上不足，我们认为《柯林斯双解》可考虑“多法互补，因词制宜”，即以整句释义法为主，兼采其他释义方法。例如，针对一些意义简单的词，可用语词式释义；针对概念性强的词，可用定义式释义，等等。这样做不仅可以避免一种释义方式一以贯之所带来的不足，也能因词因义灵活处理，更加准确贴切地解释词语的意义，以适应各类学习者不同的查阅需要。

四、《柯林斯双解》对汉语学习词典编纂的启示

随着我国社会经济的飞速发展和国际地位的日益提高，我国对世界的影响力越来越大，许多国家都出现了学习汉语的热潮。与此相应，汉语学习词典也出现巨大的需求市场。但汉语学习词典还不能完全满足这种需求。

首先，汉语语文词典（含学习词典）的释义方式有待改进。“大多数的现代汉语词典使用的是定义式和描述式的释义方式，侧重于解释词的本

体意义。”① 基于汉语汉字的独特性，汉语学习词典尤其是外向型学习词典，如果仅仅解释字词的本体意义，而不解释蕴含其中的反映历史文化的背景意义和使用时所附加的各种语用信息，则是远远不够的。学习语言最终是为了使用，因此，语境、搭配、使用规则是学习词语必须关注的。恰恰在这方面，《柯林斯双解》的整句释义法能给我们很大启发。

其次，语料库建设和利用方面是汉语学习词典的一大缺陷。当代著名的英语学习词典都是建立在庞大的语料库基础上的，如《柯林斯双解》使用了 COBUILD 语料库，《牛津高阶》使用了英语国家语料库，《朗文当代》使用了朗文语料库网络，等等。因此，建设一个分类科学、规模庞大、语料类型充分的语料库是提高汉语学习词典编纂水平的一项基础性工作，这一工作十分紧迫，亟待解决。在此方面，《柯林斯双解》等给我们做出了表率。

最后，《柯林斯双解》在附加栏设计和词频标注方面的创新，对汉语学习词典的编纂也有启发。词频信息是外向型学习词典词目选择的重要依据，而外向型汉语学习词典在词语频率分级体系方面尚不成熟，这一方面的工作也亟待加强。

第六节 《麦克米伦高阶英语词典》的编纂特色②

一、《麦克米伦高阶英语词典》概况

《麦克米伦高阶英语词典》（本节内以下简称《麦克米伦高阶》，直接引用仍依原文）③ 是一部为高级阶段英语学习者编纂的学习型词典。2002 年出版后就获得了两个著名奖项：“爱丁堡公爵英语联盟英语图书奖”和“英国文化委员会创新奖”。本研究着手之时，词典的最新版本是 2007 年出版的第 2 版。

《麦克米伦高阶》第 1 版由词典编纂家迈克尔·朗德尔（Michael Rundell）和格温妮丝·福克斯（Gwyneth Fox）合编。迈克尔·朗德尔是《朗文当代高级英语词典》前总编辑，格温妮丝·福克斯则是《柯林斯 CO-

① 章宜华．语义学与词典释义［M］．上海：上海辞书出版社，2002：143.

② 此节由广东海洋大学文学院对外汉语专业 2011 级本科生郑惠娴撰写，在安华林教授的指导下完成。此处有较大改动。

③《麦克米伦高阶英语词典》另有《麦克米兰高阶学习词典》《麦克米伦高阶英语学习词典》等中文译名，本节内一律简称《麦克米伦高阶》。

BUILD高阶英语词典》前编辑部主任。《麦克米伦高阶》撷取了两本词典的长处，并加入了诸如体现语言的地域变体等方面的创新，不仅收词量大，语料丰富多元，释义明了准确，提供了大量的语法和语用信息，而且编排体例合理，查检方便，版面令人赏心悦目。作为第五代学习词典的新成员，《麦克米伦高阶》凭借自身的优势和特色，引起了广泛关注，成为学习词典研究对象中不可或缺的一员。

正如该词典首席顾问麦克尔·霍伊（Michael Hoey）在“前言”中所说，它是一本“世界英语词典”。《麦克米伦高阶》不仅在释义中反映了某些词语在英、美语义中的差别，还包括了相当数量的美国英语词语。最别具一格的版本，就是2003年出版的《麦克米伦高阶美语词典》。英国英语版和美国英语版的适用对象是各国学习英国英语和美国英语的人。两本词典粗看并没有多大差别，但编者们在词目的选择、最常用词的确定、拼写、读音、释义、例证等各方面尽量表现英国英语和美国英语各自的特色。[①] 这体现了该词典关注英语的地域变体，重视英国英语和美国英语的细微不同，从语言差别化层面满足学习者需求。

中国的外语教学与研究出版社于2003年7月引进出版了《麦克米伦高阶》，并于2005年10月以其为蓝本，出版了《麦克米伦高阶英汉双解词典》。英汉双解版一经出版就在中国赢得广泛好评。

《麦克米伦高阶》是在21世纪语言学研究视野下进行词典编纂的一项新成果，一定程度上反映了英语学习词典编纂的新趋势。词典在收词、释义、例证、插图、专栏设置等方面都尽力满足学习者的需求。作为一本极具特色的英语单语学习词典，对学习者来说是不可或缺的工具书。

二、《麦克米伦高阶》的研究现状

1. 词典编纂角度的研究

自2002年《麦克米伦高阶》出版以后，国内不少学者针对该词典的编纂特征、编排设计等方面进行评述。源可乐认为《麦克米伦高阶》是教学型词典，主要从词汇突破性处理、检索方便、释义清楚易懂、用法说明详细、帮助扩大词汇量、功能奇妙的光盘这六大方面列举了词典的特色及其对英语学习者的重要意义。[②] 黄建滨、徐莹分析了《麦克米伦高阶》全新的编辑理念、独特的框架设计、丰富的语料和独具特色的新颖项目，并

---

① 黄建滨，徐莹.《麦克米兰高阶学习词典》评介［J］. 辞书研究，2004（6）：100.

② 源可乐. 教学型词典的新设计——评 Macmillan English Dictionary［J］. 广东外语外贸大学学报，2004（4）：94－96.

重点介绍了该词典一些新颖项目的特色，进而探讨近年来国外英语词典编纂的技术发展方向及人文发展趋势，以期为国内英语词典编纂者提供借鉴。[①] 徐玉青认为《麦克米伦高阶》是一本贴近读者的好工具书，并对词典简单、精美、实用的风格大为欣赏，并讨论了该词典在释义、语法、语用信息方面的创新之处，把收词广、词频信息处理科学的优点归功于强大的语料库。[②]

2. 词典信息角度的研究

对《麦克米伦高阶》词典中的信息研究主要体现在语法信息和语用信息这两大方面。

（1）语法信息方面。

语法信息与词典释义的关系十分密切，有些语法因素甚至直接参与意义的表述。[③] 在词典中提供语法信息是词典编纂者不容推卸的责任。这一点做得如何，也是衡量词典质量优劣的标准之一。[④] 沈盈盈通过对比分析得出，《麦克米伦高阶》以词目后的注释、内词条、释义、专项说明、例证、语法专页、附录作为表现语法信息的载体，特别需要注意的是词典中的插图并不提供语法信息。[⑤]

（2）语用信息方面。

杨文秀、张柏然分析了该词典在词条微观结构中所提供的词组、语句、语篇3个层面的语用信息，并分析了该词典运用语用信息方式的创新和欠缺，在此基础上提出了编纂英汉学习词典的建议。[⑥] 陈玉珍基于《麦克米伦高阶》第2版在词块处理方面的特点，认为学习词典应当收录频率较高的学习英语词汇所需要的词块，以此提供符合学习者需求和认知的语用信息。[⑦] 李小清从语用学的意义和概念出发，探讨了《麦克米伦高阶美语词典》如何通过释义、词汇扩展、用法提示、专栏设置等方面体现语用信息。[⑧] 荣月婷运用语义场、隐喻、语境等理论以及语用学原理，分析该

---

① 黄建滨，徐莹．《麦克米兰高阶学习词典》评介［J］．辞书研究，2004（6）：96－103.

② 徐玉青．创新的高阶英／美语词典［J］．大学英语（学术版），2006（2）：401－403.

③ 章宜华，雍和明．当代词典学［M］．北京：商务印书馆，2007：69.

④ 黄建华．词典论［M］．上海：上海辞书出版社，2001：49.

⑤ 沈盈盈．学习型词典中语法信息的表现载体［J］．四川教育学院学报，2008，24（A1）：72－78.

⑥ 杨文秀，张柏然．《麦克米伦高阶英语学习词典》中的语用信息［J］．中国外语，2005（5）：69－73.

⑦ 陈玉珍．词块研究与英语学习词典编纂［J］．外语教学理论与实践，2010（4）：28－34.

⑧ 李小清．《麦克米伦高阶美语词典》与语用学［J］．中国科教创新导刊，2007（24）：182－183.

词典在利用搭配、词族、同义词、词汇扩充、隐喻专栏、义项菜单、语言提示等方法体现语用信息方面的特色。[1]

3. 认知词典学角度的研究

近年来，学者们不再仅仅局限于词典本体，而是开始吸收相关学科的理论知识，试图以全新的视角分析《麦克米伦高阶》，进一步体现学者们对改善词典编纂状况孜孜不倦的探索。例如，刘娟从收词、立目、释义、编排以及专栏设计等方面，探讨词典是如何遵循人们的认知规律以发挥学习词典真正作用的。[2] 许群指出《麦克米伦高阶》从认知的角度，将41个隐喻框盒加入词条释义，高度评价了概念隐喻理论研究成果在词典编纂中的首次成功应用，以及这一实践对词典编纂的启发意义。[3] 李娟、高军从隐喻的本质、运作机制、类型、与其他相关概念的关系以及跨语言研究五方面来评析词典的隐喻专栏，综述其特点与不足，以期能更好地服务学习词典的使用者。[4] 章芳颖运用认知语言学理论，分析了频率为主的义项排序无法有效帮助学习者构建多义词的语义网络，尝试将词典的义项菜单整合为展示词义演变路径的语义网络图，义项排序采取原型排列和频率排列相结合的办法，探讨既方便检索、又能较好地展现多义词语义网络的义项编排模式，为学习词典的义项排序提供了新思路。[5] 荣月婷从心理词库理论出发，指出《麦克米伦高阶》能够运用搭配、词族、同义词、插图、词汇扩充、释义等符合大脑认知的方法构建语义网络，帮助二语学习者更好地掌握词汇。[6]

综合已有文献，学者们既关注《麦克米伦高阶》在词典编纂、设计技巧等整体特点，也尝试从语料来源、释义特色、语用提示、例证选择等方面探讨词典内部要素的具体特点。但已有研究对该词典特点的总结还不够全面，比如，对所收词目分接受性和产出性两种，设置“敏感性：避免冒

---

① 荣月婷.《麦克米伦高阶英语词典》2版编纂的语用特色［J］. 井冈山大学学报，2013（2）：118－122.

② 刘娟. 认知规律对词典编纂的重要作用——评《麦克米伦高阶英语词典》［J］. 宜宾学院学报，2010（5）：83－85.

③ 许群. 概念隐喻：体验哲学意义建构观下词典编撰的新视角——以《麦克米伦高阶英语词典》为例［J］. 湖州师范学院学报，2009（6）：24－27.

④ 李娟，高军.《麦克米伦高阶英语学习词典》隐喻专栏评析［J］. 考试周刊，2008（53）：130－131.

⑤ 章芳颖. 认知视角下的英语学习词典义项排列新探［J］. 长春理工大学学报（社会科学版），2014（2）：182－184.

⑥ 荣月婷. 心理词库理论与语义网络构建——以《麦克米伦高阶英语词典》2版为例［J］. 河南科技大学学报（社会科学版），2012（4）：64－67.

犯”专栏讲解相关社会文化知识等少有研究。为此，本节将在前人研究的基础上，从宏观和微观两个层面探讨《麦克米伦高阶》的编纂特色。

三、《麦克米伦高阶》编纂特色分析

（一）宏观结构方面的特色分析

词典的宏观结构是指“词典中按一定方式编排的词目总体”[①]，包括篇幅、收词、词目编排、版面设计等多个方面。

1. 篇幅与收词

词典的篇幅指一部词典收录语言单位的数量。它的大小是学习词典编写者首先要考虑的问题之一。

《麦克米伦高阶》收录10万余条词目，语料来源于容量为2亿个词的Bloomsbury世界英语语料库。该语料库是为《麦克米伦高阶》专门设计研发的，它提供以英语为外语、第二语言的学习者所用的最新的语言教学材料和学习者常犯的语言错误。这些材料的支撑使选词、词频和释义有了具体可靠的依据，使释义更加准确，使例证更加丰富、真实。词典选定了约7 500个核心词，是学习者输入和输出时的常用词汇。值得强调的是，词典根据词频将这些核心词划分为三个等级，分别标有一、二和三颗星（用红色星号“★”表示）。词典中一级词2 847个，二级词2 341个，三级词2 317个。标星的核心词全用红色字体印刷，从版面上看十分醒目，能清晰地标示重点，帮助读者注意和掌握日常应用中高频出现的词语。

在收词方面，立足创新的《麦克米伦高阶》很注重吸收反映社会发展的新词。随着计算机网络的发展，词典收录了不少网络交际词语，如收录了“BTW（by the way，顺便说一下）”“FYI（for your information，不妨告诉你一下）”“IMO（in my opinion，依我看）”“OTOH（on the other hand，另一方面）” “PLS（please，请）”等用于电子邮件和手机短信息的缩略词。

2. 立目编排

立目编排，主要指如何在词典中安排语言单位。

《麦克米伦高阶》按字母顺序编排词目，方便学习者查阅。每个独立的词条包括词义、语法特征、语法标注和例证等信息。值得注意的是，词典按词性分立词目，因而具有不同词性的单词有两个或两个以上的词目。如词典中三星级词条“back”有副词、形容词、名词、动词四种词性，分

① 黄建华．词典论［M］．上海：上海辞书出版社，2001：49.

列四个词目，这些词目根据词性出现频率的高低依次排列。这与《柯林斯COBUILD高阶英语词典》有所区别，后者并不因词性不同而分立词目。这种编排方式利于学习者理清词性与词义之间的联系，也利于相同词性下的义项归类。

据笔者初步统计，在常用的7 500个词目中，除了每词原本应立的一个词目不计在内以外，这类因词性不同而分立的词目约有1 000个，因此，学习者实际上需要掌握的常用词也就约6 500个。这与《柯林斯COBUILD高阶英语词典》中列出的6 500个一级到五级常用词（1级词1 000个，2级词2 200个，3级词1 580个，4级词1 040个，5级词680个）在总数上不谋而合。虽然两本词典依据不同的语料库，列出的具体常用词也不尽相同，但掌握6 500个英语常用词是用英语进行读、听、说、写的一个基本要求。

3. 插图设计

插图是帮助理解释义的图画或照片。

在插图设计方面，《麦克米伦高阶》可谓独具匠心，主要有黑红双色的页内插图和彩色的全页插图两种形式。页内插图全部采取漫画绘图的形式，能够很好地说明被释词，使学习者一目了然。据笔者统计，《麦克米伦高阶》有169处页内插图，采取单图、复图、综合图、分类图四种形式，为1 000多个单词配置插图。

单图用来说明一个词或词组，如图2－4“arch”（拱门）和图2－5“blow out”（吹灭）所示。

图2－4　arch

图2－5　blow out

复图用两幅或两幅以上相关的、具有连续性的一组图，说明同一个单词或词组，如“catch”（接住）一词，一连用三幅图展示“接住”这一动作，如图2－6所示。

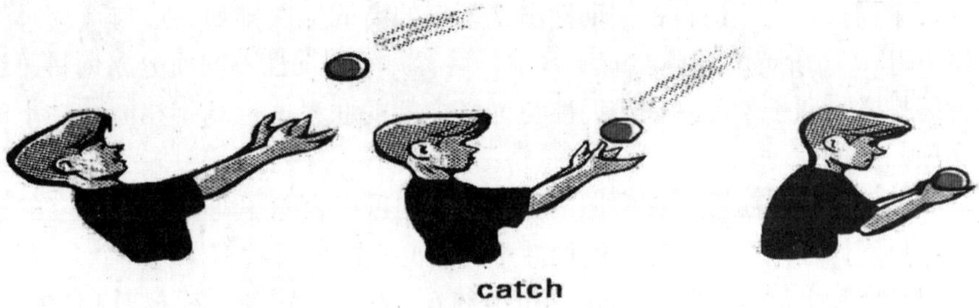

图 2－6　catch

综合图用一幅总图来说明各组成部分的名称，如“foot”（脚）的图上标注了“ankle”（脚踝）、“heel”（脚后跟）、“instep”（脚背）、“toes”（脚趾）等不同部位的名称（见图 2－7）。

分类图是把同类物品排列在一起以供比较，如“knife”（刀），将不同种类的刀具放在一起用插图说明（见图 2－8）。

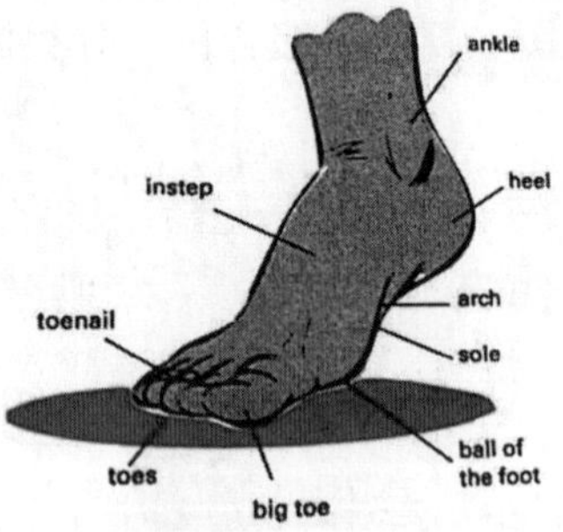

图 2－7　foot

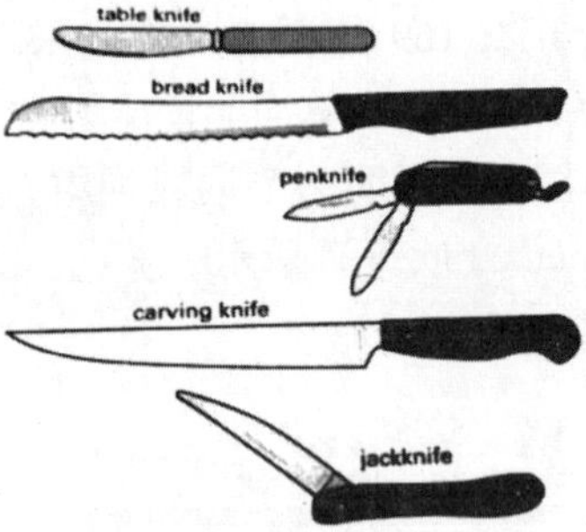

图 2－8　knife

在页内插图设计中较为突出的是，词典中部分难以用文字解说的动词附有特殊插图设计。如词典中“balance（v.）”一词就画了一个杂技演员在表演走钢丝时保持平衡的插画（见图 2－9）。词典还利用生动形象的动作图表示某些很难用文字清楚辨析的近义词语之间的差别。如“be dressed in/be wearing”（穿着）、“get dressed”（穿衣服）和“put on”（戴上），如果用文字说明差别，要多费不少笔墨，而词典中设计了三幅图，使学习者能够轻而易举地辨析这组近义表达（见图 2－10）。

图 2－9　balance

图 2－10　be dressed in/be wearing; get dressed; put on

《麦克米伦高阶》也给出了两组彩色全页插图。一组包括房屋、办公室、衣服、图案、高速公路和车辆类型、交通工具、汽车；另一组包括树木、植物、花、水果、蔬菜、动物、体育运动、健身房、游戏，共 16 页。值得注意的是，这两组彩色全页插图中“衣服和图案”采取的是照片形式，余下的插图则采用彩绘形式。这 16 页直观、细致、精美的彩色全页插图作为词汇的补充材料，更生动、具象地给学习者传达认知信息，使学习者对相关生活、文化词汇有更加明确、清晰的把握。

4. 专栏设置

《麦克米伦高阶》宏观设计的最大特色是专栏的设置。它体现了以读者为中心的宗旨，极大程度地帮助学习者正确使用英语。词典中关于词目的专栏形式是红底条形框，十分清晰、醒目。这些专栏分别是语法错误、语法解说、含糊搭配替换词、词汇扩展、词汇搭配、专题表达法、语法和惯用法说明、论文写作和隐喻等。其中，语法错误专栏列举学习者语料库反映出来的语法错误；语法解说专栏提供单词用法说明和比较；词汇搭配专栏提供专门的搭配信息；论文写作和隐喻专栏旨在提供英文写作的相关信息，帮助学习者提高英文写作能力。

《麦克米伦高阶》插页中的语言提示专栏最具创新性。该专栏采用 22 页插页，内含 21 世纪初使用英语必需的语言话题。该专栏提供了数字、短语动词、学术写作、隐喻、计算机词汇、语用学、口头话语、“敏感性：避免冒犯”、英国英语和美国英语、商务英语、构词法等共 11 种话题的相关内容。从使用者角度来看，这些提示信息一方面可以加深学习者对英语的了解和认识，帮助他们更准确、更恰当地使用英语；另一方面也帮助学习者更好地使用词典。例如“计算机词汇”专栏列出应当被学习者理解和运用的反映网络时代的词汇，同时指出这些词汇中蕴含着丰富的隐喻信息。如“virus”（病毒），计算机病毒传播很快，就像病毒在人与人之间传播疾病一样；计算机的“memory”（存储器）保存信息，就像人的记忆一样；此外，还列举了一些计算机词汇的缩写形式，例如“CD－ROM”（只读存储光盘）、“IT”（信息技术）、“DVD”（数字激光视盘）、“HTML”（超文本标记语言）、“LAN”（局域网）、“RAM”（随机存取存储器），等等。“口头话语”专栏详细列出了“Oh，Well，Like，Ok，Er and Erm”英语里最常见的口头语用法，所有例子均来自真实的会话，可谓独树一帜。“敏感性：避免冒犯”专栏则主要介绍涉及种族和民族、性别、年龄、疾病和残疾、性取向、称呼六大敏感话题，学习者应留意这类话题并避免使用可能会冒犯他人或令人不悦的说法。例如“年龄”问题中提及，随着人们的寿命越来越长，衰老的概念也正在发生变化，因此“old”和“elderly”这样的词用在老年人身上是具有冒犯性的，因为母语者会认为这样的说法是指他们“inactive or weak”（不活跃或衰弱），是否定老年人能力的用法。为避免冒犯，使用者在谈论该话题时应当使用更为详细、准确的词代替，如“People over sixty－five can get a discount.”（65岁以上的人可以享受折扣），“Many senior citizens enjoy going for long walks.”（许多年龄较大的市民喜欢长距离散步）。《麦克米伦高阶》中有“black，crazy，die，disable，English，－ess，gay，girl，God，he，man，Ms，old，partner”共14个条目附有敏感词语的用法说明，提醒学习者在使用这些词汇时应注意场合并选用恰当的方式。

（二）微观结构方面的特色分析

1. 释义特点

传统的短语释义法和新颖的整句释义法是学习词典释义的两种主要方式。《麦克米伦高阶》的释义方式比较灵活，根据词语实际酌情采取不同的方法释义，使学习者对词语的语义和用法一目了然。特别值得一提的是，词典中所有的释义都用精选的2 500个“释义专用词汇”写成。这些词汇不全是词典中标了等级的常用词，但从方便学习者查阅和理解的角度看，它们都简单、明了，使词典释义容易理解。同时我们注意到，释义使用的词如果超出“释义专用词汇”表，并且也不是查阅的词目前后紧接的条目，词典会用小字号大写字母表示，学习者可以在本词典的其他地方查到该单词的词义。如对“corporate raider”（公司掠夺者）一词的释义：“a person or organization that tries to take control of a company by buying a large number of its SHARE”（试图通过大量购买某公司的股票以取得控制权的人或机构)。由此可知,"share"(股票)一词不在词典"释义专用词汇"的范围内,词典将其标示出来,提示学习者在不清楚该词的词义而出现理解障碍时,可以在词典相应的地方查到该词的意义和用法。如此看来,《麦克米伦高阶》形成了释义用词系统的闭环。

另外,《麦克米伦高阶》在释义方面还有一个非常突出的特点:将词汇区分为产出性和接收性两类,并实行不同的释义策略,这就是创新的双轨制释义方法。词典中7 500个核心词作为产出性词汇,释义详细,例证、搭配和语法信息丰富。接收性词汇的释义则相对简洁,例句、搭配和语法等信息较少。这样的释义方式重点突出、详略得当,提高了查询词典的效率,有利于学习者词汇能力的发展。①《麦克米伦高阶》这种创新的释义方式得到许多词典学者的高度评价。

2. 义项编排

《麦克米伦高阶》对不止一种词性的多义词按词性分立词目。例如某单词有两种词性,则在词的右上角标上1、2,分列两个词目,分别释义。词条内按频率安排义项。其中,有5个或更多义项的条目上方有个"菜单",以便学习者能更容易查到所要找的那个义项。义项菜单中列出的多义词的各个义项简明、清晰,提高了义项检索效率,同时也兼顾了义项间的语义联系,让使用者对该词的意义系统有一个初步的、总体上的了解和把握。② 试以词典中三星级词条"deep(*adj*)"为例(为节省篇幅,省去释义和例句):

deep[1] /diːp/ *adj* ★★★

1 going long way down

2 feeling/emotion: strong

3 sound: low

4 colour: dark and strong

5 breathing a lot of air

6 sleep: hard to wake from

7 with complicate ideas

\+ PHRASES

1 going a long way down from the top or the surface **1a.** use for saying or asking the distance from the top or surface of something **1b.** going a long way into some-

① 杨云侠.《牛津高阶英汉双解词典》与《麦克米伦高阶英汉双解词典》释义对比研究[J].华章,2011(16):188.

② 田兵,陈国华.英语高阶学习词典设计特征研究——兼及多义词的认知语义结构和义项特征[M].北京:科学出版社,2009:109.

thing **1c.** going a long way back from the front of something

2 a deep feeling or emotion is very strong

3 a deep sound is low

4 a deep colour is dark and strong

5 breaking a lot of air into or out of your body

6 a deep sleep is one that you do not wake up easily

7 someone who is deep has very serious thoughts, ideas, or feelings

可以看到在“deep”词目下，多个义项间因为派生关系、逻辑关系不同而产生不同层级。第一层级义项用数字1、2、3……标出，第二层级义项用数字加字母表示，如1a、1b、1c……，排在相关的第一层级义项后面。《麦克米伦高阶》分层编排义项，拓宽了展示义项间各种复杂关系的空间。① 学习者在查阅词典时可以通过词语在不同层级的语义联系更好地理解和掌握词语的意义。

3. 例证选择

《麦克米伦高阶》提供了80 000个例证，整句例证和短语例证相结合，以短语例证为主，使用了大量丰富的口语例证。这些例证的最大特色是语言鲜活、真实多彩、富有趣味。例如，在解释“bang”（撞击）时，给出的例证有：①Don't bang the door!（别使劲关门）②Who's banging around upstairs?（谁在楼上乒乒乓乓）③Be careful not to bang your head on that beam.（小心，别把头撞到那根梁上了）这些口语色彩鲜明的例证为单词提供了具体的使用场景和正确的使用方式，为学习者模仿使用做出了很好的示范。五大学习词典都依托大型语料库，比较而言，《麦克米伦高阶》更偏向于采用大量真实而灵活的口语例证，显得更贴近生活、贴近现实。

4. 标注体系

《麦克米伦高阶》的语法标注体系简洁实用，采用符号“[C]、[U]、[I]、[T]、[linking verb]、[modal verb]、[sb]、[sth]”等作为语法代码。词典中除了用表示词性的英文单词的缩略形式标注之外，名词还标注相关的“[often plural]、[usual plural]”复数信息，形容词还标注相关的“[often before noun]、[never before noun]”等分布信息。另外，词目中还标注其他语法信息，如“[+that]、[usually passive]、[usually progressive]、[in negative or questions]、…to do sth、…doing sth”等语态、句式、搭配信息。除了语法标注外，《麦克米伦高阶》还有丰富的风格标注、语

① 田兵，陈国华．英语高阶学习词典设计特征研究——兼及多义词的认知语义结构和义项特征［M］．北京：科学出版社，2009：110.

体标注、语域标注等，如“formal（正式）、informal（非正式）、spoken（口语）、offensive（冒犯）、old - fashioned（过时）、humorous（幽默）、literary（文学）、medical（医药）、legal（法律）、computer（计算机）、business（商业）、technical（术语）、BrE（英）、AmE（美）、Australian（澳）”等。词典采取简单的标注系统，但标注信息丰富全面，能较完整、清晰地提供词目的具体信息，做到简明实用。

5. 语用信息

《麦克米伦高阶》通过多种方式提供语用信息，比如利用标签、错误警示、语言提示、用法说明等专门方式，或在词条的微观结构中，利用释义、例证、注解等方式。这些语用信息能帮助学习者充分了解单词用法，地道地使用英语，避免出错。总的来看，《麦克米伦高阶》作为第五代英语学习词典中的新成员，在丰富学习词典的语用信息方面有一定创新。举例如下：

（1）提供同义词、近义词的用法比较。

在三星级词条“ago”的用法说明中，把它跟“before”“for”进行比较，指出用“ago”表示某事是在距离现在之前多久发生的，所用例句为：“He died two years ago.”（他两年前死了）“before”表示某事是在过去某时间之前多久发生的，所用例句为：“I remembered that I had met her ten years before.”（我曾经记得在 10 年之前见过他）用“for”表示过去某事延续了多长时间，所用例句为：“Their marriage lasted for fifteen years.”（他们的婚姻持续了 15 年）。

（2）提醒注意敏感话题中的敏感词汇或提供回避策略。

如词典中提醒，“he”系列词可能是导致冒犯的词。“he、him、his、himself”有时用来指任何性别的人，然而许多人觉得这样使用可能把女性排除在外了，或者显得男性比女性重要。在书面语中为避免冒犯他人，可用“he or she、he/she、s/he、him/herself”代替。在会话中，可采用“they、them、their、themselves”来指某个人，而不提及是男是女。

（3）指出与词汇相关的语用错误。

如词典中指出表示惊讶或其他情感时用“God”“Jenus”或“Christ”是不对的，用这样的词可能会被误解为很大的冒犯。

（4）提供因地而异的地道英语表达方式。

如“time”词条指出，英国人问时间会说“Have you got the time?”或“What time do you make it?”这与美国人说“Do you have the time?”或“What time do you have?”是有区别的。

站在满足读者需求这个角度，《麦克米伦高阶》在语用信息提示方面对英语学习者来说有重要的参考价值，有利于学习者提高言语的得体性和英语交际能力。

四、《麦克米伦高阶》对汉语学习词典编纂的启示

《麦克米伦高阶》的编纂特色对我国今后外向型汉语学习词典的编纂有诸多启示。

首先，建设大规模的汉语学习者语料库，这是提高汉语学习词典编纂水平的基础。没有一个全面适用的语料库作为基础，词典编纂停留在凭靠语感阶段，其信度和效度都会大打折扣。

其次，借鉴《麦克米伦高阶》的插图配置和专栏设置理念，丰富汉语学习词典的语用信息和语用指导。可在词典内设置语音、语法、用法、句型、词义辨析等专栏、专页，以展现汉语特点、常见表达方式和中西方文化差异，引导学习者正确地使用汉语。

再次，释义用词总量控制，释义方法灵活多样。《麦克米伦高阶》将全部释义用词控制在 2 500 个“释义专用词汇”之内，使释文浅显易懂。其他几大英语学习词典无不采用受控词汇释义，而汉语学习词典迄今尚无一部真正做到。《麦克米伦高阶》还使用短语和整句相结合的灵活的释义方法，用“双轨制”对产出性词汇和接收性词汇采取详略不同的释义策略。这些都值得汉语学习词典借鉴。

最后，在收词立目、义项排序、建立义项菜单、提供词频信息、配置真实贴切的例证等许多方面，《麦克米伦高阶》都能给汉语学习词典以启示。

五、结语

本节在梳理《麦克米伦高阶》编纂和研究现状的基础上，着重从宏观结构和微观结构两方面分析它的编纂特色。

宏观结构方面，《麦克米伦高阶》基于大型语料库确定收词立目，收词 10 万余条；又根据使用情况将 7 500 个核心词确定为产出性词汇，详加解释，并根据词频划分为三个等级；同时注重收录新词，反映最新的社会动态；按词性分立词目。词典在词条内采用漫画插图的形式，并附有 22 页全页彩图。词典还在词条内设置许多提供词目语用、语法信息的特色专栏，其中“语言提示”专栏就提供了 11 种最新的交际话题。《麦克米伦高阶》站在学习者的角度，利用创新的编纂手段和设计理念，最大限度地提

供交际中涉及的语言、语用知识，以满足读者语言输入和输出的需求。

微观结构方面，《麦克米伦高阶》采用受控词汇、短语和整句相结合、“双轨制”等释义策略，按“频率优先”和“层级排列”的原则编排义项，提供大量鲜活的口语例证，使用简明规范的语法标注体系，采用多种方式揭示词语多变、动态的语用信息，以提高学习者运用语言的能力。

《麦克米伦高阶》在21世纪初打破了“四巨头”一统天下的局面，以全新的编纂特色深得读者青睐。其编纂经验和成果对外向型汉语学习词典的编纂有很大的启示作用。

第七节　《韦氏高阶英语词典》的例证[①]

一、韦氏词典概况

（一）韦氏词典简介

诺亚·韦伯斯特（Noah Webster，1758—1843）是美国英语词典编纂的开山鼻祖。1806年，韦伯斯特的《简明英语词典》（*A Compendious Dictionary of English Language*）出版，这部大约400页词典的出版标志美国第一部英语词典的诞生。后经20年的沉淀，韦伯斯特于1828年又出版了两卷本《美国英语词典》，为新兴的美利坚合众国规范了自己的民族语言。该词典经过不断修订、完善，现已发展成为英语学习词典界具有权威性的词典之一，人称“韦氏词典”。

近几十年来，梅里亚姆公司编辑出版或修订再版了一系列“梅里亚姆—韦伯斯特”Merriam-Webster词典，因其门类广泛、收词全面、释义新颖，广受各国学者、使用者的好评。此系列词典较为常用的有：专为指导日常阅读写作而设计的《韦氏新理想词典》；影响较大的美国英语词典《韦氏新世界美国英语词典》；由《韦氏基础新词典》《韦氏中级词典》《韦氏学生新词典》三部组成的“梅里亚姆—韦伯斯特”新编系列词典；还有《韦氏高级词典》《韦氏简明家用词典》《韦氏新大学词典》《当代韦氏活百科英语词典》《韦氏新英语词典》《韦氏高阶英语词典》《韦氏三版新国际英语词典》等。[②] 本节的研究对象是《韦氏高阶英语词典》（本节

---

① 此节由广东海洋大学文学院对外汉语专业2011级本科生赵丹华撰写，在安华林教授的指导下完成。此处有较大改动。

② 赵九龄，李良佑. 韦氏词典十二种［J］. 外语界，1983（2）：31－33.

内以下简称《韦氏高阶》，直接引用仍依原文）。

（二）《韦氏高阶》编纂概况

2008年出版的《韦氏高阶》是美国历史上第一部真正意义上的高阶英语学习词典。此部词典于2009年由中国大百科全书出版社引进国内，于2010年1月正式出版，这是“Merriam - Webster”词典首次被引进中国，也是韦氏词典在中国的第一次授权。截至2015年，《韦氏高阶》一个版本总共印刷过四次。本节选用的《韦氏高阶》为“2012年1月第三次印刷”的版本。该词典的引进和出版不仅填补了国内美式英语学习词典的空白，也为英语学习者，尤其是美式英语学习者提供了一本权威的工具书。

《韦氏高阶》共收录近100 000个词条、美国常用的160 000个例句，且标出3 000个核心词汇——不管词义多难多复杂，该词典的释义和例句用词都不超出这浅显的3 000个核心词汇；收录了12 000多个用法、注解及短评等；释义时使用了22 000多个美式与英式常用惯用语、动词搭配；配有1 000多个彩色图例，内含16页彩页，并标明1 300个美式语法与英式语法的差异。

在这部美式英语学习词典中，释义浅显、例证丰富是它最大的亮点，也是对母语非英语的学习者学习英语的最好帮助。此外，词典中标有“US”字样的词条、词形、短语、句子和例证数以万计，为学习者提供了更为准确、地道的美式用法，这是其他任何同类词典都无法比拟的。

《韦氏高阶》的词目来自各个主要的学科和领域，包括大众文化、商业、体育、科学、技术等，并收录了体现这些行业的最新动态的词汇，富有较强的时代性，如收录新词“blog（博客）、netizen（网民）、MP3（一种数字音频播放软件或产品）”等。编者在确立词目时，主要依据人们在日常交流中是否会经常使用或遇到。

这部词典还有一个特点，就是在词典的最后附加了80多页的文化和语言使用信息，包括地理名称、语法回顾、不规则动词、缩略词、词缀、词根、常见易混单词、拼写规则、文体风格、常用人名、地址与邮递区号、数字、日期、度量衡、公制、常见节日等。

（三）研究目的和思路

1. 研究目的

《韦氏高阶》以美式英语为主，英式英语为辅，是针对母语非英语学习者而编写的工具书。本部词典有许多可圈可点的特色，其中，编者最引以为傲之处被放在了词典简介的首条，且用粗体加以强调：**More than 160 000 example sentences——the most of any learner's dictionary**（超过160 000条例句——居所有学习词典之首）。

《韦氏高阶》的主编 Stephen J. Perrault 也在这部词典的前言中说道："想要很好地掌握一门语言，理所当然的，不在于通过记忆词典的释义，而在于了解单词之间是如何相互作用去传达说话人想要表达的意思。""在编写本书的过程中，我们投入了大量的精力去设计简明而精确的释义，但我们始终认为，这部词典真正核心的部分乃在于它的例句。"（笔者译）①例证于词典尤其是学习型词典而言，确实是不可或缺的重要存在。例证的重要性可用法国《小拉鲁斯插图新词典》中的一句名言概括："一部没有例句的词典只是一堆枯骨。"英国词典奠基者塞缪尔·约翰逊也坚信："要解决一切困难，要弥补一切缺陷，就必须靠例证。"②

因此，我们选取《韦氏高阶》最突出的部分——例证进行研究，分析其特色，从而为外向型汉语学习词典的编纂提供借鉴和参考。另外，我们观察到的本部词典编纂中的一些不足之处，也希望引起词典编纂者们的注意。

2. *研究思路*

本研究分为三个部分：第一部分是对《韦氏高阶》的例证体例进行介绍，第二部分是对《韦氏高阶》的例证类型进行统计分析，第三部分是对《韦氏高阶》的例证数量进行统计分析。

研究的具体步骤是：第一步，选取《韦氏高阶》以 J 字母开头的所有词目及其例证作为样本，成为封闭式研究对象；第二步，将这些样本词按使用频率分为基础词（常用词）和一般词，再按词性分为名词、动词、形容词、副词；第三步，分词性统计出基础词和一般词所包含的语段例、整句例的数量以及它们在总例证数中所占的比例；最后，对统计数据进行分析，得出结论。

二、《韦氏高阶》例证的统计与分析

（一）《韦氏高阶》例证体例简述

《韦氏高阶》绝大多数的词目都配有例证，用以解释说明该词目如何运用。例证前会有一个"·"作为提示，例证本身则用蓝色字体标注，所

---

① STEPHEN J PERRAULT. 韦氏高阶英语词典［Z］. 北京：中国大百科全书出版社，2012：7a.

② 转引自李荫华．英语词典初探［M］．北京：商务印书馆，1985：233.

以，例证在释义和众多附加说明中显得格外显眼，便于学习者迅速查阅。

一些例证后会用“[ ]”的符号表示对例证的进一步说明，例如，“He really hit the jackpot with his new restaurant. [=he became very successful with his new restaurant].”“He jarred [=knocked] the ball from his opponent's hands.”这给词典编写者们一个启发：词典例证的释义功能不仅仅体现在例句本身，还可以通过在例证中添加辅助释义来实现。

如果例句有不同的表达方式，编者会用“=”标明，例如，“We got in a car accident. =We had a car accident.”这与徐玉敏主编的《当代汉语学习词典》（初级本）使用的“引导句→解说句”释义法有异曲同工之妙。两个对等句相互说明，帮助读者更好地理解句子的意思，同时也可延伸学习。如上例中，两个句子的主语和宾语相同，区别在于谓语：一个是“got in”，一个是“had”。由于两个句子的意思是一样的，学习者便可类推到其他句子中将这两个表达方式进行替换。以简单的常用句“I had a trouble.”为例，将句中的“had”替换成“got in”，整个句子就变成了“I got in a trouble.”（我有麻烦了），这样表达就比“I had a trouble.”地道得多。再如，“The nurse jabbed the needle into his arm. =The nurse jabbed his arm with a needle.”在这两个对等的例句中，“jab something into somewhere”和“jab somewhere with sth”是词目“jab”同一个意思的不同表达，也是其句法功能在例证中的体现。

《韦氏高阶》的例证中，一些常用短语会用粗体字标记出来，如“an interesting **pattern of behavior** = an interesting **behavior pattern**”，这样标记能使常用的短语或搭配在例证中一目了然。有的常用短语会被放在完整的句子中，如“The children were all **on their best behavior** [= were all behaving very well and politely] at the museum.”短语的用法在句子中得到了体现，短语后附带的注解也使读者对短语的意思有了更清晰的认识。

还有些例证，会将词目的常见用法表现出来。如“instruct”的第2义项“to give someone an order or command · She instructed us that we were to remain in our seats. —usually followed by to verb · She instructed us to remain in our seats. —often used as be instructed · We were instructed to remain in our seats.”在这个词条中，破折号把词目的不同用法分隔开，每个例证前都有简短的用法说明，后用实心点带出例句，真正起到指导学习的作用。难怪北京外国语大学的庄绎传在为此部词典作序时指出：“这本韦氏词典就

是你想找的老师，而且是一位很不错的老师，因为它处处为外国学生着想。”①

例证中，还有一些词语（可能意义相近，也可能意义上毫无关联）在某一例句或某一短语中可做同样的成分使用，它们存在可以互相替换的关系，用“/”号隔开。比如词目“joke”第1义项中给出的例证：“She's always cracking/telling jokes.” “I didn't get/understand the joke.” 再如词目“avid”第1义项的例证“an avid cook/dancer/fan/golfer/reader”。这样做的好处在于，拓展了例句的数量，学习者可以通过观察这些可替换的词语的共性，生成自己需要的组合。

（二）《韦氏高阶》例证类型的统计与分析

1. 例证的类型

霍恩比（Hornby）从例证的结构形式角度将例证分为成句例证和不成句例证，又称整句例（illustrative sentence）和短语例（illustrative phrase）②。但此命名不太适用于英语，因为英语中存在不定式这种性质特殊的语法形式。有人认为不定式是短语，也有人认为它是小句。考伊（Cowie）在区分了短语例证和不定式例证之后，将不定式看作是词语填充式的最简结构框架，并认为，把不定式例证与其他类型的短语例证视为一类可方便词典学家表达观点。③ 黄建华把不定式例证和短语例证统称作“语段例”。④ 基于考伊（Cowie）和黄建华二人的观点，本研究沿用此名，将例证的结构类型划分为两类：语段例和整句例。

语段例、整句例各有长处和不足。语段例的使用能够节省篇幅，具有较强的概括力，是词语用法的样本，学习者可以根据它们来造句。⑤ 但语段例毕竟不完整，为学习者提供的是词语的部分用法，如搭配等，交际使用价值有限。⑥ 整句例则能够为需要说明的意义和用法提供语境，还能更充分、更明晰地传达文化信息，并且，越是完整的句子，越接近词语真实的用法。它唯一的不足在于篇幅较长，有时会显得拖沓，不够简练。

---

① STEPHEN J PERRAULT. 韦氏高阶英语词典［Z］. 北京：中国大百科全书出版社，2012：序.

② HORNBY A S. Some problems of lexicography［J］. ELT journal，1965，19（3）：107.

③ COWIE A P. English dictionaries for foreign learners：a history［M］. Beijing：Foreign Language Teaching and Research Press，2002：63.

④ 黄建华. 词典论（八）［J］. 辞书研究，1984（2）：56－57.

⑤ 黄建华. 词典论（八）［J］. 辞书研究，1984（2）：56－57.

⑥ 张宏. 外向型学习词典配例研究——以《汉英双解词典》为例［D］. 广州：广东外语外贸大学，2009：26.

既然这两种类型的例证各有短长，那么在配置词典的例证时该如何选取呢？有些外国学者提出，不需要固定刻板的规则指导何时使用某种例证类型，要灵活地配合使用它们。他们认为，在什么情况下使用什么例证类型取决于词目的语言特征。若是词目的特征需要在句子里面说明，则用整句例；若特征仅限于短语，则使用短语即可，当语段例可以达到说明目的时，没有必要配置整句例。① 这与《韦氏高阶》编者的想法不谋而合。

2. 例证类型的统计

为了解《韦氏高阶》语段例和整句例的设置情况，本节采用封闭式语料统计法，选取了以J字母开头的所有单词，将这些单词按照使用频率分为“基础词”和“一般词”，再按词类将这两组词分为名词、动词、形容词、副词四类，对这四个词类所采用的例证类型进行统计分析。统计结果如表2－7、表2－8所示。

表2－7　以J字母开头的基础词的例证类型统计数据

	名词	动词	形容词	副词	合计
语段例	53	10	15	0	78
整句例	144	135	16	87	382
例证数	197	145	31	87	460
语段例比例（%）	26.9	6.9	48.4	0	17
整句例比例（%）	73.1	93.1	51.6	100	83

表2－8　以J字母开头的一般词的例证类型统计数据

	名词	动词	形容词	副词	合计
语段例	117	10	57	6	190
整句例	158	144	42	9	353
例证数	275	154	99	15	543
语段例比例（%）	42.5	6.5	57.6	40	35
整句例比例（%）	57.5	93.5	42.4	60	65

① 张宏. 外向型学习词典配例研究——以《汉英双解词典》为例［D］. 广州：广东外语外贸大学，2009：26.

由于以J字母开头的单词中，词性为副词的单词数量十分有限，对统计的结果造成了一定的影响。因此，笔者又选取了以U字母开头的所有副词，进行再一次的封闭式统计，统计结果如表2－9所示。

表2－9　以U字母开头的副词的例证类型统计数据

	基础词	一般词
语段例	0	28
整句例	19	110
例证数	19	138
语段例比例（%）	0	20.3
整句例比例（%）	100	79.7

表2－10　例证类型比例排序（由高到低）

	基础词	一般词
语段例	形容词、名词、动词、副词	形容词、名词、副词、动词
整句例	副词、动词、名词、形容词	动词、副词、名词、形容词

注：表2－10中的副词排序依据的是表2－9的数据。

3. 例证类型的统计数据分析

上述统计数据表明，不同词性词语的语段例、整句例的比例是有区别的。

基础词和一般词的语段例占比最高的前两个词性都是形容词和名词。这两类词的意义较好理解，用法也相对简单，对句子的依赖性不强，仅用语段就能使人明白，因此语段例的比例相对较高。同时，无论是基础词还是一般词，形容词的语段例比例都很高，均在50%左右（基础词：48.4%，一般词：57.6%），这是由于形容词的主要功能是修饰名词性词语，因此，多数形容词用语段例即可。如“jet－lagged tourists，a Jewish temple，Judaic law/heritage/tradition，a jokey movie，a just cause for war”等，语段例足以将这些形容词的用法表达清楚。对于一些意义和用法相对简单的名词，词典也倾向于使用语段例，但总体上整句例还是占优势。

语段例比例较低的两类基础词依次是动词和副词，一般词依次是副词和动词。这两种词类的语段例比例低是由它们的词性特征决定的。动词是句子的核心，形态变化多，通常要用整句例才能充分展示它的复杂性。副词的主要功能是修饰或限制动词、形容词和全句。除了程度副词修饰形容词以外，绝大多数副词都是修饰动词和全句的，仅靠语段例无法很好地展现副词的语法功能。因此，动词和副词的语段例比例低。

另需说明的是：以 J 字母和 U 字母开头的副词的基础词语段例比例都是 0，但这是特殊情况，不代表词典中所有使用频率高的副词都没有语段例。我们也做过一组实验统计，对象是以 A 字母开头的单词中名词、动词、形容词、副词四类词性各自的前五个基础词，统计结果显示，高频副词的语段例比例为 18.1%。这说明高频副词也有语段例，只是相对较少。

综合表 2－7 至表 2－9 可知，语段例和整句例的比例正好相反，语段例比例高，整句例比例就低，反之亦然。无论是基础词还是一般词，形容词和名词都比较稳定，形容词的语段例最高，整句例最低，其次是名词。动词和副词在基础词或一般词上的表现虽有不同，但共性都是整句例高，语段例低。原因上文已述。

总体上看，除了一般词中的形容词语段例比例高于整句例比例之外，其他所有情况都是整句例比例高于语段例比例。这说明《韦氏高阶》的例证是以整句例为主、语段例为辅。当然也有少数词目没有例证。

（三）《韦氏高阶》例证数量的统计与分析

我们对《韦氏高阶》的例证数量在一定范围内进行了封闭式的统计分析。选取以 J 字母开头的所有单词，分为基础词和一般词两类，分别统计这两类词的名词、动词、形容词、副词各自的义项数、例证数，并计算得出各类词义项的平均例证数。统计结果如表 2－11 和表 2－12 所示。

表 2－11　以 J 字母开头的基础词的例证数量统计

	名词	动词	形容词	副词	合计
义项数	66	42	10	32	150
例证数	197	145	31	102	475
义项平均例证数	3.0	3.5	3.1	3.2	3.2

表 2－12　以 J 字母开头的一般词的例证数量统计

	名词	动词	形容词	副词	合计
义项数	293	67	68	92	520
例证数	275	154	99	138	666
义项平均例证数	0.9	2.3	1.5	1.5	1.28

表2－11显示，基础词四种词性的例证数量均在3个或3个以上，其中，动词的例证数最多，其次是副词，再次是形容词，例证数最少的是名词。因为动词和副词（尤其是常用的动词和副词）搭配和用法较为灵活复杂，需要较多的例证以展示其语法功能。

表2－12显示，一般词中名词的义项平均例证数甚至连1个都不到，这是因为以J字母开头的一般词的名词中，有114个义项没有例证（不常用义项或专有名词）。因此，除去这些没有例证的义项，有例证的义项为179个，那么一般词中名词的义项平均例证数就为1.5个。另外，表2－12的数据还显示，一般词的副词义项平均例证数仅为1.5个，这是因为一般词的副词通常是由形容词派生而来的，如“justifiable－justifiably”，通常列在形容词词目之下，而不单独把副词作为词目列出，举例一般是一个，最多两个。只有极少数一般词的副词是以词目的形式出现的。但当副词以词目形式出现时，它的例证数通常都在3个及以上，如“unquestionably”“underfoot”等。

若将表2－11和表2－12进行比较，我们不难发现基础词的例证均比一般词的例证多一些，动词至少平均多出1.2个例证，名词、副词、形容词也都多出1.5个例证以上。这说明编者在设置例证时是非常讲究技巧的，主次区分得很清楚。虽然基础词和一般词的例证数量存在差别，但不同词类例证数量的多寡表现还是基本一致的，即无论是基础词还是一般词，都是动词最多，名词最少，副词和形容词居中。总体来看，《韦氏高阶》例证数量的安排是与词类的语法功能密切配合的。

三、《韦氏高阶》例证的特色与不足

（一）特色

作为美国第一本大规模的外向型高阶英语学习词典，《韦氏高阶》的例证有不少可以借鉴之处。

1. 例证量大而且类型丰富

《韦氏高阶》拥有大量的例证，居众多英语学习词典之首。不仅如此，它的例证类型还非常丰富。

《韦氏高阶》最为常见的例证类型是整句例、语段例以及二者结合使用的例证。在《韦氏高阶》中，整句例和语段例结合起来使用并不少见，通常都采用在整句例中用粗体字标注语段例的形式。比如“She loves hiking，biking，and **all that jazz**.”“Why should I have to **justify myself** when it was their fault.”结合例证能够让使用者在句子中理解这些常用短语，从而提高学习效率。

《韦氏高阶》还存在句群例，只不过它们的数量不多，因而在统计例证类型时将句群例归入整句例当中了。传统的学习词典例证最高层级的语言单位就是句子，《韦氏高阶》对句群例的使用不得不说是一大创新。句群的使用是以两种形式出现的，一种是对话形式，如“‘I finished the project ahead of schedule.’ ‘Good job!’” “‘The report is to be done by tomorrow.’ ‘You're joking.’”另一种是一个例证由两个句子组成，如“You voted for him? Surely you just!”“You shouldn't blame her for what happened. She was just/only doing her job.”句群能够使语境更加丰满完整，读起来更加生动有趣。

2. 自撰例设计精巧

《韦氏高阶》的例证虽未注明是自撰例还是引用例，但编者在序言中说道，这部词典有超过 160 000 条例句，它们中只有很少部分（a few of）引自英美著名文学作品，绝大多数是自撰例，均来源于最地道的英语。这些例句都是经过精心撰写的，按照编者自己的说法，其目的就是在于“精确地展示词目在实际演讲、写作中的使用方法”[①]。虽然不少学者认为引用例要比自撰例生动有趣，而且能够显示典型的语境、语法结构和搭配，但一般认为，例证形式的选择很大程度上取决于三个方面的因素：词典规模；词典的性质和编撰方针；使用对象。[②] 我们认同这一观点。《韦氏高阶》属于外向型学习词典，主要读者对象是母语非英语的英语学习者，对于这些学习者而言，词典的实用性要比其他任何特点都重要。[③] 自撰例虽然缺少了权威性，但它比引用例要更灵活。考伊（Cowie）也指出，正因为自撰例的语言、排列不是真实的，但考虑了教学方面的要求，才能够完成配例的功能。[④] 而作为外向型英语学习词典，这样的例证才是学习者需要的。

3. 例证使用灵活

由上文的统计不难发现，《韦氏高阶》在语段例和整句例的使用上处置得当，它根据不同词性的语法特征来配置例证，不会为能够使用语段例

---

① STEPHEN J PERRAULT. 韦氏高阶英语词典［Z］. 北京：中国大百科全书出版社，2012：8a.

② 冯清高. 词典释例的作用及配例原则［J］. 广东民族学院学报（社会科学版），1993（2）：80.

③ 惠宇. 读者第一，注重实用——关于《新世纪汉英大词典》编纂思想的思考［J］. 外语教学，2004（3）：1－10.

④ 转引自张宏. 外向型学习词典配例研究——以《汉英双解词典》为例［D］. 广州：广东外语外贸大学，2009：41.

就能说明问题的名词、形容词而配置大量的整句例，也不会因为担心加大篇幅而减少动词和副词对整句例的使用。总体来看，《韦氏高阶》对例证结构类型的调配非常合理，值得外向型汉语学习词典参考借鉴。

4. 例证区分细致

《韦氏高阶》区分例证是英式英语的表达方式还是美式英语的表达方式。例如“like”的第1义项中，“I like it very much. = I really like it. = (chiefly Brit) I quite like it.”“I wouldn’t like you to get the wrong idea. = (US) I wouldn’t like for you to get the wrong idea.”这里清楚地显示出前一条例证主要用于英式英语中，后一条例证是地道的美式英语表达。同时，与以往的高阶英语词典不同，《韦氏高阶》的编者在序言中也提到了，这部词典所涵盖的美式英语用法之多之细是史无前例的。外向型汉语学习词典若借鉴这一创新点，或许可以把例证标注出文言文和白话文、口语和书面语、普通话和方言等的区别。

（二）不足

《韦氏高阶》虽在高阶英语学习词典界占有重要地位，但它仍不可避免地存在一定的不足之处。

1. 例证所显示的语法功能不够全面

我们查看了后面可接不定式和动名词的动词“regret”“suggest”“remember”，发现“regret”的例证中“regret doing sth”（遗憾做过某事）的例句只有一条，且是否定形式的“He regrets not traveling more when he was younger”；“regret to do sth”（遗憾地去做某事）的例句也只有一条，即“We regret to inform you [= We are sorry to tell you]”，两种句型并未对比鲜明地区分开来。

另外，在“suggest”的例证中，没有出现“suggest sth to sb”“suggest doing sth”句型的例句，“remember”没有出现“remember doing sth”句型的例句，而这些都是较为常用的句型，并且这些语法点恰恰是母语非英语的学习者的重点和难点。

2. 语段例与整句例的编排较无规律

我们在统计语段例和整句例时发现，不同类型的例证出现的位置比较随意。如“abuse”的第3义项“3: to use (something) wrongly · abuse [= misuse] a privilege · She abused her friend’s trust. · a senator who abuses his power · He abused my confidence by letting this secret be known.”这几个例证的用法相近，顺序在其中并没有什么特殊含义，完全可以按例证类型

来排列。再如“judge”的第1义项分出了两个小义项（意思存在细微的差别），义项a给出的例证顺序是语段例、整句例、整句例，而义项b给出的例证顺序是整句例、语段例。在同一个词目下就有这样的情况，说明《韦氏高级》的例证类型存在编排无序的情况。对于这个问题，我们建议外向型汉语学习词典在编排例证类型时，尽量按照语法单位从小到大，即按照“词→固定短语→自由短语→句子”的顺序有序排列。

总之，《韦氏高阶》的例证既特色鲜明，也存在不足，对外向型汉语学习词典的编纂具有启示意义。

第三章　汉语学习词典研究

第一节　外向型汉语学习词典编纂与研究综述①

汉语学习词典一般分为两种类型：一种是为母语非汉语的外族学习者编纂的、旨在提高学习者汉语水平的“外向型”学习词典，习惯上称为“对外汉语学习词典”。吕叔湘的《现代汉语八百词》是我国第一部单语的外向型汉语学习词典。另一种是为本族学习者编纂的、旨在提高汉语母语使用者汉语水平的“内向型”学习词典，如李临定的《现代汉语疑难词词典》、商务印书馆辞书研究中心编纂的《应用汉语词典》等。② 本节主要讨论第一类词典。

无论外向型学习词典，还是内向型学习词典，都是为了满足语言学习者的个性化学习需求而产生发展的。国外学习词典的编纂较为成熟且颇具规模，国内学习词典尤其是外向型学习词典的编纂，还有很多工作要做。在“汉语热”持续高温的情况下，外向型汉语学习词典作为外族学习者学习汉语的辅助工具，显得越来越重要，亟待专业人士深入研究并付诸编纂实践。本节尝试对外向型汉语学习词典的编纂成果和研究现状进行梳理和总结，以期认清形势，明确差距，更快更好地前行。

一、编纂现状概述

（一）编纂简史

我国对外汉语教学的历史可以上溯到汉代，但外向型汉语学习词典的

---

① 此节由广东海洋大学文学院对外汉语专业 2010 级本科生尉晋烿撰写，在安华林教授的指导下完成，曾以同名题目发表于《广东海洋大学学报》（社会科学版）2014 年第 5 期。此处有改动。

② 商务印书馆辞书研究中心．现代汉语学习词典［Z］．北京：商务印书馆，2010：前言 1.

编纂则萌芽于明清时期。当时一些外国传教士为了便于在华传教，着手编纂外向型汉语学习词典，如明代由罗明坚、利玛窦合编的《葡汉辞典》是世界上最早的葡汉辞典①。虽然当时的成果不够成熟也不成系统，却为后人提供了借鉴。

中华人民共和国成立后到改革开放前，我国真正意义上的外向型汉语学习词典并不多见。1976年，北京语言学院首次编印了供外国人学习汉语使用的双语词典《汉英小词典》《汉法小词典》。②

改革开放后，外向型汉语学习词典的编纂和出版进入发展期。1980年，著名语言学家吕叔湘主编的《现代汉语八百词》由商务印书馆出版，标志着外向型汉语学习词典的编纂开始向纵深发展。该书主要讲解虚词用法，是第一部现代汉语用法词典，主要供非汉语族人士学习汉语，一般语文工作者也可参考。③ 此后相继问世的外向型汉语学习词典还有孙全洲的《现代汉语学习词典》，李忆民的《现代汉语常用词用法词典》，李晓琪的《汉语常用词用法词典》，徐玉敏的《当代汉语学习词典》，鲁健骥、吕文华的《商务馆学汉语词典》等，它们大体上代表了新时期外向型汉语学习词典的最高水平。④

1982年，商务印书馆出版了《简明汉英词典》，另有汉日、汉法、汉德、汉西、汉阿（即阿拉伯语）、汉朝等多个版本，均服务于对外汉语教学，标志着改革开放后外向型汉语学习词典在多样化的同时，也开始向系列化方向发展。⑤

（二）编纂成果

进入新时期后，随着社会的发展和对外汉语教学事业的进步，外向型汉语学习词典越来越受重视，编纂成果也越来越多，类型丰富多样。我们在张相明分类⑥的基础上对已有词典重新分类，共分为四类。

第一种，普通类。

（1）吕叔湘：《现代汉语八百词》，商务印书馆，1980年。

（2）郑懿德等：《现代汉语常用词语例解》，北京语言学院，1982年。

---

① 周小兵，蔡建丰，李亚楠，等. 汉语二语教材与汉语、汉语研究［R］. 广东省中国语言学会2012—2013学术年会大会报告（2013年12月7日于中山大学）.

② 张相明. 我国对外汉语学习词典发展探析［J］. 辞书研究，2010（3）：30.

③ 张相明. 我国对外汉语学习词典发展探析［J］. 辞书研究，2010（3）：30.

④ 张相明. 我国对外汉语学习词典发展探析［J］. 辞书研究，2010（3）：31.

⑤ 张相明. 我国对外汉语学习词典发展探析［J］. 辞书研究，2010（3）：31.

⑥ 张相明. 我国对外汉语学习词典发展探析［J］. 辞书研究，2010（3）：33-34.

（3）李忆民：《现代汉语常用词用法词典》，北京语言大学出版社，1995 年。

（4）孙全洲：《现代汉语学习词典》，上海外语教育出版社，1995 年。

（5）李晓琪：《汉语常用词用法词典》，北京大学出版社，1997 年。

（6）卢福波：《对外汉语常用词语对比例释》，北京语言大学出版社，2000 年。

（7）刘川平：《学汉语用例词典》，北京语言大学出版社，2005 年。

（8）徐玉敏：《当代汉语学习词典》，北京语言大学出版社，2005 年。

（9）鲁健骥、吕文华：《商务馆学汉语词典》，商务印书馆，2006 年。

第二种，双语类。

（1）北京语言学院《简明汉英词典》编写组：《简明汉英词典》，商务印书馆，1982 年。

（2）王还：《汉英虚词词典》，华语教学出版社，1992 年。

（3）王还：《汉英双解词典》，北京语言学院出版社，1995 年。

（4）《实用英汉词典》编委会：《实用英汉词典》，华语教学出版社，1996 年。

（5）吴叔平：《汉语动词 380 例》（汉英对照），华语教学出版社，2000 年。

（6）北京语言大学编写组：《实用字素词典》（汉英本），北京语言大学出版社，2003 年。

（7）王还：《王还汉语词典》（汉英双解），北京语言大学出版社，2005 年。

（8）陈延河等：《初级汉语学习词典》（汉语—印尼语对照），外语教学与研究出版社，2006 年。

（9）钱王驷、姚乃强：《汉英双语学习词典》，外文出版社，2007 年。

第三种，专项类。

搭配词典：

（1）王砚农等：《汉语常用动词搭配词典》，外语教学与研究出版社，1984 年。

（2）王砚农等：《汉语动词—结果补语搭配词典》，北京语言学院出版社，1987 年。

（3）杨天戈等：《汉语常用词搭配词典》，外语教学与研究出版社，1990 年。

（4）张寿康、林杏光：《简明汉语搭配词典》，商务印书馆，1990 年。

（5）张寿康、林杏光：《现代汉语实词搭配词典》，商务印书馆，1992 年。

（6）王勇：《汉英常用动词搭配词典》，上海三联书店，2001 年。

近义词词典：

（1）邓守信：《汉英汉语常用近义词用法词典》，北京语言学院出版社，1996 年。

（2）马燕华、庄莹：《汉语近义词词典》，北京大学出版社，2002 年。

（3）刘乃叔、敖桂华：《近义词使用区别》，北京语言大学出版社，2003 年。

（4）牟淑媛、王硕：《汉语近义词学习手册》，北京大学出版社，2004 年。

（5）王还：《汉语近义词典》（汉英双解），北京语言大学出版社，2005 年。

（6）杨寄洲、贾永芬：《1700 对近义词语用法对比》，北京语言大学出版社，2005 年。

考试词典：

（1）黄南松、孙德金：《HSK 词汇用法详解》，北京语言大学出版社，2000 年。

（2）刘镰力：《汉语 8000 词词典》，北京语言大学出版社，2000 年。

（3）邵敬敏：《汉语水平考试词典》，华东师范大学出版社，2000 年。

口语词典：

（1）徐志诚：《现代汉语口语词典》，辽宁人民出版社，1991 年。

（2）张艳华：《现代汉语常用口语词典》，济南出版社，1995 年。

（3）张建新：《汉语口语常用格式例释》，北京语言大学出版社，2008 年。

其他专项词典：

（1）佟慧君：《常用同素反序词辨析》，湖南人民出版社，1983 年。

（2）杨庆蕙：《现代汉语正误辞典》，北京师范大学出版社，1993 年。

（3）杨庆蕙：《现代汉语离合词用法词典》，北京师范大学出版社，1995 年。

（4）张拱贵：《汉语委婉语词典》，北京语言大学出版社，1996 年。

（5）李晓琪：《现代汉语虚词手册》，北京大学出版社，2003 年。

（6）常宝儒等：《简明汉语插图词典》，商务印书馆，2005 年。

第四种，多媒体类。

多媒体类词典主要以光盘、芯片或网络媒体作为载体，不仅包括文字信息，还包括真人发音等纸张无法涵盖的信息。已经发行的多媒体词典主要有 1999 年郑艳群等主编、北京语言大学出版社出版的《多媒体汉字字典》（HSK 甲级汉字英文版）和商务印书馆出版的《汉语插图词典》系列的网络版。2019 年，商务印书馆推出《现代汉语词典》APP，2020 年又推出“涵芬”多种词典网络综合平台。

二、研究现状概述

（一）研究发展概况

词典编纂实践促进词典理论研究的发展。《二十世纪中国辞书学论文索引》显示，第一篇对外向型汉语学习词典进行理论探索的论文是 1986 年孙全洲的《〈现代汉语学习词典〉编纂中的探索》，接着是 1992 年吕叔湘发表的《〈现代汉语学习词典〉序》。[①] 1995 年《现代汉语学习词典》出版后，在学术界引起广泛关注，一系列评论性文章相继发表，由此促进了外向型汉语学习词典的理论研究。

理论研究初期主要侧重于外向型汉语学习词典编纂的整体技巧、特点、原则等宏观性探讨，成果大多是词典编纂者的经验总结，如徐玉敏的《编纂外向型单语现代汉语学习词典的尝试》、李晓琪的《外国学生现代汉语常用词词典编纂散论》、邵敬敏的《〈汉语水平考试词典〉编写的原则和方法》、苏培成的《汉语学习词典的特点及其编写》、周小兵的《对外汉语学习词典的编写》、Liu G. 的《单语外向型汉语学习词典的理论与实践》、程荣的《汉语学习词典编纂特点的探讨》、李禄兴的《谈汉语学习词典的科学性问题》、张伟的《编纂汉语学习词典的几点理论思考》、朱瑞平的《论留学生用汉语语文词典编纂的几个原则性问题》等。[②]

随着学科的发展，外向型汉语学习词典的理论研究越来越深化、细化、专门化、系统化。不仅关注外向型学习词典本身的理论建设与编纂实践，兼及学习词典与外语教学的关系，还把外向型词典与内向型词典、外语词典等进行对比研究。论文如徐玉敏的《对外汉语学习词典的条目设置和编排》、刘川平的《对外汉语学习词典用例效度的若干关系》、章宜华的

① 张相明．我国对外汉语学习词典发展探析［J］．辞书研究，2010（3）：35.

② 张相明．我国对外汉语学习词典发展探析［J］．辞书研究，2010（3）：35 – 36.

《内向型普通词典与外向型学习词典的对比研究》等；会议论文集如郑定欧、李禄兴、蔡永强主编的《对外汉语学习词典学国际研讨会论文集(二)》(中国社会科学出版社，2006)，章宜华主编的《学习词典与二语教学研究》(上海外语教育出版社，2010)；专著如于屏方、杜家利的《汉、英学习词典对比研究》(中国社会科学出版社，2010)，杨金华的《语文词典比较研究初探》(上海外语教育出版社，2012) 等。仅释义研究方面，就发表了大批文章，从不同角度探讨释义问题（详见下文）。

近年来，外向型汉语学习词典的研究开始吸收语言学相关学科的理论知识，形成新的研究视角和方法，如梅晓娟的《配价语法与现代汉语学习词典编纂》、张相明的《题元理论与对外汉语学习词典动词句法处理》、张凤芝的《谈语用学与对外汉语学习词典的编写》等便是这方面的有益尝试①；而赵彦春的《认知词典学探索》(上海外语教育出版社，2003)、章宜华的《语义·认知·释义》(上海外语教育出版社，2009) 等专著是将认知科学和词典学结合起来进行探索的成果。

随着研究的逐步深入，外向型汉语学习词典作为独特的词典类型越来越受到人们的关注。不过从总体上看，与国外先进水平相比，我国理论研究明显滞后，尚未形成成熟的研究范式。

（二）研究现状分类概述

下文主要概述释义、收词立目、词性标注等三类关注度较高的研究及成果。

1. 释义类研究概述

关于释义的研究可分为以下四类。

第一类，针对某部词典的释义进行研究，可以选取一个方面，也可以选取多个方面。如章宜华的《语文学习词典的创新与释义问题探讨——评〈现代汉语学习词典〉》，杨金华的《突出“对外”特性的释义和用法说明——析〈商务馆学汉语词典〉的释词》，夏立新的《〈商务馆学汉语词典〉释义存在的问题及改进意见》等。以夏文为例，作者从《商务馆学汉语词典》中随机抽取了50个动词，对这些动词的释义进行了分析和研究，从中发现问题，进而提出改进建议②。

第二类，针对某个词类的释义进行研究，可以选取一部词典，也可以

---

① 张相明．我国对外汉语学习词典发展探析［J］．辞书研究，2010 (3)：36.

② 夏立新．《商务馆学汉语词典》释义存在的问题及改进意见［J］．云南师范大学学报(对外汉语教学与研究版)，2013 (1)：44.

选取多部词典。如张青文的《单语外向型汉语学习词典动词释义研究》，夏宇的《外向型汉语词典中量词的释义研究》，孙运芹的《外向型汉语学习词典的副词释义研究》等。以孙文为例，作者从三部外向型汉语学习词典（即《汉语 8000 词词典》《商务馆学汉语词典》《学汉语用例词典》）中收集语料，选取三者共有的 262 个副词作为研究对象，主要运用定量分析与定性分析相结合的方法，分别对这 262 个副词的释义方式、释义例证和释义性词语进行考察，分析释义的异同之处①。

第三类，针对某个或某些释义问题进行对比研究，可以是此类词典内部对比或与普通语文词典对比，也可以是国内与国外对比。如杨彬的《外向型学习词典释义模式浅析——〈现汉〉和〈学汉〉“目”部字释义对比》，章宜华的《对外汉语学习词典释义问题探讨——国内外二语学习词典的对比研究》等。以章文为例，文章选取三部外向型汉语学习词典（即《现代汉语学习词典》《现代汉语常用词用法词典》《商务馆学汉语词典》）和五部外向型英语学习词典（即《牛津高阶英语词典》《朗文当代高级英语辞典》《柯林斯 COBUILD 高阶英语词典》《剑桥高阶英语词典》《麦克米伦高阶英语词典》五大英语学习词典），抽取 150 个常用词的释义作为分析语料，从释义信息项的内容与结构、语义框架与概念结构、同义对释与释义循环、释义简单性与词典闭环性等几个方面进行对比分析，探讨外向型汉语学习词典存在的问题，并提出改进意见②。

第四类，针对外向型汉语学习词典的释义问题进行综合研究或理论探讨。此类研究成果丰硕，选材多样，角度不同，观点不一。以下选取学者们着力较多的释义原则（含释义例证原则）和释义要求方面略做陈述。

在释义原则方面，朱世芳概括为“浅显性、规范性、准确性、系统性、实用性”五大原则③；在释义例证原则方面，刘川平总结出“解释性、功能性、适应性、现实性、交际性、浅易性、协调性、兼容性、多样性”九项原则④；钟玲莉提出“兼顾语义、语法、语用需求的原则”“难易有序、常用优先的原则”“注重实用、突出交际的原则”⑤。

在释义的具体要求方面，学者们的立足点、关注点不同，意见各有千

---

① 孙运芹．外向型汉语学习词典的副词释义研究［D］．烟台：鲁东大学，2012：摘要．

② 章宜华．对外汉语学习词典释义问题探讨——国内外二语学习词典的对比研究［J］．世界汉语教学，2011（1）：120－128.

③ 朱世芳．对外汉语词典释义原则及基本方法初探［J］．现代语文（语言研究版），2011（9）：148.

④ 刘川平．对外汉语学习词典用例的一般原则［J］．辞书研究，2006（4）：100－106.

⑤ 钟玲莉．三部对外汉语学习词典释义用例的分析研究［D］．广州：暨南大学，2008：51.

秋。周小兵认为对外汉语学习词典应该容易学习，容易记忆，容易练习，容易使用；释义语言必须简单易懂，应使用简单句并且要注明使用范围①。杨金华认为意义和用法是释义的重点，应尽量避免释词的简约，尽量增加对意义的解释和用法的说明②。赵新等认为，释义应浅显易懂、准确细致；应解释词义，说明语法特点、句法功能、语用条件等③。杨宁认为，应借鉴对外汉语教学的研究成果，注意对一些功能词使用条件的说明，并在词条中列出学习者会经常用到的典型例句，不能仅仅给出动词在外语里的对应词，还应增加动词的用法说明信息④。张凤芝认为应增加对语用知识的说明，例如多介绍汉语常见的称谓、成语、俗语、习语和惯用说法的含义和用法，标出词语或例句使用的场合、情景，说明词语在不同语境中所要表达的语气和背后所蕴含的文化习俗、思维方式等⑤。张慧晶认为释义应以义位为单位，突出每个义位的独立性，突出汉语义位特有的各种语义特征；将文化附加义也纳入词典释义范围；配合义位讲解用法，以简单的结构式子来展示词语的常见用法⑥。周上之认为要注意一些语言偏误现象，将其纳入释义的考虑范围⑦。李红印认为要注重同义词的释义区别⑧。简言之，释义语言浅显易懂，意义用法说明详细，重语用、重文化、重辨析，大体是各家认可的共同要求。

2. 收词立目类研究概述

关于外向型汉语学习词典的收词，不少学者发表了自己的看法。周上之认为外向型词典不同于内向型词典，词条的设立应从对外汉语教学的实际出发，根据常用性原则来收录词条义项⑨。王弘宇认为应该收录现今常用词，释义的重点应放在与外语词不对应的汉语词上面⑩。张淑文认为应把一些使用频率较高的动补结构及充当补语的虚化动词收为词目或义项，

---

① 周小兵．对外汉语学习词典的编写［J］．辞书研究，1997（1）：83－84.

② 杨金华．突出“对外”特性的释义和用法说明——析《商务馆学汉语词典》的释词［J］．辞书研究，2009（6）：53.

③ 赵新，刘若云．关于外向型汉语词典释义问题的思考［J］．语言教学与研究，2009（1）：34－36.

④ 杨宁．外国学习者语法错误分析与外向型汉外词典的编纂［J］．辞书研究，2006（3）：114.

⑤ 张凤芝．谈语用学与对外汉语学习词典的编纂［J］．辞书研究，2004（3）：46－48.

⑥ 张慧晶．对外汉语学习词典应注意的几个词义处理问题［J］．辞书研究，2006（3）：115－119.

⑦ 周上之．对外汉语的词典与词法［J］．汉语学习，2005（6）：56.

⑧ 李红印．对外汉语学习词典如何标注词性［J］．辞书研究，1999（1）：20.

⑨ 周上之．对外汉语的词典与词法［J］．汉语学习，2005（6）：54－55.

⑩ 王弘宇．外国人需要什么样的汉语词典［J］．世界汉语教学，2009（4）：567－573.

将句法结构作为词条可使语法结构显性化，从而帮助学习者掌握一些复杂的语法现象[①]。金晓阳指出，《现代汉语学习词典》收单字 5 500 个，收词语 2.3 万条，存在收字、收词过多的问题，一些字、词外国人接触的机会极少，造成资源闲置[②]。

把什么样的单位列为条目以及对不同条目的处理方式，是词典立目的主要内容。词典的立目是有层次的。章宜华等分列四个层次的单位，“词头不仅可以是单词、比单词更小的单位（如词素）和比词素更小的单位（字母），也可以是比单词更大的单位（如已经词汇化的词组习语等）”[③]。解海江等在四个层次的基础上细化出七个层次，即字、语素、词缀、词、常用短语、常用结构、熟语[④]。

立目有不同类型，主要分为平行立目和双层立目两种。平行立目即各个条目间平行，地位相同，在词典中表现为各词目按一定顺序排列。双层立目在汉语词典中通常表现为“以字带词”，字头是上一层的条目，统领下面的由字头组成的条目，各条目间平行。字头通常用大号的字体或不同的颜色凸显。[⑤] 外向型汉语学习词典大多使用的是双层立目。

从另一个角度来看，立目又可以分为非成词义项立目和成词义项立目。目前绝大多数外向型汉语学习词典不管是成词义项或非成词义项都一律立目。而《当代汉语学习词典》则是以成词义项立目的代表。

3. 词性标注类研究概述

外向型汉语学习词典的词性标注始于 20 世纪 80 年代。1982 年，北京语言学院（现北京语言大学）组织编纂了供外国人学习汉语使用的双语词典《简明汉英词典》，首次尝试在外向型汉语学习词典中标注词性。此后，《现代汉语学习词典》《现代汉语常用词用法词典》《汉语常用词用法词典》等继续沿用《简明汉英词典》这种做法，使词性标注渐成常规。汉语没有严格意义的形态变化，使得不少词语的词性确定成为难题。相应地，辞书的词性标注也是学者们关注的热点话题之一。

---

① 张淑文．对外汉语学习词典中的语法词目化浅谈——以述补结构为例［J］．辞书研究，2009（1）：90.

② 金晓阳．影响对外汉语学习词典信息可接受性的因素——析《现代汉语学习词典》的不足［J］．辞书研究，2004（4）：39.

③ 章宜华，雍和明．当代词典学［M］．北京：商务印书馆，2007：52.

④ 解海江，郑晓云．外向型汉语学习词典收词立目状况研究［J］．鲁东大学学报（哲学社会科学版），2011（6）：60.

⑤ 解海江，郑晓云．外向型汉语学习词典收词立目状况研究［J］．鲁东大学学报（哲学社会科学版），2011（6）：62.

李红印指出标注词性要慎重，注意词性标注的“层级系统”；注意词性、释义、例证间的配合；明确词性标注单位①。王仁强以汉英词典为例归纳出词性标注的重要意义：“有助于说解词的用法；有助于确定一个词的义项；有助于提高译义的准确性；有助于例证与词类的协调；有助于提高词典的使用率；有助于解决汉语词类问题。”② 王伟丽则以《当代汉语学习词典》《商务馆学汉语词典》为研究对象，针对词类标注标准难以统一这一难题进行分析，得出外向型汉语学习词典词性标注必须依托语境的结论③。

汉语的词类划分本身就是个老大难问题，由于起步晚、研究不成熟，在词典中标注词类（或说词性）产生的意见分歧大、标准不统一是必然现象，不仅不同词典标注的结果不同，就是同一部词典也可能出现不平行、不一致的情况。例如，《现代汉语学习词典》只对成词的义项进行词性标注，不成词的语素义没有任何标注；而《商务馆学汉语词典》对成词的义项同样进行词性标注，对不成词的语素义则标注“素”。外向型汉语学习词典的词类（或词性）标注问题尚需加强研究。

三、结语

通过上文梳理可以看出，外向型汉语学习词典无论是编纂还是研究都取得了很大成绩，但也存在不小的提升空间。

在编纂方面，从20世纪80年代到现在近40年间，外向型汉语学习词典的编纂和出版进入繁荣期，尤其是20世纪90年代以来，更是突飞猛进，面世的词典数量较多，品种较全，词典类型意识在逐渐增强，培育出了几部较有影响的品牌。但与外向型英语学习词典编纂的先进水平相比，我们还有相当大的差距，可以改进的方面很多，突出地表现在以下几个方面：

其一，类型定位尚需明确。由于类型特征不明，编纂范式尚未定型。要强化“外向型”“学习型”的词典类型属性，以与内向型学习词典或普通语文词典厘清界限。

其二，编纂技术有待改进。国内几乎没有利用大型语料库编纂的词典，也几乎没有用限定的释义元语言编纂的词典，与五大英语学习词典相比至少有几十年的差距。

---

① 李红印．对外汉语学习词典如何标注词性［J］．辞书研究，1999（1）：22.

② 王仁强．认知视角的汉英词典词类标注实证研究［D］．广州：广东外语外贸大学，2006：35－42.

③ 王伟丽．浅谈外向型汉语学习词典的词性标注［J］．语文学刊，2009（8）：132－133.

其三，用户意识仍需加强。编纂词典时要充分考虑读者对象的特点，坚持以用户需求为导向的理念，多想“读者需要什么”，而不是“我要编什么”，加强语用和文化说明，使词典更有针对性、指导性、实用性、有效性。

其四，品牌观念有待强化。英语学习词典五大系列享誉全球，而国人一提起字典词典，大多只知道《新华字典》《现代汉语词典》，很少有人知道外向型汉语学习词典，甚至教师也很少向留学生推荐。品牌的培育一方面需要提高编纂质量，另一方面也需要进行大力宣传。

在研究方面，也取得了一定的成绩，出现了一批较有分量的论文和专著，研究队伍在不断壮大，尤其可喜的是，不少高校的硕士或博士学位论文以外向型汉语学习词典为选题，说明这项事业后继有人。但与国外研究的发达水平相比，差距明显，比如：理论研究滞后于编纂实践，对编纂没有起到切实的指导作用；没有形成一套完善的理论、方法和研究范式，学科仍不成熟；“大家”不多，大师级的人物更少；学术流派尚未形成，等等。

总之，外向型汉语学习词典的编纂和研究任重道远，要使我们的词典能够更好地走下去、走出去，需要学界同仁不懈奋斗。相信在所有词典人的共同努力下，外向型汉语学习词典会发展得越来越好。

第二节　《现代汉语八百词》的语块[①]

一、《现代汉语八百词》概况

（一）总体概况

《现代汉语八百词》是吕叔湘于1980年主编的一本主要供非汉语族人学习汉语时使用的学习型工具书[②]。《现代汉语八百词》（本节内下文统指时简称为《八百词》，分称时用“《八百词》初版”“《八百词》增订版”以示区别）的主要编写目的是让学习者了解汉语中常用词（主要是虚词）的用法。为了方便读者查阅，书中词条按英文字母顺序排列，在开头先标注拼音和词性，然后各个义项按词性分类罗列。与其他汉语学习词典相比，《八百词》值得注意的地方是，编者在某些词条后加上了“习用语”

① 此节由广东海洋大学文学院对外汉语专业2012级本科生张植凡撰写，在安华林教授的指导下完成。此处有较大改动。

② 吕叔湘．现代汉语八百词［M］．增订本．北京：商务印书馆，1995：前言．

项，并列出该词条的常用搭配，以向学习者介绍一些习惯搭配、固定用法等。其中，编者以“动结”“动趋”和“后缀”等标注，表明该词条与一些补语成分或后缀组合使用的情况。除此之外，在部分词条下，还把所释词条跟近义成分进行比较，以帮助学习者辨析。

（二）编写概况

《八百词》共有两个版本，初版是1980年出版的。该版共收约800个词条，以虚词为主，同时也收录了部分用法比较特殊的实词，在汉语学习者和汉语研究者中影响甚大。1995年，随着改革开放的深入，口头汉语和书面汉语都跟初次编写时有了较大的变化，人们开始使用一些新词语，或者赋予旧词语一些新用法。同年，《八百词》的增订版出版了。相比初版，增订版增加了200多个词条，共收录约1 000个词条，还对部分词条的释义进行了修改和完善。

（三）研究概况

最早对《八百词》进行研究并发表文章的是柯怡。他在1981年即发表评介性文章，主要介绍并总结了《八百词》初版作为一本突破性词典的主要特点①。1984年鲍克怡发表文章②，内容与柯文有异曲同工之妙。早期研究主要是评介性的。

随着《八百词》在汉语教学中的地位日益提高，越来越多的学者开始投入对这本词典的研究。有的学者将《八百词》与其他辞书进行比较，如严俊月将《八百词》增订版与《现代汉语词典》比较③。同时，讨论词典的不足之处并提出建议的文章也逐渐多了起来。例如张燚指出书中部分词条的语法解释存在错误，如在《八百词》增订版中，将“非常”“一律”二词归入形容词，是沿用了古代汉语的释义而进行的分类。文章中指出“非常”在古代是作为形容词出现的，然而到了现代汉语中，由于“非常”显性的副词语法特征，大部分人无法接受将“非常”看作形容词。④ 此外，刘学智也对《八百词》增订版提出了一些商榷与建议⑤。

---

① 柯怡．一本创新的语文词典——《现代汉语八百词》［J］．辞书研究，1981（3）：140.

② 鲍克怡．新颖的工具书——《现代汉语八百词》［J］．文字改革，1984（3）：50.

③ 严俊月．对外汉语学习词典编撰研究——基于《现代汉语词典》和《现代汉语八百词》［D］．南京：南京师范大学，2014.

④ 张燚．《现代汉语八百词》语法质疑三则［J］．语言与翻译，2001（3）：68.

⑤ 刘学智．对《现代汉语八百词》增订本所列词缀的商榷［J］．语文学刊，2015（3）：41－42.

《八百词》初版面世至今已近40年，随着时代的发展，书中部分内容与现今的实际用法略有出入，但不可否认，《八百词》对汉语的教学和研究仍然发挥着不可替代的作用。

二、语块相关理论概述

（一）语块理论简介

“语块”也被称为“词块”（lexical chunks）或者“预制结构”（prefabricated phrases）。语块理论自提出以来，受到了各界学者的关注，大大推动了语言学习相关理论的更新。早在1950年，美国心理学家Miller和Selfridge就把单个信息组成的更大单位，即记忆对信息加工过程中所操作的单位，命名为“chunk”（一般译为“组块”）①。同时，Miller提出了短时记忆的限度为7±2的观点②。随后，Miller指出人类能够通过组块加工来打破接受、处理和记忆过程中信息量限制这一瓶颈③。不同学者对语块的理解不同，也纷纷从不同角度进行界定。Becker认为是具有可分析空间的公式化框架（formulaic frames with analyzed slots）。Lewis认为是词汇组块（lexical chunks）。Krashen把语块看成半固定式的短语（semi－fixed patterns）。Pawley和Syder认为是词汇化句干（lexicalized sentence stems）。④Newell则定义为：“语块是一个记忆组织的单位，它由记忆中已经形成的组块组成并链接成更大的单位。”⑤段士平认为，词块是以整体形式储存在大脑中，可作为预制组块供人们使用的多词单位⑥。王玲认为，语块处于习语与自由搭配中，如果某个词汇序列经常被使用，在格式上有相对稳定的形式，语用功能和意义上有特定的范围，这就是约定俗成的语块⑦。周倞将语块定义为由词组成的、大于词的、语义和形式固定的、在语境中经

---

① 转引自薛小芳，施春宏．语块的性质及汉语语块系统的层级关系［J］．当代修辞学，2014（3）：33.

② 转引自裴玉花．语块理论与积极型汉英学习词典的编撰［J］．北京化工大学学报（社会科学版），2013（3）：66.

③ 转引自薛小芳，施春宏．语块的性质及汉语语块系统的层级关系［J］．当代修辞学，2014（3）：32－46.

④ 转引自亓文香．语块理论在对外汉语教学中的应用［J］．语言教学与研究，2008（4）：54.

⑤ 转引自裴玉花．语块理论与积极型汉英学习词典的编撰［J］．北京化工大学学报（社会科学版），2013（3）：65.

⑥ 段士平．从词块能力看词汇深度习得中的高原现象［J］．国外外语教学，2007（4）：28.

⑦ 王玲．以词块理论为原则的对外汉语教学［J］．安徽工业大学学报（社会科学版），2005（4）：68.

常整体出现、分割后或改变意义或不符合语言习惯的造句单位①。国内大多数学者比较认同 Wray 的观点，即语块是“一串预制的连贯的或者不连贯的词或者其他意义单位。它整体储存在记忆中，使用时直接提取，无须语法生成和分析”②。

语块理论的提出对语言研究产生了很大影响。Sinclair 和 Skehhan 曾经提出过这样一个观点，语言既是一个以语法为基础的可分析系统，又是一个以记忆为基础的公式化（即短语化）系统。从客观角度来说，任何语言都是由语块组成的。③

（二）语块分类

语块理论最早是由英语语言学者提出来的。由于印欧语系的特点，英语语块的划分和分类相对明确。Sinclair 等语言学家通过对语料库的数据分析发现，英语词汇在实际使用过程中存在大量的固定化的惯用表达，即语块④。

不同学者对于语块的分类有不同的看法。Lewis 将语块分成四种类型的组合：单词和多词结构、习惯搭配、惯用句型和句子框架、引语；Nattinger 和 Decarrico 认为，语块由多词词汇、惯用表达式、短语限制语以及句型框架组成，除此以外，他们两人还根据语块的功能将英语语块分为三类：社交型语块、必要话题型语块和语篇装置型语块；Howarth 从语法的角度将语块分为纯成语语块、比喻成语语块和有限搭配语块。⑤

根据语块的定义，汉语也可用语块理论进行分析，只是词与词之间的界限没有印欧语言那么明显，因此划分存在困难。不少研究汉语的学者也纷纷提出对于汉语语块划分的看法。陈红分为虚词语块和固定短语语块，后者再分为三类，分别是词组的自由组合、有限组合和凝固组合⑥。亓文香分为三大类，分别是固定搭配类、词语构造成分类、句子构造成分类，

---

① 周倞．对外汉语语块研究——以《汉语水平词汇等级大纲》为例［D］．上海：华东师范大学，2009.

② 转引自裴玉花．语块理论与积极型汉英学习词典的编撰［J］．北京化工大学学报（社会科学版），2013（3）：65.

③ 转引自王玲．以词块理论为原则的对外汉语教学［J］．安徽工业大学学报（社会科学版），2005（4）：68－70.

④ 转引自裴玉花．语块理论与积极型汉英学习词典的编撰［J］．北京化工大学学报（社会科学版），2013（3）：65.

⑤ 转引自王玲．以词块理论为原则的对外汉语教学［J］．安徽工业大学学报（社会科学版），2005（4）：68.

⑥ 陈红．汉语语块研究［J］．社会科学家，2009（6）：152.

而其中的固定搭配类又分为固定词语形式、固定语法形式（例如关联词语、特殊句式）和固定表达形式[①]。钱旭菁根据语块所属的语法单位层次将语块分为三类，分别是词级语块、句级语块和语篇语块；又将词级语块分为四类，分别是：搭配、惯用语、成语、歇后语；将句级语块分为五类，分别是：谚语、格言、名言、警句、会话套语。[②] 借鉴这些分类思想，我们把语块分为习用语块和搭配语块两大类。

（三）语块在语言学习中的作用

语块理论自问世以来，就一直得到国内外语言学者的关注。Nattinger 和 Decarrico 特别重视语块存储对第二语言习得的作用，他们认为语言的流利程度不仅取决于学习者大脑中储存了多少生成语法规则，还取决于语块存储的多少，是语块使人们流利地表达自我[③]。Cowie 也曾指出，学习者能否像母语者一样流利地使用语言，取决于他们是否掌握了大量的预制语块[④]。

乔姆斯基认为语言具有生成性和创造性。二语学习者可以把语法结构作为基础，加上一定数量的词库从而形成无限的句子。与此相仿，传统的第二语言教学便是以语法和词汇为核心，以词汇为基础内容并以语法为结构框架，从而建立起一个语言学习的系统。这种教学方法虽然可以帮助学习者系统地建立起对目的语的总体认识和一个全新的知识体系，但是在实际操作中却容易形成学习者无法快速自由地进行语言输出的缺点。其主要原因在于，二语学习者在经过一定的语言学习之后，通过学习过程中的语言输入，掌握了一定的语言规律从而生成了独特的中介语体系。从语法角度看，词语之间固然有无数种搭配的可能性，然而在日常生活中常被母语者使用的搭配并没有那么多。在二语学习者看上去差别不大的语块和一般搭配，实际上暴露了他们语言的不地道。即使对二语学习者进行长时间的语言训练，他们输出的语言形式仍然会与母语者有着或大或小的差距，这种具有差异性的语言也被称为中介语。母语者可以无意识地输出最为地道、自然的预制语块，这种能力是二语学习者所不具备的。

语法和词汇知识皆是“学得”的知识，二语学习者缺少自行组成正确

---

① 亓文香．语块理论在对外汉语教学中的应用［J］．语言教学与研究，2008（4）：57.

② 钱旭菁．汉语语块研究初探［J］．北京大学学报（哲学社会科学版），2008（5）：142.

③ 转引自刘晓，阳志清．词汇组块教学——二语教学的一种新趋势［J］．外语研究，2003（6）：51.

④ 转引自屈典宁，邓军．基于语料库的语块习得模式研究［J］．外语界，2010（1）：47.

的“预制板块”的能力，便注定无法迅速像母语者一样流利地道地使用目的语。Weir 指出，在教授学生陌生的新表达时，教师应帮助学生记忆一些有用的固定词组，或者选择有可变成分的语块，让学生填空，只有进行广泛的语块派生练习，才能有助于交际能力的发展①。我们不难得出结论，二语学习者通过不断积累正确地道的“预制语块”，可以使中介语向目的语不断地靠近。

（四）《八百词》增订版与语块理论

《八百词》增订版中习用语项下共包含 130 个习用语，大部分属于汉语熟语的范畴，由语义不透明、语法不离析的惯用语、谚语和成语等组成。在动趋项、动结项和后缀项中的语块基本上都在搭配的范围内，这部分是语义透明、语法合规的词组。

上文列出了部分学者给语块所下的定义。归纳起来，语块有以下特点：是记忆组织的单位；有相对稳定的格式；在语言输出中作为预制板块。在某些情况下要在汉语句子中划分语块是一件比较困难的事情，因为汉语没有明显的词形变化，词与词之间也没有明显的界限。尤其是在一些口语色彩比较浓厚的句子中，母语者有时为了表达特殊的情感，会对一些说法进行调整，比如会把动词后的宾语放在复合趋向补语的中间，如“逼出人命来”等，给语块划分带来一定困难。

《八百词》增订版中，部分动词词条下的动结项和动趋项列出了该词条常用的结果补语和趋向补语与动词的组合情况，可以看作搭配语块。习用语项的词组大多属于汉语熟语，是汉语中最容易划分出来的语块，因为它与句子的其他部分有着清晰的界限。这部分内容常出现在母语者语言交际中，学习者有意识地积累这部分语块有助于提高汉语的地道程度。

三、《八百词》增订版中的语块

《八百词》作为非汉语族人、方言地区的人和一般语文工作者学习普通话②的主要工具书之一，包含了大量与语块相关的词条用法内容。我们以《八百词》增订版为例，把其中的语块分为习用语块和搭配语块两大类型。以下进行分类讨论。

---

① 转引自王玲．以词块理论为原则的对外汉语教学［J］．安徽工业大学学报（社会科学版），2005（4）：68.

② 吕叔湘．现代汉语八百词［M］．增订本．北京：商务印书馆，1995：前言．

（一）习用语块

习用语块是在口头或书面上经常使用的比较固定的词语组合或格式。《八百词》增订版全书共列习用语块约130个，以“习用语”标示。这些语块内部组合的紧密程度有异，有的像词，有的像词组，有的像句子。习用语块又可以分为组合语块和格式语块两类。

1. 组合语块

组合语块就是经常使用的比较固定的词语组合。以下按字数多少分类列举。

（1）双字组合语块。指由两个字构成的习用语块。例如：

按说、帮忙、甭说、甭提、甭想、别管、别看、不见、催命、顶好、丢人、该死、论理、岂但、三几、说是、问路、问好、五几、要死、由此、照说、真是、最好

以上24个语块大多数已经“词化”。如《现代汉语词典》第6版[①]（本节内以下简称《现汉6》，直接引用仍依原文）收录了“按说（副）、帮忙（动）、别管（连）、别看（连）、不见（动）、催命（动）、丢人（动）、该死（动）、论理（动/副）、岂但（连）、问好（动）、要死（动）、照说（副）、真是（动）、最好（副）”，共计15个，超过半数。

（2）三字组合语块。指由三个字构成的习用语块。例如（括号中的是另一说法）：

保不住、不尽然、对不起、多得是、躲警报、犯不上、犯不着、犯得上、犯得着、该不是、各顾各、够朋友、归功于、归罪于（归咎于）、好容易（好不容易）、忽然间（忽然之间）、相互间、见不得、看着办（瞧着办）、留后步、留后路、留后手、留一手、派不是、凭什么、且不说、谁知道、说不定、说的是、突然间、信不过、信得过、一场空、有的是、走着瞧

以上39个语块大多数不成词，至少不是严格意义上的词，只有“保不住（动/副）、对不起（动）、犯不上（动）、犯不着（动）、犯得上（动）、犯得着（动）、好容易（形）、见不得（动）、说不定（动/副）、信不过（动）、信得过（动）”等11个，《现汉6》作为词收录；另有“不尽然、够朋友、留后路、留后手、留一手、派不是、一场空、有的是、走着

① 中国社会科学院语言研究所词典编辑室．现代汉语词典［Z］．6版．北京：商务印书馆，2012.

瞧”等9个，由于语义不完全透明，《现汉6》作为固定语收录，不注词性。也就是说，以上语块《现汉6》收录一半。哪些该收，哪些不收，词和语块如何划界，值得研究。

（3）四字组合语块。指由四个字构成的习用语块。例如：

彼此彼此、不得而知、不以为然、操之过急、从此以后、大而至于、大失所望、当之无愧、等闲视之、各不相谋、各不相让、各不相扰、各不相同、各行各业、各就各位、各有所长、各自为政、古已有之、互相之间、几次三番、见不得人、看不过去、看得过去、可不是吗、理所当然、满不在乎、闹着玩儿、牛马不如、求之不得、取而代之、热闹非常、如此而已、三长两短、三番五次、手头不便、说不过去、说长道短、说得过去、说着玩儿、随时随地、听之任之、推三阻四、万不得已、为所欲为、闻所未闻、无论如何、下不来台、相互之间、小而至于、与此同时、战而胜之、置之度外、众所周知、自以为是

以上54个语块，《现汉6》作为固定语收录了“不以为然、操之过急、大失所望、等闲视之、各就各位、各自为政、几次三番、理所当然、满不在乎、闹着玩儿、求之不得、取而代之、三长两短、三番五次、说不过去、说长道短、说得过去、听之任之、推三阻四、万不得已、为所欲为、闻所未闻、无论如何、置之度外、众所周知、自以为是”等26个，占比近一半，说明《八百词》增订版收录的语块在形式凝固性、语义整体性方面还是比较明显的。

值得一提的是有个特例“可不是吗”，带语气词“吗”，是个句子，《现汉6》作为词收了“可不（副）、可不是（副）”，但没收“可不是吗”。

（4）其他字数的组合语块。指由五个及五个以上字数构成的习用语块。例如：

所答非所问、一个不留神、一切的一切、无所不用其极、“一而二、二而一”、“一而再、再而三”

以上6个语块，《现汉6》作为固定语收录了“无所不用其极”“一而再、再而三”。

一般说来，组合语块语汇性较强，需要专门学习才能掌握。

2. 格式语块

格式语块就是经常使用的词语组合的格式或词语配套的样式。可以分

为两个小类，第一小类是格式化语块，由常项和变项组成。例如：

爱A不A、大A大B、大A［而］特A、越A越B、越来越……

以“爱A不A”为例，其中“爱……不……”是常项，“A”是变项，如“爱吃不吃、爱来不来”等；再以“越来越……”为例，其中“越来越”是常项，“……”是变项，如“越来越热、越来越有出息”等。

格式语块能产性很强，掌握格式后，学习者可以根据需要自主地生成语句。

第二小类是配套性语块，一般是连词或其他关联词语，需要成套使用。例如：

不但（不仅）……而且（并且）……、首先……其次……再（其）次……

以“不但……而且……”为例，可以把关联词语看作常项，省略号隐含的部分看作变项，如“水库不但要修，而且一定要修好”。

格式化语块中的变项一般为词语，配套性语块中的变项一般为短语或小句。

（二）搭配语块

词语的搭配种类繁多，此处的“搭配语块”只指《八百词》增订版中动词词条下有“动结”“动趋”标注的语块。在这类搭配项下，编者列出了这部分动词跟结果补语和趋向补语的常见搭配，并给出例句，有些有解释，有时候还会说明该搭配语块在句子中的使用方法。例如，在“变”这个词条下：

动结 **变好 变坏 变红 变大 变小 变年轻**

变得（不）了（liǎo） 能（不能）变：三十多岁的人了，性格变不了了

动趋 **变//出来** 她织毛衣能变出许多花样来｜一张纸怎么变出两张来了？｜你变得出来，我变不出来

变//过来 思想可以逐渐变过来｜他是死脑筋，一下子变不过来

变起来 一个人要变起来，还是很快的

在“变”这个词条的“动结”语块中，“变得（不）了”属于“动词+可能补语”，此处放在“动结”项下；“能（不能）变”是对“变得（不）了”意义的解释，后面列出例句。

再如，在“封”这个词条下：

动结 **封好 封严 封住 封结实**

封死 封闭得紧，没有缝隙：瓶口一定要封死，不能漏气

动趋 **封上** 先把火炉子封上

封//起来 那坛酒已经封起来了

在“封”这个词条的“动结”语块中，“封闭得紧，没有缝隙”是对“封死”意义的解释，后面列出例句。

再如，在“分别（动）”这个词条下：

动趋 **分别//出** 必带宾语。我分别不出这两个字的读音

分别//出来 差别虽小，还是可以分别出来的

在“分别”这个词条的“动趋”语块中，“必带宾语”是对“分别出”语法功能的说明。

总之，《八百词》增订版中标注“动结”“动趋”的搭配语块大量存在，占语块总量的绝大多数，体例大致如上三例。搭配语块可以帮助学习者了解词与词之间的关系以及在句子中的作用。词典在动趋项和动结项下集中列举许多相似的搭配，利于学习者掌握搭配规则，建立类推规律。

四、存在的不足

《八百词》增订版提供了许多习用语和常用搭配，颇有创意，利于学习者掌握地道的汉语，但也存在一些不足。

（一）习用语与词条的界限不够清晰

词典中常出现习用语与词条无法严格区分、存在部分重合的问题。上文提到的双字组合语块如“按说、帮忙”之类，《现汉 6》是作为词收录的，而《八百词》增订版是作为习用语处理的。那么，习用语与词的区分标准是什么？

再如，在书中第 83 页的“别”字词条中，列出了习用语“别管”，如下：

别管 同“无论”。

别管是谁，一律按规章办事

而在同一页的下方，马上就列出了一个新的词条“别管”，如下：

别管

［连］无论。

a）引进带疑问词语的短语或表示正反两方面的并列短语

从这里可以看出，“别管”既可以归到习用语中，也可以作为一个新的词目而加以解释。放在习用语中列出，可以表现它与所在词条的关联，而作为词条单列，则可以更全面地介绍其用法。书中习用语和词条存在部分重合，这一方面揭示了某些词语组合样式的来源，另一方面也表明部分语言单位已经完成了由词组到词的“词化”过程。如何清晰地区分非成词单位和成词单位，值得进一步思考。

（二）部分搭配语块对语境的依赖过多

词典中的搭配语块主要出现在动词词条下的动趋和动结项中。编者在编纂词典时设置动趋、动结项的目的与语块理论的宗旨大体一致，都是为了帮助学习者了解词语的搭配情况。然而，我们发现部分搭配对汉语学习者并无实际帮助，反而加大了学习的难度。

例如，在“教”这个词条下：

[动趋] **教上** 先教小学，今年才教上中学的

教出 必带宾语：他一辈子就教出这么几个徒弟

教出来 这孩子已经教出来了

教起来 这个班淘气的孩子多，教起来比较吃力

再如，在“犯”这个词条下：

[动趋] **犯上** 又犯上病了

犯下 犯下了严重的错误

犯起来 犯起病来

从以上例子可以看到，即使带上了例句，但是部分搭配必须放在特定语境中才能使用，脱离了语境或者脱离了句子后学习者并不能理解这个搭配的意思。例如，单独拿出“教上”，就很难理解是什么意思。再如，为什么要说“犯上病/犯下错误”？说“犯下病/犯上错误”行不行？而汉语学习者是不明就里的，往往会产生类推错误，如“犯上病→犯上错误”，或“犯下错误→犯下病”。从语块理论的角度来看，对语境依赖过多且并不常用的搭配不宜作为预制板块的一部分；从词典编纂的角度来看，作为面向汉语学习者的词典，《八百词》增订版最好控制“动结”“动趋”的范围，

宜选那些常用的搭配。

（三）口语化语块未注明附加色彩

汉语对语境的依赖性强，往往同一个词在不同的语境中会有不同的情感内涵，这部分内容并非汉语学习者在短时间内可以领悟的，也并非仅看简略的解释就可以参透的。例如，第433页中的习用语“凭什么”：

> **凭什么** 用于质问。
>
> 你凭什么不让我去？｜凭什么他要管咱们的事？

一般情况下，人们在使用“凭什么”的时候，常常带着愤怒的情绪，从而与“为什么”区分开来。虽说在母语者看来，“质问”二字已带有一定的愤怒色彩，但是《八百词》增订版作为一本“供非汉语族人使用”的词典，有必要把具体的情感色彩直接展现在学习者面前。

再如，在第666页里，“着”字共有三个习用语，分别是：

> **说（闹）着玩儿** 开玩笑
>
> **走着瞧** 以后再见分晓
>
> **瞧（看）着办** 根据情况办理

这里只是简单地对三个语块做出解释，并没有给出例句。然而在书中其他地方，在相同性质的习用语条目下，一般都附有详细的解释和例句。这里的三个语块，尤其是“走着瞧”和“瞧（看）着办”，在使用时都带有特定的感情因素在里面，并非没有附加色彩的中性词语，而这是学习者从字面上很难体悟得出来的。

（四）注释采用了专业术语却未给出合适解释

《八百词》增订版第76页，在“彼此”词条下，习用语是：

> **彼此彼此** 套语。双方差不多，双方都一样。
>
> 咱们俩彼此彼此，我画的比你也好不了多少｜您辛苦啦！——彼此彼此！

套语，指的是交际应酬中的习惯用语。学习者如果查阅不到“套语”，就无法明白它的具体意思，而了解“套语”这个词对准确理解“彼此彼此”的具体感情态度有着十分重要的作用。使用“彼此彼此”时人们常常带着客套、谦虚的语气，不理解这一点就无法跟其他表达相同逻辑意义的说法，例如“你也是”“一样的”区分开来。

综上所述，《八百词》增订版的语块部分为非汉语族人学习汉语提供了很大的便利，可以帮助学习者在自己的记忆系统中形成一定数量的预制板块，学习者可以在交际场合中直接提取这些预制板块，从而加快语言输出的速度，并能够保证一定的准确率。但也存在一些不足，比如有些语块的入选尚可商榷，部分语块的解释还需细化等，这些有待以后修订时改进。

第三节　《商务馆学汉语词典》与《现代汉语词典》的对比分析[①]

本节选取的研究对象是商务印书馆2006年出版发行的《商务馆学汉语词典》(双色本)[②]（本节内以下简称《学汉语》，直接引用仍依原文）。《学汉语》是“迄今为止我国第一部专门为具有中级汉语水平的外国人编写的汉语原文词典”[③]。主编鲁健骥和吕文华拥有丰富的对外汉语教学经验，在编纂这部词典的过程中有诸多创新。可以认为，《学汉语》是目前外向型汉语学习词典的杰出代表之一。

本节选取的比较对象是由中国社会科学院语言研究所词典编辑室编纂、商务印书馆出版发行的《现代汉语词典》（本节内以下简称《现汉》，不同版本用加数字表示，如《现汉5》表示《现汉》第5版，其余类推，直接引用仍依原文），因为它是内向型普通语文词典的代表。“《现代汉语词典》是第一部确定现代汉语词汇规范的词典。在它之前还没有这样的词典，它以后的同类性质的词典则是沿着它开辟的道路在某一方面加以改进的。从这个意义上说，《现代汉语词典》是汉语辞书发展史上的一个里程碑。”[④]

《现汉》自1978年正式出版以来，历经多次修订，迄今已出了7个版本。本节以商务印书馆于2005年出版发行的《现汉5》为比较对象。之所以选取《现汉5》而不选取较新的《现汉6》或《现汉7》，是因为《现汉5》的出版时间略早于《学汉语》，这样利于看出《学汉语》与《现汉5》

---

① 此节由广东海洋大学文学院对外汉语专业2009级本科生姜兴蔚撰写，在安华林教授的指导下完成。此处有较大改动。

② 鲁健骥，吕文华．商务馆学汉语词典：双色本［Z］．北京：商务印书馆，2006.

③ 鲁健骥，吕文华．商务馆学汉语词典：双色本［Z］．北京：商务印书馆，2006：江蓝生序1.

④ 晁继周．《现代汉语词典》的历史地位［C］//晁继周．语文词典论集．北京：商务印书馆，2005：185.

的继承和创新的关系。

将外向型汉语学习词典和内向型普通语文词典进行对比分析，具有十分重要的意义。通过研究两类词典的异同，找出外向型汉语学习词典需要改进的地方，可以对以后的编纂工作起到参考作用。我们将在总体对比的同时，重点研究二者释义用词、释义方式的异同，因为这两方面都是词典编纂的重要内容。

一、两部词典对比分析

《学汉语》和《现汉 5》比较，在诸多方面都有显著的不同，下面试从收词、立目与编排、释义三方面进行对比分析。

（一）收词

《学汉语》作为一部外向型汉语学习词典，共收录 2 400 多个字，约 10 000个词。“收的字和词主要以《汉语水平词汇与汉字等级大纲》中甲、乙两级的字和词为基础，同时参考了中国和外国的初级和中级汉语教材，以及口语、听力、报刊阅读等十几种教材。”[①]《汉语水平词汇与汉字等级大纲》[②]（本节内以下简称《大纲》，直接引用仍依原文）是一个规范性的水平大纲，共收词 8 822 个。从易到难分为四级，甲级词 1 033 个，乙级词 2 018 个，丙级词 2 202 个，丁级词3 569个。

解海江和郑晓云选取《现代汉语学习词典》《汉语常用词用法词典》《汉语 8000 词词典》《当代汉语学习词典》和《学汉语》进行研究，发现“国内 5 本词典收词的主要依据是《等级大纲》，或对大纲词汇的部分选取”[③]。

由此可知，《大纲》是外向型汉语学习词典收词最重要的参考依据。这类词典收词的首要考虑因素是基础常用，满足外国学生的基本需求。

《现汉 5》作为一部内向型的规范型语文词典，其用户跟《学汉语》不同，是中等以上文化程度的读者，因此两本词典所收字词也不同。《现汉 5》“全书收词约 65 000 条，基本上反映了目前现代汉语词汇的面貌，

---

① 鲁健骥，吕文华．商务馆学汉语词典：双色本［Z］．北京：商务印书馆，2006：关于这本词典 4.

② 国家汉语水平考试委员会办公室考试中心．汉语水平词汇与汉字等级大纲［Z］．修订本．北京：经济科学出版社，2001：前言 1.

③ 解海江，郑晓云．外向型汉语学习词典收词立目状况研究［J］．鲁东大学学报（哲学社会科学版），2011（6）：59.

能够满足广大读者查考的需要”①。

晁继周提出以下几点收词原则：全面反映普通话的词汇体系；正确体现词汇规范原则；兼收部分常见的专科词语、文言词语、方言词语，以满足查考的需要。②

规范型语文词典要全面反映普通话的词汇体系，就应收录各类词语，力求详尽，不能因为一些词较生僻少用或太简单常用就不收，同时也要及时收录新词语。因此在《现汉5》里，以普通语文类词条为主，兼收哲学社科类和科学技术类词条；以普通话词语为主，兼收方言词语；以现代词语为主，兼收古语词；以本土词为主，兼收外来词、西文字母词。这点就跟《学汉语》明显地区别开来了。

以A字母开头的字词为例，《学汉语》分立了38个字头，收录了46个词；《现汉5》分立了128个字头，收录了423个词。这些相差甚远的数字明确地反映了两类词典在收词上的不同。

（二）立目与编排

1. 立目

（1）立目单位和立目层次。

《学汉语》设立字头，先列出字头的第一个义项，在后面列出与该义项相关的词条，然后列出字头的第二个义项，再列出与第二义项相关的词条，以此类推。与此同时，立目时还区分了词义和语素义。《现汉5》也设立字头，先把该字头的所有义项都列出来，不区分语素义和词义，再在下面集中列出词条。例如《学汉语》的“犯”条（第202页）：

犯㊀（动）（毛病或错误）发生、发作

【犯病】

㊁（动）违背（bèi），违反，破坏（法律或规定）

□犯：触犯

【犯法】【犯规】【犯人】【犯罪】

㊂（素）犯人

□犯：案犯｜罪犯

㊃（素）非法占有别人的利益

---

① 中国社会科学院语言研究所词典编辑室．现代汉语词典［Z］．5版．北京：商务印书馆，2005：第5版说明．

② 晁继周．关于规范型词典的收词问题［C］//晁继周．语文词典论集．北京：商务印书馆，2005：154－163.

□犯：侵犯

再如《现汉5》的“犯”条（第380－381页）：

犯 ❶动 抵触；违犯 ❷动 侵犯 ❸罪犯 ❹动 发作；发生（多指错误的或不好的事情）❺（Fàn）名 姓

【犯案】【犯病】【犯不上】【犯不着】【犯愁】【犯憷】【犯得上】【犯得着】【犯法】【犯规】【犯讳】【犯浑】【犯忌】【犯贱】【犯节气】【犯戒】【犯禁】【犯困】【犯难】【犯人】【犯傻】【犯上】【犯事】【犯颜】【犯疑】【犯疑心】【犯罪】【犯罪嫌疑人】【犯罪学】

《学汉语》的处理便于第二语言学习者通过语素义推知词语义，利于对汉字及词语意义的理解。

（2）同形同音词的立目。

《学汉语》将同形同音词设在一个条目内，《现汉5》将同形同音词分别立目。例如《学汉语》的“花”条（第302－304页）：

花 ㊀（名）植物上产生种子的部分，颜色多样、鲜艳、形状美丽，有的有香味

㊁（名）开花的植物

㊂（名）样子像花朵一样的东西

㊃（名）用花装饰或有图案的东西

㊄（形）不同的颜色、种类混在一起

㊅（动）用掉

再如《现汉5》的“花”条（第580页）：

花[1] ❶（～儿）名 种子植物的有性繁殖器官，由花瓣、花萼、花托、花蕊组成，有各种颜色，有的很艳丽，有香味 ❷（～儿）名 可供观赏的植物❸（～儿）形状像花朵的东西 ❹名 烟火的一种，以黑色火药加其他化学物质制成，在夜间燃放，能喷出许多火花，供人观赏 ❺（～儿）名 花纹 ❻形 颜色或种类错杂的 ❼形（眼睛）模糊迷乱 ❽〈方〉形 衣服磨损或要破没破的样子 ❾用来迷惑人的；不真实的或不真诚的 ❿名 比喻事业的精华⓫比喻年轻漂亮的女子 ⓬指妓女 ⓭名 指棉花 ⓮（～儿）指某些小的像花的东西 ⓯〈方〉指某些幼小动物 ⓰（～儿）名 天花 ⓱名 作战时受的外伤 ⓲（Huā）名 姓

花[2] 动 用；耗费

与《现汉 5》相比，《学汉语》的处理更加简单，学习者只要查到了词形，就能看到所属的所有义项，无须区别这个词到底是同一个词还是多个不同的词。

需要注意的是，《学汉语》和《现汉 5》对同形同音词的处理不同，但对兼类词和同形异音词的处理相同。两本词典的兼类词都归在一个条目之内，同形异音词都分别立目。

2. 编排

从宏观上看，两本词典的单字和词条均按汉语拼音顺序排列。不同之处在于，《学汉语》将 ch、sh、zh 从 c、s、z 中提出，单独分立；《现汉 5》的 ch、sh、zh 分别归于 c、s、z 之中。《学汉语》的编排强调了 ch、sh、zh 和 c、s、z 的不同，利于第二语言学习者更好地掌握汉语拼音。

在微观层面，可以从以下方面进行对比。

（1）同音字的排列。

《学汉语》总体上按笔画排序，但在内部会调整顺序使声旁相同的字集中排列。《现汉 5》严格按照笔画排序。例如“bó”：

> 孛、勃、脖、伯、泊、舶、驳、博、搏、膊、薄（《学汉语》第 49－50 页）
>
> 孛、伯、驳、帛、瓟、泊、柏、勃、钹、铂、亳、浡、袯、舶、脖、博、葧、鹁、渤、搏、鲌、馎、僰、箔、魄、膊、踣、镈、薄、馞、髆、欂、襮、礴（《现汉 5》第 103－106 页）

《学汉语》的处理便于学习者充分利用声旁掌握汉字的读音规律，利于降低识记汉字的难度。

（2）同字头词条的排列。

《学汉语》在字头的每个义项下除了列出以这个字开头的词条，还列出以这个字为后一音节的词条；《现汉 5》只在字头释义完毕之后集中列出以这个字开头的词条。这一点我们从上举“犯”条中就可以看出。

《学汉语》的处理可以使学习者更好地理解词义，扩大词汇量。

（三）释义

释义作为一部词典最重要的部分，是我们研究的重中之重。一部好的外向型学习词典的释义应当简洁明了，这就涉及释义用词的限定问题。如赵新和刘若云所说：“降低词典语言的难度，使二语学习者容易理解，是外向型词典需要解决的重要问题之一，而控制释义和例句的用词用字，则是降低词典语言难度最重要、最有效的途径。”① 在限定释义用词范围的基础上，如何表述更利于第二语言学习者理解，则是释义研究的第二个重要问题，即释义方式的问题。总之，外向型学习词典和普通语文词典的释义应当是有明显不同的。但从实际上看，汉语学习词典未能像知名英语学习词典那样把释义用词限定在两三千之内。另外，“无论是汉语学习词典、对外汉语词典，还是汉外双语词典的编纂大多以《现汉》为‘蓝本’，不管它是否符合潜在用户的实际需求”②。因此，释义研究是十分有意义的。

下面从释义用词和释义方式两个方面对《学汉语》和《现汉5》进行比较。

1. 释义用词比较

（1）《学汉语》释义用词统计。

《学汉语》编者指出：“本词典是单语词典，即用汉语解释汉语词的词典，所以在释义用词上我们比较严格地控制在本词典的适用对象所能理解的范围内，尽量平白、通俗、具体、口语化，尽量不以词释词，尽量在释义中减少术语的使用。”③

在现有研究中，有一些学者对《学汉语》释义用词进行过探讨，但研究对象大多限定在一个较小的范围内，如杨彬的文章仅以《大纲》中的26个“目”部字作为样本。④

研究对象的规模过小容易导致研究结果的片面性。为了使结果更准确，我们按比例从甲、乙两级词中选取研究样本。理由有二：一是《学汉语》“收的字和词主要以《汉语水平词汇与汉字等级大纲》中甲、乙两级的字和词为基础”⑤；二是甲、乙两级字词比较常用，以此为研究对象更容易观察释义用词的常用度。

第一步，提取样本词。

《大纲》中，甲级词1 033个，乙级词2 018个，甲、乙级词共3 051个，甲级词约占33.86%，乙级词约占66.14%。我们将甲、乙级词编号，

① 赵新，刘若云．关于外向型汉语词典编写的思考与尝试［J］．华文教学与研究，2010（3）：60.

② 章宜华．内向型普通词典与外向型学习词典的对比研究——对外汉语词典及其蓝本词典的问题探讨［J］．广东外语外贸大学学报，2010（5）：6.

③ 鲁健骥，吕文华．商务馆学汉语词典：双色本［Z］．北京：商务印书馆，2006：说明11.

④ 杨彬．外向型学习词典释义模式浅析——《现汉》和《学汉》“目”部字释义对比［J］．长春理工大学学报（社会科学版），2011（9）：54.

⑤ 鲁健骥，吕文华．商务馆学汉语词典：双色本［Z］．北京：商务印书馆，2006：关于这本词典4.

每12个词语抽取一个，即抽出编号为12、24、36……的词语。抽取的结果是甲级词86个，乙级词168个，总共254个词。在抽取的168个乙级词中，“礼拜天”一词《学汉语》未收录，因此删掉。事实上，统计样本为甲级词86个，乙级词167个，共253个。其中，甲级词占比约为34%，乙级词占比约为66%。样本中甲、乙两级词所占的比例和《大纲》中甲、乙两级词所占的比例大致相等，这就增加了统计结果的典型性，不会因为甲、乙级词比例失衡而影响研究结果。选取的253个样本词中，基本涵盖了所有的字母和词类，覆盖面大，尽量避免了结果的片面性。

第二步，提取样本词的释义语句。

在《学汉语》中查阅253个样本词的释义，提取这些词的所有释义语句，做成电子文档，但例证、注意和补充说明不包括在内。

第三步，删除释义语句中的标点符号、阿拉伯数字。

第四步，对释义语句进行人工分词。

确定是否为词的参考依据为《现汉5》《学汉语》是否收录，并参照安华林《现代汉语释义基元词研究》中“人工校改依据的原则和具体处理”的细则[①]。其他特殊情况再具体分析。

在分词过程中，我们将《现汉5》未收录的“之上”作为一个词处理，理由是《学汉语》收录了“之上”，并且“之上”具有结构的凝固性和意义的融合性。“之上”除了“表示在某个界线以上”这个具体意义外，还可以“表示一方在地位、水平、能力等方面比另一方高”这一抽象意义。

另外，释义用词中出现的“动结式”和“及物”，《现汉5》和《学汉语》都未收录，但考虑到它们有固定的语言学术语意义，并不是简单的词语加合意义，所以也把它们作为词处理。

对于同形同音词、同形异音词和兼类词的处理参照《学汉语》的处理方式，即同形异音词如“只（zhī）”“只（zhǐ）”当作两个词计算，同形同音词和兼类词当作一个词计算。

第五步，归纳分词结果，统计释义用词频次。

得到的结果是：253个甲、乙两级样本词的释义词语共1 204个，出现10次及以上的释义词语49个，出现5次及以上的释义词语129个，出现2次及以上的释义词语466个，出现1次的释义词语738个。我们称这49个出现10次及以上的词语为“高频词”，以下为《学汉语》前49个高频词

---

① 安华林．现代汉语释义基元词研究［M］．北京：中国社会科学出版社，2005：22－26.

（括号里是出现次数）：

1. 的（298）2. 或（95）3. 在（71）4. 一（58）5. 用（57）6. 不（55）7. 某（55）8. 表示（54）9. 人（48）10. 个（39）11. 有（38）12. 等（34）13. 种（31）14. 到（28）15. 事物（28）16. 东西（27）17. 做（23）18. 上（21）19. 使（21）20. 中（20）21. 把（19）22. 程度（19）23. 和（19）24. 自己（19）25. 别人（18）26. 地方（18）27. 动作（18）28. 没有（18）29. 出（17）30. 高（17）31. 时间（16）32. 对（15）33. 很（15）34. 是（15）35. 物体（14）36. 地（de）（13）37. 了（13）38. 着（13）39. 从（12）40. 大（12）41. 而（12）42. 里（12）43. 用于（12）44. 成（11）45. 动词（11）46. 能（11）47. 事情（10）48. 指（10）49. 最（10）

（2）释义用词对比分析。

关于《现汉3》的释义用词，安华林在《现代汉语释义基元词研究》一书中进行了详细的统计，得出了《XH释义性语料常用词表》（本节内以下简称《XH词表》）。虽然安华林研究的是《现汉3》，本节研究的是《现汉5》，但《现汉》在修订过程中一直保持着内在的稳定性，所以《XH词表》依然具有极高的参考价值。我们提取《XH词表》前49个高频词，如下所示：

1. 的 2. 或 3. 指 4. 在 5. 一 6. 等 7. 人 8. 不 9. 和 10. 用 11. 上 12. 有 13. 而 14. 多 15. 种 16. 中 17. 比喻 18. 是 19. 成 20. 时 21. 个 22. 形容 23. 使 24. 做 25. 把 26. 为 27. 某 28. 表示 29. 所 30. 两 31. 地 32. 也 33. 如 34. 到 35. 大 36. 对 37. 出 38. 小 39. 后 40. 事物 41. 能 42. 没有 43. 用于 44. 由 45. 很 46. 东西 47. 用来 48. 跟 49. 着①

根据《现代汉语释义基元词研究》中的《XH释义词语频度分级表》②，序号1～51号词是高频词，因此以上列举的49个词是高频词。

将《学汉语》前49个高频词与《XH词表》前49个高频词比较，共有35个词相同，重合率约为71.43%。

选取出现5次及以上的129个词与《XH词表》前129个词对比，共有79个词相同，重合率为61.24%。

选取出现2次及以上的466个词与《XH词表》前466个词对比，共有242个词相同，重合率为51.93%。

---

① 安华林．现代汉语释义基元词研究［M］．北京：中国社会科学出版社，2005：38.
② 安华林．现代汉语释义基元词研究［M］．北京：中国社会科学出版社，2005：27.

将1 204个释义词语与《XH词表》前1 204个词对比，共有585个词相同，重合率为48.59%。

从以上数据可以看出，《学汉语》和《现汉3》释义高频词的重合率很高，达到70%以上。但随着范围的扩大，重合率就随之降低。把《学汉语》的1 204个释义词语跟《XH词表》前1 204个词相比，重合率就降到了50%以下。然而48.59%这个数字依然说明，《学汉语》和《现汉》的释义用词有相当的一致性。但要得出更准确的结论，则需要更多的样本词，若能以全本《学汉语》词典为研究对象考察释义用词，所得结论会更稳妥。

此外，我们将《学汉语》中甲、乙两级样本词的1 204个释义词语对照《大纲》甲、乙级词进行了对比，得出以下数据：

表3-1　1 204个释义词语在《大纲》甲、乙级词语中的分布情况

	甲级词	乙级词	超纲词	合计
数量	408	400	396	1 204
比例（%）	33.89	33.22	32.89	100

表3-1数据显示，编者在编纂《学汉语》时有意识地对释义用词进行了控制，但是仍有一部分词语超出了范围。需要说明的是，有一些超纲词是《现汉5》和《学汉语》都未收录但我们作为词进行统计的词语，如“腰部、圆形、用来”等，共11个。如减去这11个词，超纲词就为385个。

经过查阅，我们发现有些超纲词的出现是无法避免的，例如在解释“西部”时就一定会用到我国西部省份的名称，讲解虚词用法时要用到一些语言学术语。这一类超纲词可分为几个小类：

其一，表示地点的专有名词。例如“北京、甘肃”。

其二，表示具体事物的名词。例如“有轨电车、山羊”。

其三，语言学术语。例如“被动、补语、陈述句”。

此外，有些超纲词是第二语言学习者可以推测出意思的合成词。这一类词主要有：

其一，虽然超纲，但甲、乙级词中有同词根的基础词。例如“步子”，乙级词中收录了“步”。

其二，虽然超纲，但组成的语素属于甲、乙级词。例如“白色”，“白”是甲级词，“色”是乙级词。这一类词在超纲词中占有相当的比例。

《学汉语》作为外向型汉语学习词典，对释义词语的使用量限定得较为严格。虽然从统计分析得出的数据来看，对释义用词的限定还不够完美，但是也算卓有成效了。

2. 释义方式比较

我们仍以253个样本词作为考察对象。通过查阅，我们发现“大声、队长、毫无、看样子、研究所、连……都……”这6个词语或格式《现汉5》未收录，因此实际研究对象为247个词语。

对比《学汉语》和《现汉5》对247个样本词的释义，结果如下：

（1）释义完全相同。可分为以下两个小类。

第一，义项和释义完全相同。例如：

屋子（名）房间（《学汉语》第738页）

屋子 [名] 房间（《现汉5》第1436页）

第二，《学汉语》的释义同于《现汉5》中某一个义项的释义。例如：

咱（代）咱们（《学汉语》第875页）

咱 [代] 人称代词。❶咱们 ❷〈方〉我（《现汉5》第1696页）

这一类词语，甲级词有5个，乙级词有5个，共计10个。

（2）释义大致相同。可分为以下两个小类。

第一，《学汉语》与《现汉5》相比，释义略有增减。例如：

读者（名）阅读文章、杂志、书刊的人（《学汉语》第176页）

读者 [名] 阅读书刊文章的人（《现汉5》第336页）

第二，《学汉语》的释义是《现汉5》释义的一部分。例如：

汉字（名）记录汉语的文字（《学汉语》第283页）

汉字 [名] 记录汉语的文字。除极个别的例外，都是一个汉字代表一个音节（《现汉5》第537页）

这一类词语，甲级词有16个，乙级词有23个，共计39个。

（3）释义改动较大。例如：

兴奋（形）心情非常激动，特别有精神（《学汉语》第784页）

兴奋 ❶[形] 振奋；激动❷[名]大脑皮质的两种基本神经活动过程之一，是在外部或内部刺激之下产生的。兴奋引起或增强皮质和相应器官功能的活动状态，如肌肉的收缩、腺体的分泌等❸[动] 使兴奋（《现汉5》第1520页）

这一类词语，甲级词有63个，乙级词有135个，共计198个。

三种情况如表3－2所示。

表3－2　两部词典对247个样本词的释义情况比较

	释义完全相同	释义大致相同	释义改动较大	合计
数量	10	39	198	247
比例（%）	4.05	15.79	80.16	100

从表3－2可以看出，《学汉语》大部分词语的释义都跟《现汉5》不同，具有自己的特色。

下面以“兴奋”和“运动员”为例进行实例分析。

“兴奋”释义见上文。《学汉语》只取了“兴奋”最常用的形容词义，删去了名词义和动词义，并且没有像《现汉5》那样以词释词，而是给出了具体的描述。这样的释义对于第二语言学习者来说无疑比《现汉5》的释义清晰简单得多，也完全可以满足日常使用的需要。

再比较“运动员”：

运动员（名）参加体育比赛的人，有时指专门从事体育比赛的人（《学汉语》第870页）

运动员 名 参加体育运动竞赛的人（《现汉5》第1689页）

表面看起来，《学汉语》的释义要比《现汉5》的释义复杂。但事实上《学汉语》将“竞赛”换成了相对简单的“比赛”，释义区别了非职业运动员和职业运动员，表达的意义对于学习者来说更加清晰。

以上两例都是《学汉语》在释义创新上的体现。

除了对释义用词进行控制，改变释义表述，《学汉语》在释义上还有几点和《现汉5》不同。

（1）配有大量插图，帮助理解词义。

《学汉语》共有636幅插画（词典封底标注为“约700幅”），不仅量大，而且丰富多彩；不仅涉及名词性词语，而且涉及动词性词语，例如第10页“白菜”、第192页“二胡”、第48页“拨电话”、第166页“顶碗表演”等都配有插图。

《现汉5》也有插图，但是只出现在解释某些术语的时候，如在“太阳系”一词下配了太阳系的插图，如图3－1所示。

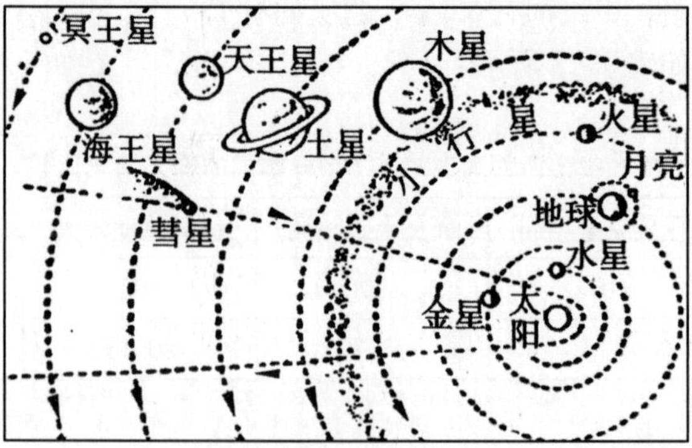

图3-1 太阳系

（2）辨析近义词。

冷——凉

“冷”和“凉”虽然都表示温度低，但“冷”比“凉”程度高，如：今天气温是零下18摄氏度，真冷（*凉）｜秋天来了，天凉（*冷）了，早晚要加点儿衣服。在以下搭配中，“冷”都不能换用“凉”：冷（*凉）空气｜冷（*凉）得发抖。（《学汉语》第431页）

（3）释义用词中如有多音字，注明读音。

讽刺（动）用比喻、夸张等方式间（jiàn）接地批评或否定（《学汉语》第219页）

（4）释义列出某字头在双音节单纯词和音译词中的用法。

马 ㊀（名）一种动物，高大，强壮，脸长，跑得快。让人骑，也能拉车

㊁用在“马虎”中。

㊂用在音译词中。（《学汉语》第469页）

（5）在释义后设“注意”，讲解词语的用法。

互相（副）表示双方对对方进行相同的动作

注意：“互相”用在双音节动词前。（《学汉语》第302页）

二者有个共同点：如果一个词有反义词，在括号内注出。

从以上对比可以看出，《现汉5》主要是对词语的概念意义进行解释，而《学汉语》还加强了近义词辨析、语用提示等方面的内容，除了用文字

释义也借助图画释义。总体来说，两者都在向多维释义的方向发展，但《学汉语》在这方面做得似乎比《现汉5》更充分。

二、《学汉语》释义方面的不足及改进意见

根据前面的分析，《学汉语》在释义上与《现汉5》有较明显的区别，较好地体现了外向型汉语学习词典的特点，但仍有一些不足之处。

一是释义用词的限定不够完善，闭环原则贯彻不足。例如“牺牲”的名词义解释：

牺牲（名）古代为祭神而杀的牲畜（《学汉语》第745页）

“祭”《大纲》未收，“牲畜”是丁级词。“祭”找不到一个合适的词替换，仍需保留。如果学习者不理解“祭”，可在《学汉语》中查阅到这个词的释义。而《学汉语》未收“牲畜”，可以替换为《学汉语》收录的“牲口”或替换为“牛、羊等动物”。“牛、羊、等、动物”都是甲级词。如果不替换，则《学汉语》应收“牲畜”。如果不收，就可能导致一种情况，学习者在查阅“牺牲”时不理解“牲畜”的意义，却又没有查到“牲畜”这个词，出现缺环，最终不能理解“牺牲”的意义。

虽然有些超纲词在释义中无法替换，但仍有一部分词是可以控制的。如果必须使用某些超纲词，就要在词典里给出解释，让学习者可以查到，即释义应该遵循闭环原则。“闭环（closedness）指在词条右项释义中使用的词，一定要出现在词典左项的宏观结构中，从而在词典中构建一个封闭的释义网络系统。”①

二是传统的对释式释义，即以词释词仍然频繁出现。

在86个甲级词和167个乙级词中，分别有23个和46个词的释义中出现了以词释词的现象，一共是69个，占总数253个的27.27%。

我们随机抽取一个以词释词的词进行查阅。

治 ㊀（动）治理
㊁（动）治疗
㊂（素）惩治（《学汉语》第936页）

接着查阅“治理”“治疗”“惩治”：

治理（动）❶统治；管理❷修整；处理（《学汉语》第936页）
治疗（动）用药物、手术等手段治病（《学汉语》第936页）

---

① 章宜华．基于用户认知视角的对外汉语词典释义研究［M］．北京：商务印书馆，2011：212.

惩治（动）处罚治罪（《学汉语》第99页）

继续查阅，结果如下：

统治（动）依靠政治权力全面管理、控制国家（《学汉语》第702页）

管理（动）❶负责处理某项事物❷照看，约束（人或动物）（《学汉语》第267页）

修整（动）修理、整理（《学汉语》第792页）

处理（动）❶用某种方法对人或事物作出安排；办理❷处罚❸指商店或厂家降价卖出商品（《学汉语》第113页）

处罚（动）（对犯错误或犯罪的人）按照规定或法律进行惩罚（《学汉语》第113页）

治罪（《学汉语》未收录）

当查阅到这一步的时候，我们看到释义中仍然有以词释词的现象，这就意味着有些学习者可能还要继续查阅。

再看"背后"的释义：

背后（名）后面（《学汉语》第27页）

后面（名）后边（《学汉语》第297页）

后边（名）（某人、某物的）背面（《学汉语》第296页）

背面（名）人体或其他物体的后面（《学汉语》第27页）

这4个词在《学汉语》中形成了一定程度的循环释义。

由此可见，过多运用传统的对释式释义方式不仅会给查阅带来不便，还可能引起循环释义，用户查阅了好几个词，但最后还是没有找到最初要查阅的词语的意义，徒然耗费时间和精力。在253个样本中有27.27%的词运用了对释式释义方式，这个问题亟待改进。

三是有些词的释义与《现汉5》有差别，但改动之处不一定就比《现汉5》更好。例如：

捞 动 ❶从水或其他液体里取东西❷用不正当的手段取得❸〈方〉顺手拿（《现汉5》第815页）

捞 ㊀（动）从水或其他液体中把东西取出来

㊁（动）用不正当的手段得到（《学汉语》第425页）

《学汉语》删去了《现汉5》释义中的第三个方言义项，把第二个义项中的"取得"改成更容易的"得到"，这些都是合理的。但把第一个义项中的"取东西"改成"把东西取出来"值得商榷。根据语言普遍性原理，动宾结构的“取东西”属于无标记或弱标记，“把”字结构“把东西取出来”属于有标记或强标记，后者的理解难度显然高于前者，这样的改动就没有起到积极作用。

四是仍有一部分词的释义不易于理解。例如：

> **季节** 名 一年里的某个有特点的时期（《现汉5》第647页）
>
> **季节**（名）一年里有某种特点的一段时间（《学汉语》第334页）

我们认为，《学汉语》如果在“特点”前加上“气候”，在释义句后增加补充说明会更清晰。可将释义改为：

> 一年里有某种气候特点的一段时间（春、夏、秋、冬）。

鉴于上述，我们对《学汉语》提出以下改进意见：

第一，尽量限定释义用词，遵循闭环原则。如果能严格贯彻闭环原则，查阅效果会有极大提高，更能发挥词典的作用。

第二，尽量回避对释式释义，避免出现循环释义现象。尽量采用整句释义或短语释义，努力做到多维释义，使被释字词的意义能够清晰地呈现给学习者。

第三，不要为了改动而改动。如果普通语文词典本身的释义对第二语言学习者来说已经易于理解，外向型汉语学习词典的释义就不必改动了。如果要改，那就要改得有意义，改动之后的释义要更简单明了。

三、结语

本节主要从收词、立目与编排、释义这三个方面对《学汉语》和《现汉5》进行了对比分析，其中释义部分是重点，又包括释义用词比较和释义方式比较。

从收词上来看，以《学汉语》为代表的外向型汉语学习词典主要依据《大纲》。考虑到实用性，有些普通语文词典未收录的常用高频短语在《学汉语》中也被当作词收录。而以《现汉5》为代表的普通语文词典则力求详尽全面地反映整个语言词汇体系，因此收词数量远远多于《学汉语》。

从立目与编排上来看，与《现汉5》比较，《学汉语》有许多细微却不能忽视的差异，如读音相同时则把声旁相同的字集中排列在一起，把ch、sh、zh作为单独的声母编排，不再归入c、s、z之中。这些差异虽不明显，却体现了外向型学习词典和普通语文词典的不同，体现了编者的用户意识，是非常可贵的。

从释义用词上看，经过统计，《学汉语》和《现汉3》（释义用词与

《现汉5》区别不会太大）的释义高频词重合率很高，这是二者的共同点。不同点在于，外向型学习词典要求对释义用词进行控制。《学汉语》对此进行了积极的尝试，大多数（约三分之二）释义用词都是《大纲》中的甲、乙级词。

从释义方式上看，《学汉语》和《现汉5》的释义多有不同。这表明《学汉语》有自己的创新，是一次进步。就整体来说，二者的释义都不是传统的单一释义模式，在多维释义模式方面《学汉语》比《现汉5》走得更远。

上述二者差异反映出的《学汉语》的特点，体现了外向型汉语学习词典的独特性。《学汉语》的出版意味着外向型汉语学习词典的编者已经有了越来越强的用户意识，在不断寻求各种方法凸显外向型学习词典的类型特征，以与内向型语文词典相区别。但如郑定欧所说："对外汉语词典学，从学科的要求来说，理论尚未成熟，规范尚未建立，队伍尚未组成。"① 《学汉语》还存在一些不足，外向型汉语学习词典的编纂还有很长的路要走。

第四节　《商务馆学汉语词典》与《现代汉语学习词典》例证的对比分析②

一、词典概况及研究缘由

（一）词典概况

由鲁健骥、吕文华主编，商务印书馆2006年出版发行的《商务馆学汉语词典》（本节内以下简称《学汉语》，直接引用仍依原文）是以中级汉语水平的外国学习者为对象的外向型汉语学习词典。设"注意""近义词辨析""插图"等栏目，附录内容极其丰富，提供多种实用信息。词典在释义、例证的编写以及栏目、附录的设置上都有创新之处，其中"注意"栏对词条的语法或语用信息加以提示，增加近义词辨析的内容，有助于学习者避免偏误。

---

① 郑定欧．对外汉语学习词典学刍议［J］．世界汉语教学，2004（4）：91.

② 此节由广东海洋大学文学院对外汉语专业2010级本科生李成意撰写，在安华林教授的指导下完成。此处有较大改动。

《现代汉语学习词典》①（以下简称《学习》）是“我国第一部真正意义上的‘内向型’学习词典”②，由中国知名词汇学家符淮青主编，2010年8月商务印书馆出版。该词典收录字词58 420多条，在选词、释义、例证方面，注重三个“突出”：突出时代特色，努力反映和贴近当代语言生活；突出文化特色，深入揭示词条所蕴含的历史文化和现实内涵；突出语用特色，努力发掘词语的特殊含义和具体用法。词典还设“语汇”“注意”“辨析”“知识窗”“插图”等栏目，对在读、写、用上容易混淆的字词加以提示，简要辨析近义词、同义词，或说明与字头、词条相关的文化知识，交代某些词语的来源等。

（二）研究缘由

本节以《学汉语》和《学习》的例证问题作为研究对象，理由如下：

第一，例证是衡量一部词典质量高低的重要参数。例证对揭示语法、语义和语用信息，具有不能替代的功能。然而，目前对例证的研究还有待加强。

第二，就学习词典例证的研究成果而言，针对外向型词典的多于针对内向型词典的。两者都是学习词典，它们之间有相通和可以互相借鉴的地方。

第三，《学汉语》和《学习》同出自商务印书馆，出版时间比较接近，且皆受学界关注。《学汉语》由教学经验丰富的学者编成，充分考虑到外向型学习词典需要注意的方面，具有一定的代表性，是研究外向型汉语学习词典的首选。而《学习》作为国内第一部真正意义上的内向型汉语学习词典，它的编写本身就极具创造性，值得后来者学习。此外，研究《学习》的成果并不多见，这是我们把它作为研究对象的主要原因。

本节把《学汉语》和《学习》分别作为外向型和内向型汉语学习词典的代表，选取两部词典中以Z字母开头的字词交集973个词条的例证进行分析，从例证的体例、类型、数量及其所揭示的语法、语义和语用等信息着手，详细对比两部词典例证的异同，发掘各自的创新及不足之处，并提出改进意见，以期对汉语学习词典例证的编写和修订有所助益。

---

① 符淮青，张万起．现代汉语学习词典［Z］．北京：商务印书馆，2010.

② 沈小仙．内向型汉语学习词典之楷模——简评《现代汉语学习词典》［J］．辞书研究，2013（2）：83.

二、两部词典例证研究概况

（一）《学汉语》例证研究概况

对《学汉语》例证的研究主要有以下几类。

（1）只以《学汉语》为对象的研究。

《学汉语》的主编鲁健骥、吕文华认为："示例力求可读易懂、准确规范、引入信息、提供语境。"① 刘晓梅、梁青就《学汉语》的例证所展示的文化传播功能进行分析，提出"汉语学习词典的编纂应该注意发挥例证的文化传播功能，尽量选用那些既能进一步明确词义、说明用法，又能够体现一定文化内涵的例证，并在降低例证用词难度、控制句子长度的前提下，使例证所体现的文化类别更加多样化，以更有效地传播文化因素"②。

（2）与其他外向型汉语学习词典的比较研究。

徐婷婷选择《学汉语》《学习》《现代汉语常用词用法词典》《汉语常用词用法词典》四部词典的动词例证，"采用词典对比和抽样分析的方法，重点关注汉语学习词典例证展示语法信息的现状，分析这四部汉语学习词典例证配置的得失"③。钟玲莉则以《当代汉语学习词典》《学汉语》《HSK 汉语 8000 词词典》三部词典为研究对象，对释义例证的模式、数量、类型的整体情况进行统计分析，运用三个微观层面的理论来考察三部词典的例证在语义、语法和语用信息展示上的特点和存在问题。④

（3）与普通语文词典的比较研究。

李敏、贺敬坤对《学汉语》和《现代汉语词典》第 5 版（本节内以下简称《现汉 5》，其他版本仿此，统称时简称《现汉》，直接引用仍依原文）中离合词的释义例证进行分析，对比了两本词典离合词例证的数量、类型和结构形式，并以此验证了"通过示例来引进语法信息已经成为编纂学习词典的大趋势"的结论。⑤ 许晓华以《学汉语》和《现汉》为研究对象，考察了典型二价名词的释义和例证，针对外国学生使用汉语二价名词

---

① 鲁健骥，吕文华．编写对外汉语单语学习词典的尝试与思考——《商务馆学汉语词典》编后［J］．世界汉语教学，2006（1）：63.

② 刘晓梅，梁青．浅析《商务馆学汉语词典》例证的文化传播功能［J］．辞书研究，2011（4）：109.

③ 徐婷婷．积极型单语汉语学习词典例证分析——基于常用动词例证语法信息处理的研究［D］．北京：北京大学，2007：摘要．

④ 钟玲莉．三部对外汉语学习词典释义用例的分析研究［D］．广州：暨南大学，2008：6－7.

⑤ 李敏，贺敬坤．《现代汉语词典》与《商务馆学汉语词典》离合词释义配例的对比研究［J］．山东青年管理干部学院学报，2010（6）：124.

的偏误情况，提出“词典（特别是外向型学习词典）应强化二价名词释义和配例的系统性，尽量将二价名词的配价成分呈现出来”①。

（4）与外语词典的比较研究。

郑晓云以《学汉语》《学习》，*Mandarin Chinese Dictionary*：*Chinese-English*（Fred Fangyu Wang）、*Berlitz Mandarin Chinese Concise Dictionary*（Langenscheidt editorial stuff）等国内外出版的13本词典为材料，综合考察汉语学习词典的宏观、微观和中观结构，并系统地考察了例证的设置，包括“有无例证”“例证数量”“例证类型”“例证质量”等方面。②

（二）《学习》例证研究概况

专门研究《学习》例证的成果并不多见。这里只举涉及例证的成果以及对《学习》进行综合研究的成果。

徐峰以《学习》中的成语条目为研究对象，提出《学习》存在出条形式、意义解释、例证和用法说明等方面的不足。③ 沈小仙全面对比了《学习》与《现汉6》，用实例说明《学习》更具“贴近时代，注重文化”“立足实用，利于自学教学”“编纂理念创新，查检阅读功能多样”等特色。④

三、两部词典例证对比分析

（一）例证的体例对比分析

《学汉语》和《学习》的例证体例都主要有两种。

《学汉语》的第一种例证体例如下：

糟 zāo ㊀（形）坏；腐烂：木头糟了｜这根木料早就糟了，没法用了。

㊁（形）糟糕：糟极了｜他的身体很糟，常常生病｜开始的时候情况本来挺好的，现在被他搞糟了。

□糟：乱七八糟 luànqībazao

【糟糕】zāogāo（形）❶（身体、情况等）非常不好，很坏：糟糕透了｜他的身体最近很糟糕｜他这次考试考得太糟糕了｜情况越来越糟糕了，得赶快想办法解决｜他的心情最近非常糟糕，咱们去安慰安慰他吧。

❷突然发现某种不好的情况，常用在句首：糟糕，咱们走错了路了！｜

① 许晓华．二价名词的词典释义和配例［J］．辞书研究，2012（4）：32.

② 郑晓云．外向型汉语学习词典结构状况研究［D］．烟台：鲁东大学，2012：57－58.

③ 徐峰．《现代汉语学习词典》成语条目中的几个问题［J］．辞书研究，2013（3）：51.

④ 沈小仙．内向型汉语学习词典之楷模——简评《现代汉语学习词典》［J］．辞书研究，2013（2）：83－85.

糟糕，太晚了，已经没有公共汽车了！丨糟糕！我没带火车票，得回去一趟丨真糟糕！我的包丢在出租汽车上了。

如上例所示，《学汉语》用冒号“：”引出各义项的例证，一般只举语例和句例；用“□”引出字头为后字组成的词或固定语（可看作词例）。它先用㊀㊁㊂表示一个字头不同义项的顺序，词例和相关词条根据意义归类到相关的义项下；再用❶❷❸依次列举一个词条的不同义项。只有罗列完一个义项的相关词条，才列举下一个义项的释义和例证。

《学汉语》的第二种例证体例如下：

子 zi ㊀（尾）用在某些名词或名词性语素后，构成新的名词，如“杯子、房子、孩子、例子、椅子、桌子”等。（《学汉语》第888页）

用“如”引导，如上例所示。

《学习》的第一种例证体例如下：

凿 záo ㊀ ❶凿子。❷［动］打孔；开掘：冰窟窿～开了丨在门上～个眼儿丨～井防旱，种谷防饥。❸〈书〉卯眼：圆～方枘。

㊁〈书〉确实：确～丨言之～～。

语汇▶：穿凿 开凿 确凿 枘凿 方枘圆凿 言之凿凿

【凿空】záokōng［动］〈书〉穿凿；凭空：～之论，何以服人？（《学习》第1584页）

《学习》也用冒号“：”引出义项的例证，既有词例、语例，也有句例。先用“㊀㊁㊂”对同形同音词进行分层处理，再用“❶❷❸”表示各层内部的义项。除了每个义项后面所配的例子外，还另设“语汇”栏，列举字头为后字组成的词和固定短语，以显示字头的组词能力。“语汇”栏设在字头的所有义项后面，下面再列字头为前字的词条，如上例所示。

《学习》的第二种例证体例如下：

州 zhōu ❶旧时一种行政区划，今保留在地名中，如：广州、福州、柳州、德州等。（《学习》第1657页）

如上例所示，第二种例证是用“如”引导的。

比较《学汉语》和《学习》的体例可以发现，两部词典都运用了“：”和“如”来引出义项的例证，而它们的不同之处主要表现在词例的展示上。《学汉语》例证体例的最大优点是按义项展示词例，帮助使用者准确地了解和掌握词例和词条在义项上关联，从而扩大他们的词汇量。如“凿”所示：

凿 záo ㊀（动）用凿子等工具挖孔：凿了一个孔｜凿不动｜工人们为当地居民凿了几眼井｜凿开一个眼儿。

□凿：穿凿

【凿子】záozi（名）一种手工工具，长条形，一头有刃，使用时用锤子砸另一头，一般用来挖槽或者打孔：一把凿子｜用凿子凿洞｜凿子是木工常用的工具｜这把凿子用了很长时间了，该磨一磨了。

㊁（素）确实。

□凿：确凿（《学汉语》第877页）

能使学习者清楚地分辨出“穿凿、凿子”中的“凿”是义项㊀“用凿子等工具挖孔”的意思，“确凿”中的“凿”是义项㊁“确实”的意思。《学习》例证体例的最大优点是例证类型多样，尤其是词例（词汇栏）丰富；不足是词例和词条未能按义项分列，使用者除了能了解每个义项后的例证外，并不能清楚地分辨出“穿凿、开凿、确凿……凿空”中的“凿”是不是同一个意思，这就使得词汇栏中的词例对学习者来说具有一定的难度。

（二）例证的类型对比分析

例证可以从不同角度分为不同的类型。以下从例证所属的语言单位的层级、例证的来源两个角度，对两本词典的例证加以分类说明。

1. 根据例证的语言单位层级分类

以例证所属的语言单位的层级为依据，我们把学习词典的例证分为词例、语例和句例。词例以词和固定短语作为例证，语例以自由短语作为例证，句例以具有标点符号的单句或复句（《学汉语》以完整的主谓结构为判断标准）作为例证。下面分字头为成词语素和不成词语素两种情况举例说明。

第一种情况，字头为成词语素。例如：

捉 zhuō（动）抓（人或动物）：捉小偷｜捉了一只小鸟儿｜猫捉老鼠｜大家把小偷捉到了警察局｜他们正在捉小虫子。

□捉：捕捉（《学汉语》第958页）

捉 zhuō ❶握；持：～笔（执笔）｜～刀。❷［动］抓；捕捉：瓮中～鳖｜不管黑猫白猫，～到老鼠的就是好猫｜老鹰～小鸡。

语汇▶：捕捉 活捉 擒捉（《学习》第1682页）

当字头为成词语素时，《学汉语》在义项后一般只举语例和句例，例如，“捉小偷”“捉了一只小鸟儿”属于语例；“猫捉老鼠”“大家把小偷捉到了警察局”“他们正在捉小虫子”属于句例。另在“□”后补充词例（相当于《学习》的“语汇”栏）。而《学习》义项后的例证一般都是词例、语例、句例兼备。例如，成词义项❷后面的例证中，“瓮中捉鳖”属于词例，“不管黑猫白猫，捉到老鼠的就是好猫”“老鹰捉小鸡”属于句例。另在“语汇”栏中补充词例。总体看来，《学汉语》义项后的例证集中一些，更能显示字头“成词”的特点；《学习》义项后的例证类型则多样一些。

第二种情况，字头为不成词语素。例如：

姿 zī（素）姿势。(《学汉语》第882页)

姿 zī ❶容貌：～容｜天～国色。❷形态；姿势：舞～｜英～焕发｜摇曳生～。❸〈书〉资质；才能：栋梁之～｜～才超人。

语汇▶：风姿 舞姿 雄姿 英姿 绰约多姿 龙章凤姿 搔首弄姿（《学习》第1685页）

当字头为不成词语素时，《学汉语》明确标“（素）”，由于体例原因，一般不带例证。《学习》则以词例为主，如义项❶❷后的例证均为词例；义项❸后的两个例证可以看作语例。

2. 根据例证的来源分类

例证根据来源，可以分为引用例和自撰例。例如：

遮 zhē ㊀（动）挡住，使不能接触：遮光｜遮雨｜对面那座楼把我们楼的光线都遮住了，白天也得开着灯｜外面太热，打把伞可以遮遮太阳。(《学汉语》第913页)

遮 zhē［动］❶遮蔽：乌云～不住太阳｜犹抱琵琶半～面。❷拦住：横～竖拦｜～风挡雨。❸掩饰；掩盖：～羞｜一手～天｜你别替他～丑了。(《学习》第1611页)

滋味 zīwèi（名）❶味道：有滋味｜川菜的滋味不错｜这种糖甜甜的，滋味真不错｜那种酸酸的滋味我不喜欢。❷比喻某种感受：挨饿的滋味你没尝过，别浪费粮食｜听了他的话，我心里真不是个滋味｜昨天老师批评我了，那滋味真不好受。(《学汉语》第883页)

滋味 zīwèi（～儿）［名］❶味道：这个菜越吃越有～｜四川菜有点儿辣，可是～不错。❷比喻意味或感受：少年不识愁～｜别是一般～在心头。(《学习》第1686－1687页)

从上面的两个例子可以看出，无论是单音词还是双音词，《学汉语》都以自撰例为主。《学习》则倾向于引用例和自撰例并用。属于引用例的如，“乌云遮不住太阳”引自格言，“犹抱琵琶半遮面”引自白居易的

《琵琶行》，“少年不识愁滋味”引自辛弃疾的《丑奴儿·书博山道中壁》，“别是一般滋味在心头”引自李煜的《相见欢》。

（三）例证的数量对比分析

由于两部词典的引用例和自撰例都没有明确标注，对二者的区分存在难度，因而我们不对两部词典的例证来源类型进行统计分析。下面仅从例证所属语言单位的层级这个角度，对《学汉语》和《学习》的例证情况进行统计分析。

我们采取部分抽样统计方法，首先抽取《学汉语》和《学习》中以Z字母开头的全部字词，然后以《学汉语》的字词数量为标准，选取两本词典中以Z字母开头的字词的交集作为样本，总计973个。统计结果如下：

表3－3　《学汉语》和《学习》以Z字母开头的字词释义情况

	字词数	义项数	例证总数	义项平均例证数
《学汉语》	973	1 487	5 493	3.7
《学习》	973	5 270	6 819	1.3

从表3－3可知，虽然两部词典所抽取的样本字词的数目相同，但《学习》的义项数明显多于《学汉语》的义项数，主要原因在于《学习》是内向型学习词典，面向的是母语为汉语的学习者，读者的汉语水平较高，对词义解释的详细度要求也较高，因此划分的义项数要多一些。但是作为外向型学习词典，《学汉语》的义项平均例证数几乎是《学习》的三倍，表明《学汉语》更注重利用例证来帮助学习者理解词条和义项，这也说明《学汉语》非常重视例证的作用。

表3－4　《学汉语》和《学习》以Z字母开头的字词例证类型统计

	《学汉语》		《学习》	
	例证数	例证比例（%）	例证数	例证比例（%）
词例	612	11.14	3 383	49.61
语例	1 689	30.75	1 940	28.45
句例	3 192	58.11	1 496	21.94
合计	5 493	100	6 819	100

表3－4显示，两部词典的语例数占比差不多，但词例数和句例数占比相差甚远。《学汉语》的词例数只占十分之一强，而《学习》的词例数却占将近一半；《学习》的句例数只占五分之一强，而《学汉语》的句例数却占将近五分之三。从使用者角度来说，句例除了能给使用者提供语法、语义和语用信息外，还提供了相应的语境，能让用户通过模仿来达到学以致用的目的。通过对比可知，《学汉语》比《学习》更突出学习词典的特征。

需要说明的是，两部词典处理同形同音字词的方法是不同的，以“转机”为例。请比较：

转机 zhuǎnjī（短语词：动—宾）（经过另一个地方）换飞机（到目的地去）：从北京到日本东京要在上海转机。（《学汉语》第953页）

转机 zhuǎnjī（名）（病状或其他危险的状况）变好的机会：一次转机｜不要过于悲观，事情也许还有转机。（《学汉语》第953页）

转机 zhuǎnjī ㊀［名］（病情或事情）由坏的状态向好的状态转变的迹象或可能性：病情出现～。㊁［动］途中从陆路水路交通工具改乘飞机或空中旅行换乘另一航班飞机：船到上海后～去广州。（《学习》第1673页）

在处理同形同音词时，《学汉语》分列不同的词条进行说明；而《学习》合为一个词条，并用㊀㊁对义项进行分层处理。对于这种情况，我们以《学汉语》为基准，统计时将“转机”计为两个词条，因为从意义上说，《学习》是收有“转机”这两个义项的。其他同形同音词的处理，如“作为”等，也是如此。

（四）例证的语法信息对比分析

汉语的词类与句法成分之间没有一一对应的关系，名词、动词、形容词都可以充当主语、谓语、宾语、定语等，它们之间错综复杂的关系也体现在语法搭配与搭配选择上。语法搭配体现的是语词间横向的组合关系，搭配选择体现的是语词间纵向的聚合关系。这种不同词类的语法搭配与搭配选择，正是某词语或词类的语法功能的具体体现，对于汉语习得，特别是语言输出和自查环节，至关重要。所以，无论是内向型还是外向型的汉语学习词典，通过例证的语法搭配和搭配选择来提供语法信息，就显得尤为重要。

另外，例证中句例的语气类型也不容忽视。在编撰例证时，尽量使语气类型如陈述、疑问、祈使、感叹等丰富多样，以助于学习者对汉语句类的掌握和应用。

下面用具体实例对《学汉语》和《学习》这两部词典例证的语法结构、搭配选择及句例的语气类型进行对比分析。

1. 例证的语法结构对比分析

职业 zhíyè ❶（名）个人所做的靠它生活的工作：一种职业 | 正当的职业 | 我的职业是教师 | 每个人的职业虽然不同，但大家都是平等的。(《学汉语》第930页)

职业 zhíyè ❶［名］个人服务于社会并作为主要谋生手段的工作：自谋～ | 介绍～ | 我的～是新闻记者。(《学习》第1636页)

《学汉语》例证中的"一种职业"和"正当的职业"都是定中结构，句例"我的职业是教师"是定中结构做主语的主谓句，而"每个人的职业虽然不同，但大家都是平等的"虽为复句，但前面的分句"每个人的职业虽然不同"也是定中结构做主语。《学习》例证中的"自谋职业"和"介绍职业"均属动宾结构，"我的职业是新闻记者"为定中结构做主语的主谓句。

对比可知，《学汉语》例证的语法单位的类别稍多，有语例、单句例、复句例，而《学习》只有语例和单句例。但从句法结构的关系类型来看，两者都比较单一，不太全面，如《学汉语》只举"职业"充当中心语的情况，《学习》虽然多了做宾语的情况，但如"职业生涯""职业规划"等做定语的情况都未列举。这一情况说明，两部词典在例证的语法结构多样性方面都还可以改进。

2. 例证的搭配选择对比分析

纵情 zòngqíng（副）由着自己的感情：纵情歌唱 | 纵情欢乐 | 高兴的时候，他纵情大笑。(《学汉语》第890页)

纵情 zòngqíng［副］尽情：～欢呼 | ～歌唱。(《学习》第1699页)

《学汉语》中的"纵情歌唱、纵情大笑"为"副＋动"，"纵情欢乐"为"副＋形"；而《学习》的两个例证均为"副＋动"。比较而言，《学汉语》的搭配选择更丰富多样。

3. 句例的语气类型对比分析

值 zhí ㊂（形）做某事有价值，值得：花了两个小时看这么个没意思的电影，你说值吗？| 虽然跑了一天，可是问题解决了，太值了！| 为这么点儿小事就打架，你说值不值？| 我觉得这样做挺不值的。(《学汉语》第929页)

值 zhí ④［形］有意义；有价值；值得：三块钱买这么多书，真～ | 为一点儿小事伤和气，太不～了。(《学习》第1635－1636页)

《学汉语》的例证有疑问句、感叹句和陈述句三类：“花了两个小时看这么个没意思的电影，你说值吗？”为疑问句中的是非问形式，也可看作反问句；“为这么点儿小事就打架，你说值不值？”则是疑问句中的正反问形式；“虽然跑了一天，可是问题解决了，太值了！”是感叹句；“我觉得这样做挺不值的。”是陈述句。而《学习》的两个句例均为感叹句（也可看作陈述句）。比较可知，《学汉语》对句例的语气类型选择更为丰富多样，这有助于学习者学习汉语的各种句类。

由以上所举实例可以看出，无论是《学汉语》还是《学习》，在对语法信息的揭示上都不太尽如人意。学习词典的例证不仅要展示词语组配的语法结构、充当句法成分的能力，还要尽可能地显示词语在搭配上的选择能力和选择限制。如果在选取句例时，再能充分考虑到句类的多样性，那就更完善了。

（五）例证的语义信息对比分析

对词条语义信息进行揭示和补充，是词典例证的基本功能之一。李尔钢归纳用例的四大功能为“印证字头、帮助释义、验证义项、展示用法”①，前面三点都指向例证对语义信息的揭示。可见，例证并不是释义的附属品，而是释义的延伸。

在句法结构中，词与词之间不仅会产生种种语法关系，还会产生各种语义关系。这里所说的语义关系主要是指动作和它所涉及的各种必有论元（如施事、受事等）和非必有论元（如时间、处所等）之间的关系等。例证的语义关系越多样，语义信息越丰富，给学习者提供的附加信息就会越多。除了语义关系外，例证的语义信息还包括词目的附加色彩，如感情、语体、评价等。下面举例分析《学汉语》和《学习》例证的语义信息。

1. 语义关系的对比分析

找 zhǎo ㊀（动）尽力发现要见的人、要得到的东西、要去的地方：我的笔不知道放在哪儿了，到处找也没找到｜那儿我已经找过了，什么都没有｜我找遍了整个房间，也没找着（zháo）我的衣服｜你找谁？我找小王｜我们找了一个小时，也没找到王老师的家。（《学汉语》第911页）

找 zhǎo ㊀ ❶［动］觅取；寻求：他还没有～对象｜～个合适的工作｜认真～～失败的原因｜骑驴～驴｜满山都是宝，看你～不～。（《学习》第1608页）

---

① 转引自钟玲莉．三部对外汉语学习词典释义用例的分析研究［D］．广州：暨南大学，2008：23.

《学汉语》的例证所展示的语义关系有："我的笔不知道放在哪儿了，到处找也没找到"为"受事—动作—处所"+"处所—动作—动作（结果）"关系；"那儿我已经找过了，什么都没有"为"处所—施事—动作"+"对象+存在"关系；"我找遍了整个房间，也没找着（zháo）我的衣服"为"施事—动作—处所"+"动作—受事"关系；"你找谁？我找小王"为"施事—动作—受事"+"施事—动作—受事"关系；"我们找了一个小时，也没找到王老师的家"为"施事—动作—时间"+"动作—处所"关系。

《学习》的例证所展示的语义关系有："他还没有找对象"为"施事—动作—受事"关系；"找个合适的工作"为"动作—受事"关系；"认真找找失败的原因"为"动作—受事"关系；"骑驴找驴"是"动作—工具"+"动作—受事"关系；"满山都是宝，看你找不找"为"处所—判断—系事"+"动作—施事—动作"关系。

上述可见，《学汉语》和《学习》中"找"的各五个例证所显示的语义关系主要都是"施事/受事—动作"关系，虽然《学汉语》例证的语义关系要比《学习》丰富、灵活一些，但都不算全面。如果两者能够互补，或许更好。

2. 附加色彩的对比分析

赞赏 zànshǎng（动）称赞并且欣赏：非常赞赏｜受到赞赏｜赞赏他的才能｜小王工作认真努力，受到了领导的赞赏｜我非常赞赏这种无私地帮助别人的行为。（《学汉语》第876页）

赞赏 zànshǎng［动］赞美赏识：很~他的文才｜看了这场戏的人无不~｜我们对此表示~。（《学习》第1582页）

"赞赏"具有明显的褒义色彩，《学汉语》和《学习》在配置例证时都有所体现，把"赞赏"与"文才""才能""认真努力""无私地帮助别人的行为"这些同样具有褒义色彩的说法搭配使用，以此突出词目的感情色彩。比较而言，《学汉语》在这方面要优于《学习》，因为《学习》只有"很赞赏他的文才"这个例子能比较突出词目的感情色彩，后面两个句例并不明显。

通过对比分析例证对语义关系、词目的附加色彩的揭示，可以知道，《学汉语》例证所包含的语义信息比《学习》更为丰富，这对学习者理解和掌握词条的相关信息是极其有利的。

（六）例证的语用信息和文化信息对比分析

一部好的学习词典，除了能帮助学习者提高语言水平，还可以帮助他们了解目的语的文化背景、风土人情、生活习惯等，而词典中除了词条下所设置的“注意”栏、“辨析”栏、“知识窗”栏外，例证是学习者了解目的语语用信息和文化信息的重要途径。

1. 例证中语境设置的对比分析

词典所配的例证能否帮助学习者更好地、更直观地理解和掌握词义，语境的设置起着重要作用。我们认为无论是理解一个句子还是一个词语的确切含义都离不开语境。词例、语例、句例三级例证方式在很大程度上确保了字头、词目搭配的多样性，但词例和语例由于缺乏语境的支撑，无法帮助学习者准确、全面地理解字词的意义和用法。下文用具体实例来分析《学汉语》和《学习》例证的语境设置情况。

着凉 zháoliáng（短语词：动—宾）受到冷空气的影响而伤风、感冒：穿上毛衣吧，别着凉了｜外面有点儿冷，多穿点儿衣服，小心着凉｜你自己得（děi）注意，着了凉就麻烦了｜我昨天晚上开着窗户睡觉，着了一点儿凉。（《学汉语》第910页）

着凉 zháo//liáng［动］受到低温的影响或刺激而生病：室内外温差很大，容易～｜多穿件衣服出去，以免～｜昨晚着了点儿凉。（《学习》第1608页）

《学汉语》的四个例证均有语境支撑：“穿上毛衣吧”“外面有点儿冷，多穿点儿衣服”“我昨天晚上开着窗户睡觉”。这些语境的设置，都凸显出“着凉”是因为受到寒气的影响；而“你自己得（děi）注意，着了凉就麻烦了”的语境则更侧重于着凉的后果，“着凉”后会伤风、感冒，所以“麻烦”。《学习》的例证“室内外温差很大”，所以容易“着凉”，“多穿件衣服出去”可以避免“着凉”，均设有语境；“昨晚着了点儿凉”侧重于离合用法，如能补足语境，效果会更好。

从上举例子来看，设置了语境的例证，更能凸显字词的意义和用法，有利于学习者更好、更快地掌握和运用所学的词汇和语句。因此，编者在编写词典时，不仅要选取一定数量的例证，还要考虑例证是否能给学习者提供相应的语用环境以及更多的附加信息。这也是外向型汉语学习词典需要下大功夫的方面。

2. 例证所蕴含的文化信息的对比分析

《学汉语》和《学习》都收录了一定数量的文化词语，并通过例证来揭示文化词语的内涵，以帮助学习者了解中国的历史、文化和风俗等内容，从而使他们在交际过程中更为准确地运用相关词条。例如：

针灸 zhēnjiǔ ❶（名）中医的一种治疗方法，是针和灸的合称。针指用针刺进病人特定部位（穴位）来治病；灸指把一种植物燃烧以后靠近针刺过的特定部位来治病：针灸科｜针灸是中国医学的宝贵遗产｜我在医科大学学的是针灸｜针灸的效果十分明显，越来越多的人相信针灸了。（《学汉语》第916页）

针灸 zhēnjiǔ［名］中医针法和灸法的合称。针法是用特制的金属针刺入人体的一定穴位，运用捻、提等手法以治疗疾病；灸法是用艾绒搓成的艾条或艾柱，点燃后熏烤一定穴位以治疗疾患：～科｜～疗法。（《学习》第1616页）

《学汉语》只提到“针灸是中国医学的宝贵遗产”这一文化知识。《学习》也没有在例证中过多地展示有关针灸的文化知识，但在词条下面设有“知识窗”一栏，说明针灸的简史，弥补了例证的不足。就例证而言，两部词典对文化信息的揭示尚不充分。再如：

钟 zhōng ㊂（名）一种计时用具，可以挂起来，也可以放在桌子上面：电子钟｜一座钟｜故宫钟表馆里展览着各种各样的钟｜宾馆里摆着一座样子很古老的大木钟｜中国人送礼的时候不能给别人送钟，因为“送钟”和“送终”发音一样，后者表示死亡的意思。（《学汉语》第940页）

钟 zhōng［名］❷计时的器具：座～（放在桌上的）｜挂～｜自鸣～（能自动报时的）。（《学习》第1652页）

“钟”在汉语里并不包含特殊的文化含义，只是“钟”与“终”、“送钟”与“送终”恰好谐音，由于人们对死亡的忌讳，所以形成了一种送礼不送钟的习俗。《学汉语》在例证中详尽地说明了这一特殊礼俗，尽可能避免学习者在交际中出现不必要的误会。而《学习》却忽略了这一重要文化信息。

从以上例子可以看出，《学汉语》更注重对文化信息的揭示，而《学习》在这方面略显不足。编者在选取例证时，应注意凸显中华文化的相关信息。学习者要充分掌握这些文化信息，尽量避免在跨文化交际中因误用而出现尴尬。

四．两部词典例证的创新与不足

（一）《学汉语》例证的创新与不足

1.《学汉语》例证的创新

《学汉语》作为外向型汉语学习词典的代表，在例证上有不少创新之处。

第一，例证体例有所创新。例如：

尊 zūn ㊀（动）尊敬：尊老爱幼 | 尊师。

□尊：自尊

尊称 zūnchēng ❶（动）尊敬地称呼：我们都尊称他为老师 | 王先生被大家尊称为“王老”。❷（名）对人尊敬的称呼：一种尊称 | “您”是“你”的尊称。

㊁（量）用于雕塑、炮等：一尊佛像 | 一尊炮 | 这尊佛像是一千五百多年前的雕塑。（《学汉语》第896页）

上文已对《学汉语》的这种体例做过详细分析，此不赘述。如例所示，这种例证体例的最大特点是，按意义关联把词例（“□”后）和词条归并在字头的相关义项之下，有助于使用者准确地了解和掌握词例和词条，从而扩大他们的词汇量。

第二，例证以句例为主。这为学习者提供了较为具体的语境，有利于学习者对词条的理解和掌握。例如：

支 zhī ㊀（动）用棍子之类的东西使物体不落下来或不塌下来：支帐篷 | 这儿蚊子太多，晚上得把蚊帐支起来 | 这棵树要倒，快拿棍子支一下 | 到了野地里，我们找了几块砖把锅支上，烧火做饭。（《学汉语》第896页）

上面四个例证中有三个是句例，而且三个句例的语境都设置得较为具体，能准确地凸显出“支”的语义。

第三，例证排序整齐划一。《学汉语》的例证都是按先语例后句例的顺序排列，整齐有序、循序渐进。例如：

择 zhái（动）挑选：择菜 | 择干净 | 择得很干净 | 你先把这些菜择一择，然后洗干净。（《学汉语》第903页）

2.《学汉语》例证的不足及改进意见

《学汉语》的例证虽然有不少新意，但仍然存在可以改进的地方。

（1）例证内容不全面。例如：

赞美 zànměi（动）用语言或文章表达对人或事物的称赞：热情赞美 | 赞美祖国 | 赞美大自然 | 赞美幸福的生活 | 赞美的语言 | 诗人们用诗歌来赞美祖国的美丽山河 | 我们从游客那儿听到的都是对美丽景色的赞美。（《学汉语》第876页）

释义指明“赞美”是“表达对人或事物的称赞”，但以上例证均是对事物的称赞（或不明确），可以增加指人的例证，如“这是对劳动人民的赞美”。

转 zhuàn ㊁（动）（人或物体）围着某个物体移动；到处走走：转来转去 | 我每天要围着校园转几圈 | 咱们一起去外边转转吧 | 我正忙着呢，别老围着我转 | 我去商场转转。（《学汉语》第 954 页）

释义指明“转”的施事是“人”或“物体”，但是以上例证全部指人，无一指物体，可以增加指物体的例证，如“球在篮筐里转了几圈后，掉了下来”等。

（2）例证与释义不匹配。例如：

沾 zhān ㊁（动）受到（不好的）影响：沾上坏习惯 | 抽烟不好，你可别沾上这种坏毛病 | 他烟酒不沾。（《学汉语》第 903 页）

例证“他烟酒不沾”的“沾”应该是“挨上；接触”的意思（《学习》第 1596 页），跟“受到影响”不匹配。

（3）例证有歧义。例如：

资料 zīliào（名）❷（有参考、依据作用的）材料：一份资料 | 资料室 | 查资料 | 学习资料 | 搜集资料 | 因为资料不够，我的论文很难写下去。（《学汉语》第 883 页）

例证“学习资料”由于结构关系多解而导致多义，可以是动宾关系回答“学什么”，也可以是定中关系回答“什么资料”。可以通过添加其他成分或设置语境来消除歧义，如“学习的资料”或“学习这份资料”。

（4）例证与释义的顺序不一致。例如：

着迷 zháomí（短语词：动—宾）对某人或某事物产生特别强烈的爱好：孩子们听故事听得着了迷 | 我对古典音乐着过一阵迷，每天不听就觉（jué）得少了点儿什么 | 小王对足球非常着迷，一有时间就去踢球 | 他最近对那个电影明星着了迷，搜集了很多关于她的资料。（《学汉语》第 911 页）

释义是先“对某人”再“对某事物”，但是例证却是先举“对某事物”，再举“对某人”，顺序不当；而且比例失衡，人和事物的例证比例为 1∶3。

正 zhèng（形）（颜色、味道等）符合一定的标准；没有杂质：这种酒味儿不正，好像是假的 | 这酱油的颜色很正 | 这家餐馆的烤鸭味道最正。（《学汉语》第 923 页）

释义是先“颜色”后“味道”，例证中的顺序比较乱，先“味道”再“颜色”又“味道”，显得有些杂乱。

（5）例证位置不当。“各义项下的配例应与该义项严密吻合。”① 而《学汉语》一些义项下的例证是可以调整的。例如：

追 zhuī ㊀（动）为了能一起行动或抓住，加快速度跟在运动着的人、动物或物体后面：那几个警察正在追小偷｜我病了一个多月，缺了很多课，用了几个星期的时间，才追上别的同学。

㊁（动）花精力或时间达到某种目的：有人借了他的钱不想还，他追了几个月，终于把钱追回来了｜别追她了，人家已经有男朋友了。

㊂（动）多方面地询问、调查，弄清楚责任者：一定要把事故的主要责任者追出来｜一个一个地追下去，会追出结果的｜为了使国家利益不受损，一定要把赃款追回来。（《学汉语》第956－957页）

义项㊀中的例证“我病了一个多月，……，才追上别的同学”，是我的功课追上了别的同学的功课，而不是我追上了别的同学。从例证所传递的信息来看，这里的“追”应该是义项㊁“花精力或时间达到某种目的”的意思，所以可以把这个例子放到义项㊁中。而义项㊂的例证“为了使国家利益不受损，一定要把赃款追回来”中的“追”，是为了“达到某种目的”——追回赃款，而不是“弄清楚责任者”，所以也应该放在义项㊁之中。

（二）《学习》例证的创新与不足

1. 《学习》例证的创新

《学习》作为国内首部真正意义上的内向型汉语学习词典，在编纂形式和内容上借鉴国内权威语文词典，如《现汉》，是不可避免的，然而与《现汉》相比，《学习》在例证上更具新意。我们将《学习》与《现汉6》进行对比，发现创新之处主要体现在以下几个方面。

（1）例子配有注释。例如：

族 zú ❶家族：同～｜～叔（同族的叔父）｜～兄弟（同族的平辈男子）｜三～（通指父族、母族、妻族）。（《学习》第1702页）

族 zú ❶家族：宗～｜～亲｜合～｜同～。（《现汉6》第1738页）

比较可知，《学习》对部分较难理解的例证注上了简要的解释，以帮助使用者更好地理解例证的意义，而《现汉6》多数没有。

① 安华林，等．汉语释义元语言理论与应用研究［M］．上海：学林出版社，2009：139.

（2）引用例较为丰富。例如：

终 zhōng ❹［副］终归；终究：送君千里，~须一别 | 蛟龙得云雨，~非池中物。（《学习》第 1651 页）

终 zhōng ❸副 终归；到底：~将见效 | ~必成功。（《现汉 6》第 1688 页）

《学习》比《现汉 6》更多地选用了引用例，如上所示，“送君千里，终须一别”“蛟龙得云雨，终非池中物”均为引用例，分别引自元朝无名氏《马陵道》楔子和《三国志》卷五十四《吴书·周瑜传》。引用例不仅经典、权威，而且有利于扩大学习者的知识面。

（3）专设“语汇”栏展示字头的组词能力。例如：

拙 zhuō ❶［形］笨；不灵巧：手~ | 眼~ | 心~口笨 | 勤能补~。❷〈谦〉用于称与自己有关的事物：~文 | ~见 | ~荆。

语汇▶：笨拙 藏拙 粗拙 古拙 眼拙 迂拙 愚拙 稚拙 弄巧成拙 心劳日拙（《学习》第 1682 页）

拙 zhuō ❶形 笨：手~ | 眼~ | 勤能补~ | 弄巧成~ | ~于言辞。❷谦辞，用于称自己的（文章、见解等）：~著 | ~作 | ~见。（《现汉 6》第 1717 页）

如上所示，《学习》专门设有“语汇”一栏，集中展示以字头为尾字而组成的词和固定语，对拓展学习者的词汇量极其有利。虽然《现汉 6》在义项后也列有词例，但跟《学习》相比，稍显简略。

2.《学习》例证的不足及改进意见

《学习》在例证上也有不够周全、值得商榷的地方。

（1）不同类型的例证排序不统一。例如：

职业 zhíyè ❶［名］个人服务于社会并作为主要谋生手段的工作：自谋~ | 介绍~ | 我的~是新闻记者。（《学习》第 1636 页）

专业 zhuānyè ❶［名］高等院校或中等专业学校所设置的学业门类：物理系光学~ | 本院设有九个系二十多个~ | ~课 | ~知识。（《学习》第 1672 页）

以上两个例子中，“职业”的例证先语例后句例，而“专业”中的例证则先语例后句例又语例。为了体例统一，也为了符合学习者循序渐进的习得规律，我们建议例证按语法单位从小到大，即按“词→固定短语→自由短语→句子”的顺序排列。

（2）例证与释义的顺序不匹配。例如：

状态 zhuàngtài［名］人或事物呈现出来的状况或情态：紧急～｜精神～良好。（《学习》第 1678 页）

释义按先人后事物排序，例证却是先事物后人，可能由于先语例后句例的缘故。

资源 zīyuán［名］人力、物力、财力的来源：矿产～｜旅游～｜人力～。（《学习》第 1686 页）

释义按“人力、物力、财力”的顺序排列，但例证却按“物力、财力、人力”排序。

（3）例证内容不全面。例如：

照顾 zhàogù［动］❷照管；照料：请您～一下这孩子｜耕牛农家宝，定要～好。（《学习》第 1610 页）

“照顾”所搭配的对象可以是有生命的，也可以是无生命的。以上两例都指有生命的，可以增加无生命的例证，如“你照顾一下行李，我去买票”等。

作法 zuòfǎ ㊁［名］❶指绘画或写作的方法：文章～。（《学习》第 1710 页）

释义中说明“作法”对象是“绘画”和“写作”，但例证中只列举了“写作”，而没有“绘画”。

（4）例证内容不恰当。例如：

坐班 zuò//bān［动］❷（～儿）按规定时间在固定的地点（办公室等）上班：行政人员～，老师不～。（《学习》第 1712 页）

在我国大部分地区都实行中小学教师坐班制，一般来说，只有高校的老师或兼职教师才不用坐班。所以例证中“老师不坐班”是对学习者的一种误导。

（5）例证韵律不和谐。例如：

张罗 zhāngluó［动］❸应酬；接待：他～客人入席就餐｜参加会的人都到了，请你到会场来～～｜顾客多，一个售货员～不过来。（《学习》第 1602 页）

汉语是重韵律的语言，一般说来，“1＋1”或“2＋2”比较顺畅，

“1 +2”或“2 +1”有时就不顺口。例证中的“参加会”不符合汉语韵律表达习惯，应该表达为“参加会议”或“参会”。

（6）例证注解不全面。例如：

《学习》中的例证有相当一部分是引用例，内容引自古诗词、经典著作、熟语、俗语等，而编者只注解了其中的一部分，很多没有注解。如：

> **皱眉** zhòuméi［动］紧蹙双眉（表示不愉快或为难）：令人～｜平生不做～事，世上应无切齿人。(《学习》第1659页)

例证中“平生不做皱眉事，世上应无切齿人”出自冯梦龙《警世通言·崔待诏生死冤家》，意思是自己不做伤天害理的事，就不会有憎恨你的人。

> **找** zhǎo
>
> 语汇▶：查找 倒找 搜找 寻找 自找 两不找（《学习》第1608页）

“找”的“语汇”栏中“倒找”和“两不找”《学习》都没有收录。《现汉6》对“倒找”的释义是“本应对方付给钱物，反倒付给对方钱物”①。对“两不找”的解释是“买货时货价与所付货款相当或交换货物时价值相当，彼此不用找补”②。由于词语本身较难理解，而《学习》又没有收录，所以应该对此类词语进行注释。

古诗词、熟语和俗语历史悠久、寓意丰富，术语则专业性强，如果缺少注释，学习者理解起来比较吃力，所以对较难理解的例证应予以注解。

五、结语

本节对比分析了《学汉语》和《学习》例证的体例、类型、数量以及例证所展示出来的语法、语义、语用信息。

从例证体例来看，《学汉语》和《学习》有同有异。同在都设置了“语汇”栏（《学汉语》用“□”表示）。异在《学汉语》的字头下只举语例和句例，词例集中在“□”后；而《学习》的字头下词例、语例和句例俱全。最大的不同点是，《学汉语》的词例和词条按不同义项分列，而《学习》的“语汇”栏放在一个字头的全部义项之后。总体上看，《学汉

---

① 中国社会科学院语言研究所词典编辑室．现代汉语词典［Z］．6版．北京：商务印书馆，2012：268.

② 中国社会科学院语言研究所词典编辑室．现代汉语词典［Z］．6版．北京：商务印书馆，2012：811.

语》词例和词条的设置更能凸显外向型学习词典的特征，而《学习》则较多继承普通语文词典的例证体例。

就本节统计分析的例证范围来说，两部词典的表现不同：

从例证类型来看，《学汉语》以句例为主，约占五分之三；《学习》以词例为主，约占一半。《学汉语》以自撰例为主，而《学习》引用例和自撰例并重。

从例证数量来看，《学汉语》的义项平均例证数远远多于《学习》，约是《学习》的三倍。

从例证所揭示的语法、语义、语用信息来看，《学汉语》试图用例证向学习者传达更多的关于汉语表达和运用的信息，而《学习》在这方面的倾向不明显。

总之，作为汉语学习词典的代表，《学汉语》和《学习》对传统的例证配置模式有一定的突破和创新，二者之间的差异，一定程度上体现了汉语学习词典外向型和内向型的类型特征。但就目前状况而言，无论是外向型的还是内向型的汉语学习词典，例证都还存在诸多不足之处，有待今后进一步完善。

第五节　《商务馆学汉语词典》与《牛津高阶英语词典》释义部分的对比分析[①]

由霍恩比（Hornby）等人编纂、1942 年出版的 *Idiomatic and Syntactic English Dictionary*（《英语习语与句法词典》）是第一部外向型英语学习词典[②]。后来演变为 *Oxford Advanced Learner's Dictionary*（《牛津高阶英语词典》，本节内以下简称《牛津高阶》，直接引用仍依原文）。而我国第一部真正意义上的外向型汉语学习词典是由北京语言学院（现北京语言大学）词典编写组编纂、1976 年出版的《汉英小词典》。时间上比英语学习词典晚了 30 多年。

---

① 此节由广东海洋大学文学院对外汉语专业 2010 级本科生谷炀撰写，在安华林教授的指导下完成，曾以“《商务馆学汉语词典》和 *Oxford Advanced Learner's Dictionary* 释义部分比较分析”为题发表于《通化师范学院学报》（人文社会科学版）2015 年第 7 期。此处有改动。

② 田兵，陈国华．英语高阶学习词典设计特征研究——兼及多义词的认知语义结构和义项特征［M］．北京：科学出版社，2009：3.

几十年来外向型汉语学习词典的编纂取得了可喜的成绩，但也存在不少有待解决的问题。陆俭明如此评价："自称是为外国学生学习汉语用的字典、词典出了不少……基本上都是《新华字典》和《现代汉语词典》的删减本，没有真正从外国学生学习汉语的角度来考虑编写。"① 郑定欧从学科建设的角度这样评论："对外汉语词典学，从学科的要求来说，理论尚未成熟，规范尚未建立，队伍尚未组成。"②

本节选取市面上流行较广的外向型汉语学习词典——《商务馆学汉语词典》③（本节内以下简称《学汉语》，直接引用仍依原文）和外向型英语学习词典——《牛津高阶》（第8版）④，着重对比两者的释义部分，因为释义是衡量一部词典好坏的最重要因素。正如著名词典学家兹古斯塔（L. Zgusta）所说："词义是词典编纂者应该注意的中心问题……词典编纂者所有的裁夺，几乎都与在词典中如何处理词义有直接或间接的关系。"⑤ 通过比较两部词典在释义内容、释义用词、释义语句、释义语法信息、释义语用信息、释义文化信息等方面的异同，反观《学汉语》的创新与不足，以便为外向型汉语学习词典的编纂提供借鉴。

一、释义内容的比较分析

"释义内容"指释义时所包含的所有信息。哈特曼（Hartmann）认为词典的释义主要包括词的形式描述和词义描述。他曾用图来表示英语学习词典的释义内容，可以大致总结为：headword→spelling→pronunciation→grammar→definition→etymology→usage label（词目→拼写→语音→语法→释义→词源→使用标签）。⑥ 根据这样的划分，我们对两部词典的各个释义内容对比如表3－5所示。

---

① 陆俭明．陆俭明序［Z］//鲁健骥，吕文华．商务馆学汉语词典：双色本．北京：商务印书馆，2007：6.

② 郑定欧．对外汉语学习词典学刍议［J］．世界汉语教学，2004（4）：91.

③ 鲁健骥，吕文华．商务馆学汉语词典：双色本［Z］．北京：商务印书馆，2006.

④ HORNBY A S. Oxford advanced learner's dictionary［M］．8th ed Oxford：Oxford University Press. 北京：商务印书馆（协助出版），2010.

⑤ 转引自于屏方，杜家利．汉、英学习词典对比研究［M］．北京：中国社会科学出版社，2010：195.

⑥ 转引自刘莉莉．英语学习词典释义状况研究——兼论《商务馆学汉语词典》释义状况［D］．烟台：鲁东大学，2013：10.

表3-5　《学汉语》和《牛津高阶》(第8版)释义信息概况表

词典	类别						
	词目	拼写	语音	语法	释义	词源	使用标签
《学汉语》	有	有	有	有	有	没有	有
《牛津高阶》(第8版)	有	有	有	有	有	有	有

通过对比可知,《牛津高阶》(第8版)的释义信息更加全面,从“词目”到“使用标签”,在词典中均有显示。而《学汉语》中缺少了词源的说明。“汉语词源学是一门以探求汉语词的原初造词理据和音义状态为目的的学科。”① 汉语的词源问题过于复杂,考证起来并非易事,面向汉语初学者的词典不细究是可以理解的。但在详细比较后,发现《学汉语》在释义内容上仍有不足之处,比如对同义词、反义词的处理就有欠缺。虽然《学汉语》设有对同义词和反义词的说明,但不是每个存在同义词或反义词的词条都会出现此类信息,更多时候是通过“注意”“辨析”等标签形式显示的,而同义辨析、反义关联恰是语言学习和运用的必备知识。这方面《学汉语》尚可加强。

二、释义用词的比较分析

“释义用词”指专门为释义研制的一套数量有限的基础词。《学汉语》是一部面向外国学习者的汉语学习词典,释义用词比普通语文词典或内向型汉语学习词典平白浅易。“在释义用词上比较严格地控制在本词典的使用对象所能理解的范围内,尽量平白、通俗、具体、口语化。”② 但不难发现,“说明”中很“技巧”地使用了“尽量”这个模糊词,使《学汉语》的释义用词具有一定的伸缩空间。在翻检的过程中,我们发现该词典在释义时使用了不少生僻词或超纲词,增加了解码难度,给学习者造成了一定困扰。也就是说,《学汉语》的释义用词尚未真正做到严格受控。

《牛津高阶》(第8版)释义用词的一大特色就是限量控制。将释义用词限定在3 000个左右,即用这3 000个左右的词去解释6万多个词条,并用这些词组成9万多个例句。这样的释义、例证通俗易懂,很大程度上契合学习者的理解能力。请比较:

① 曾昭聪. 汉语词源研究的现状与展望[J]. 暨南学报, 2003(4): 99.

② 鲁健骥, 吕文华. 商务馆学汉语词典: 双色本[Z]. 北京: 商务印书馆, 2007: 说明11.

比重 bǐzhòng（名）❶物质的质量和它的体积的比值，常用单位是“克/立方厘米”。有些国家把比重规定为物质在4℃时的质量与相同体积的水的质量的比值。（《学汉语》第32页）

proportion *noun* /prəˈpɔːʃn；AmE prəˈpɔrʃən/ *noun*

PART OF WHOLE

1［countable ＋singular or plural verb］a part or share of a whole.（第1590页①）

比较上述释义可以发现，两部词典走的是不同的释义路线：《学汉语》采取的是科学释义，尽管比较准确，但以牺牲浅显易懂为代价，如用了超纲词“比值”，外国学习者不易理解；《牛津高阶》（第8版）采取的是语文释义，尽管粗略一些，但比较好懂。可见，外向型汉语学习词典要真正控制释义用词，还有许多工作可做，当务之急是厘定一套释义专用词——释义元词符集。

三、释义语句的比较分析

“释义语句”指在释义时使用的行文表述。《学汉语》释义语句的使用灵活多样，可以用词、短语或句子等多种单位来解释词目，力求“可读易懂、准确规范、引入信息、提供语境”②。但在解释同一语义场的词目时，释义格式尽量保持统一。

《牛津高阶》（第8版）在释义时一般采用多词、短语或句子解释一个词义，很少采用以词释词的方式，极少用复杂的从句、并列句等释义。即使是解释同一语义场的词目，也不拘泥于固定的模式，所有的解释都以讲明词义、说清特征为目的。

试比较两部词典对“酸、甜、苦、辣”的解释：

酸 suān ㊂（形）像醋一样的味道：这醋真酸｜我怕酸，不吃了｜苹果不熟，还酸着呢｜吃了东西就吐酸水，我得请医生看看｜这是两天前的剩菜，已经发酸了，快扔了吧。（《学汉语》第615页）

甜 tián ㊀（形）像糖、蜜等的味道（和“苦”相对）：甜得很｜苹果又酸又甜｜这种葡萄很甜｜我不喜欢吃甜的｜菜太甜，有些人不爱吃。（《学汉语》第691页）

苦 kǔ ㊀（形）像不放糖的咖啡的味道（和“甘、甜”相对）：苦味

---

① 指《牛津高阶》（第8版）的页码。本节内下同不赘。

② 鲁健骥，吕文华．编写对外汉语单语学习词典的尝试与思考——《商务馆学汉语词典》编后［J］．世界汉语教学，2006（1）：63.

儿丨这药太苦了丨我怕苦，不能吃中药丨这种菜虽然有点儿苦，但是很有营养。(《学汉语》第 411 页)

辣 là ㊀（形）像姜、蒜、辣椒等的味道：辣味儿丨很辣丨辣得不得了丨这个菜太辣了丨我是上海人，吃不了辣的。(《学汉语》第 421 页)

acid *adj.*（technical）that contains acid or has the essential characteristics of an acid; that has a PH of less than seven：Rye is tolerant of poor, acid soils.（第 12 页）

sweet *adj.* FOOD/DRINK 1 containing, or tasting as if it contains, a lot of sugar：a cup of hot sweet tea. ◇sweet food ◇I had a craving for something sweet.（第 1564 页）

bitter *adj.* 4（of food, etc.）having a strong, unpleasant taste; not sweet ◇black coffee leaves a bitter taste in the mouth.（第 142 页）

peppery *adj.* 1 tasting of pepper（第 1125 页）

比较可知，两本词典对“酸、甜、苦、辣”或“acid, sweet, bitter, peppery”的释义方式是不一样的。《学汉语》采用比况式释义，通过具体实物的类比，引发学习者的日常感知，从而对词义有较深刻的体会；而且都用短语释义，统一使用“像……的味道”的格式，值得称道。而《牛津高阶》（第 8 版）采用的释义方式是多样的，使用了包括像“PH”这样的专业术语、像“unpleasant”这样的感觉词、像“tasting of pepper”这样的打比方的说法，而且释义语句没有固定的格式。两种方式哪种更好，只有靠效果检验。不过，尽量采用短语或句子释义，避免使用以词释词的方式，这应是中外学习词典的共同要求。

四、释义语法信息的比较分析

“释义语法信息”指释义中涉及的词目的语法信息。黄建华、陈楚祥认为：“尽管人们公认语法在词典中占有举足轻重的地位，尽管词典编者经常要解决许多语法问题……但是应当承认，词典学家迄今还没有对词典中的语法问题给予足够的重视。”① 尽管如此，英语学习词典对语法信息的处理还是能给我们许多启发的。下面对两部词典的释义语法信息进行比较。

《学汉语》对于语法信息的处理，主要有以下几种情况。

第一，通过释义揭示语法功能。有的直接标注语法信息，多用于虚词。例如：

① 黄建华，陈楚祥．双语词典学导论［M］．修订本．北京：商务印书馆，2001：138.

把 bǎ ㊃（介）用在“把+名/代+动+其他成分”格式里，表示确定的人或事物通过动作发生了变化或产生了结果。(《学汉语》第9页)

第二，通过“注意”标签显示语法信息。

（1）提示词语的搭配条件，如常用在什么句式中，一般跟什么样的词语搭配，不能跟什么样的词语搭配。例如：

否则 fǒuzé（连）……注意：“否则”后面常有“就”。(《学汉语》第220页)

（2）提示词语的出现位置、使用条件等。例如：

另 lìng（代）另外：……注意：在现代汉语中，“另”做定语时一般只用在数量词前；做状语时只修饰单音节动词。(《学汉语》第453页)

第三，通过“辨析”栏显示词语搭配或其他语法信息。

《学汉语》中的“辨析”栏，不但对近义词的词义进行详细辨析，而且对近义词不同的语法特点和功能也进行详细说明。例如：

告诉—通知

“告诉”和“通知”都是把事情说给别人听的意思。它们的区别是，“告诉”只是使人知道某件事，而“通知”除了使人知道某件事外，还有让人按照说的去做的意思，所以有时不能换用。另外，“告诉”不能带表示事情的宾语，“通知”可以。

(《学汉语》第242页)

第四，通过例句显示语法信息。

这是一种“隐性”的方式，也是汉语词典中最常用的做法，同样也是最容易被忽略的一种语法表现形式。汉语是一种分析语，语法意义往往不依靠明显的形态变化表示。因此，《学汉语》多通过例句显示句法信息。例如：

被 bèi（介）用在被动句里，引进动作的发出者：我的自行车被张明借走了｜那本书被我送给小王了｜门被人锁上了，我们进不去了｜桌子和椅子都被他们搬到教室外边去了｜视线被泪水挡住了。(《学汉语》第27页)

《牛津高阶》（第8版）对于语法信息的处理主要有以下几种情况。

第一，在词目之后给出句法结构或语法搭配。

在词目之后给出搭配成分，可以使学习者注意习惯搭配并巩固学过的语法知识。例如：

blab /blæb/*verb*（-bb-）[I, T] ~ (to sb) (about sth) | ~ (sth) (to sb) (formal) to tell sb information that should be kept secret: Someone must have blabbed to the police. (第 143 页)

第二，在释义中显示语法结构与搭配。

在释义中给出语法信息，这与《学汉语》有一定的相似之处。但不同的是，这种通过释义显示语法信息的方式在《牛津高阶》(第 8 版) 中随处可见，而《学汉语》多出现在虚词释义中。

perceive AM. /pə'siːv; AmE pər'siːv /*verb* (formal)

1 to notice or become aware of sth: ~ sth /I perceived a change in his behaviour. (第 1125 页)

释义中的"to notice or become aware of sth"就明确地告诉读者 perceive 常跟宾语 sth。

第三，通过"词语辨析"栏和"HELP"标签显示语法搭配或结构。

"词语辨析"这一栏通过对同义或近义词语的辨析将它们在搭配、用法等方面的语法差异揭示出来。如对 also · as well · too, although · even though, altogether · all together 等的辨析。

利用"HELP"标签，区分有关语法搭配。例如，"act"下有"HELP In spoken English people often use **like** instead of **as if** or **as though** in this meaning, especially in NAmE. This is not considered correct in writing BrE."

第四，对动词用法模式进行明确归纳。

《牛津高阶》(第 8 版) 概括了"不及物动词的表达""及物动词的表达""后接双宾语的及物动词""连系动词""后接从句或短语的动词""动词 + 直接引语"等语法信息共计 22 种。这些对动词用法的描写贯穿于整部词典，使读者在学习英语语法结构和理解语义时，更加高效快捷。

《学汉语》对动词用法模式也有简略概括，包括"动—宾""动—结""动—趋""动—介"四种，是一种不全面、不深入的归纳。

通过《学汉语》和《牛津高阶》(第 8 版) 对释义语法信息不同处理的比较，可以看出两部词典都是基于目的语的语法特点进行编纂的，这就是《学汉语》多通过例句等"隐性"方式间接体现语法信息，而《牛津高阶》(第 8 版) 多通过"显性"方式直接显示语法信息的根本原因。在揭示语法信息的广度方面，《学汉语》重词类，轻句法；而《牛津高阶》(第 8 版) 则两者并重，尤其是对"动词用法模式"进行了清晰归纳。这点很值得汉语学习词典借鉴。

五、释义语用信息的比较分析

“释义语用信息”指释义中涉及的词目的语用信息。语用信息在学习词典的编纂中非常重要。利奇（Leech）在《朗文当代高级英语辞典》第2版的前言“语用学与词典”中指出：“从外国学生交际的角度来看语用学的研究是十分重要的。”[①] 在外向型学习词典的编纂中，必须在注重语义、语法信息的同时，还应该对词条的语用信息加以补充说明，让学习者通过语言知识的学习，最终达到“学以致用”的目的。

通过比较，我们发现不论是《学汉语》还是《牛津高阶》（第8版），它们的语用信息都散见于词典的各部分，都是通过释义、例证、“注意”标签、“辨析”栏、插图等反映语用信息。不过，跟《学汉语》相比，《牛津高阶》（第8版）在部分词条中设置“习语”（IDM）或“短语”（PHR），把相关固定搭配作为内词条归入其中。这种做法更加贴近语用环境，帮助学习者了解词语的上下文语境进而掌握其用法。例如：

> **mean** IDM…I **mean**（spoken）used to explain or correct what you have just said：It was so boring—I mean，nothing happened for the first hour!（第1287页）

将I mean归入mean的“习语”部分，作为内词条进行释义。再如：

> **goof** PHR V **goof around**（informal，especially NAmE）to spend your time doing silly or stupid things.（第907页）

汉语学习词典应加强词语的用法说明，需在描写词语的搭配环境、使用条件等方面多下功夫。

六、释义文化信息的比较分析

“释义文化信息”指释义中涉及的词目的文化信息。语言是文化的重要载体，一个民族的语言承载着一个民族的文化，“不存在没有语言的文化，也不存在没有文化的语言”[②]。词汇是语言的建筑材料，直接反映文化信息。对词语的正确理解，有赖于较深厚的文化知识背景。在第二届对外汉语学习词典学国际研讨会上，北京语言大学校长崔希亮在开幕词中明确

---

① 转引自王艳蕾．汉语学习词典的语用信息的研究——以《商务馆学汉语词典》为例［D］．烟台：鲁东大学，2012：2.

② 胡文仲．跨文化交际学概论［M］．北京：外语教学与研究出版社，1999：57.

指出文化信息对于外向型汉语学习词典的重要性："一部好的辞书，不仅可以帮助学习者提高语言水平，还可以帮助他们了解目的语的文化、风俗习惯、历史等等。"① 基于这一点，我们应当重视词语的文化释义，使学习者对目的语所反映的民族文化、风俗习惯、思维方式等有所了解。下面选取中国的"春节"和西方的"Christmas"这两个最重要的节日进行比较，看两部词典的释义是如何处理文化信息的。

春节 Chūnjié（名）中国最重要的传统节日，指农历的正月初一和之后的几天：过春节又叫过大年｜春节是中国人最大的节日｜春节期间，人们往往要互相拜年｜今年春节，咱们还是放七天假吗？（《学汉语》第120页）

Christmas *noun* ［U，C］1（also **Christmas Day**）25 December，the day when Christians celebrate the birth of Christ：**Christmas dinner/presents**⇨see also BOXING DAY. 2（also **Christmas time**）the period that includes Christmas Day and the days close to it：The **Christmas holidays/vacation** ◇Are you spending Christmas with your family? ◇Happy Christmas! ◇Merry Christmas and a Happy New Year!⇨see also WHITE CHRISTMAS（第258页）

通过比较发现，两部词典对于两个重要节日的解释各有特色。《学汉语》在释义中交代了"春节"的时间（"农历的正月初一和之后的几天"）和特性（"中国最重要的传统节日"），又通过举例引导出其他习俗或制度，如"过大年""拜年""春节放假"等，应该说比较全面了。《牛津高阶》（第8版）将"Christmas"的意义分为两个义项，一个是时点（12月25日那一天），一个是时段（圣诞节那一段时间），交代Christmas的来历，指出是基督徒庆祝耶稣诞生的日子（"the day when Christians celebrate the birth of Christ"），并用"see also"等字眼，将与此相关的词语"BOXING DAY""WHITE CHRISTMAS"引导出来，以利于文化背景知识的扩展。《牛津高阶》（第8版）用"see also"（"另见"）方式将相关文化词串联起来的做法值得汉语词典借鉴。

文化词的释义应该包括哪些文化要素，是个有待探讨的问题。比如节日的要素有时间、活动主体、纪念对象、流行区域、由来、特性等，不同的节日包含的要素可能不完全一样，是都放在释义里，还是有选择地纳入，跟词典的编纂宗旨、读者定位等密切相关。无论如何，外向型学习词典应该多导入文化元素的大方向是明确的。这方面，汉语学习词典尚有很

---

① 转引自王艳蕾．汉语学习词典的语用信息的研究——以《商务馆学汉语词典》为例［D］．烟台：鲁东大学，2012：2.

大的提升空间。

《牛津高阶》（第8版）与之前版本相比增加了许多文化词，涵盖日常生活、文艺、科学、商贸等多个领域。而在《学汉语》中，许多常用且富有中国文化意义的词语没有收录，如“吃醋、过年”等。《学汉语》的读者对象是中级以上的汉语学习者，也就是说，他们有一定的汉语基础，适当增加一些文化词以丰富学习者的文化知识是可行的。

“他山之石，可以攻玉。”通过《学汉语》与《牛津高阶》（第8版）释义部分的对比，一方面我们欣喜地看到，外向型汉语学习词典经过40多年的发展（从1976年算起），已经取得长足的进步，比如类型特征逐渐凸显，用户意识逐渐增强，语用指导逐渐强化，等等；另一方面我们也清醒地认识到，与外向型英语学习词典相比，外向型汉语学习词典还有不小的差距，比如众人熟知的大品牌尚未培育出来，释义用词还未真正限量，指导“学习”的功能还不够明晰突出，等等。因此，我们要学人之长，补己之短，促使外向型汉语学习词典实现质的跨越，为语言强国、文化强国做出词典人的贡献。

第六节　汉语学习词典编纂的新尝试[①]

“学习词典”这个名称译自英语 learner’s dictionary，源于海外英语教学的需求，是为母语非英语的学习者专门设计和编纂的教学型参考工具书，因此也叫 pedagogical dictionary（教学词典）；而为母语学习者编纂的辞书则称为 school dictionary 或 student’s dictionary（学生词典）。[②] 后来术语泛化，指称一切为外语（不一定是英语）学习者编纂的词典；然后进一步泛化，指称一切为用户学习语言（包括外语和母语）而编纂的词典。为用户学习外语而编纂的词典称为“外向型学习词典”或“对外学习词典”，为用户学习母语而编纂的词典称为“内向型学习词典”。若无说明或限定，下文的“学习词典”特指外向型学习词典。

《牛津高阶英语词典》《朗文当代高级英语辞典》《柯林斯 COBUILD 高阶英语词典》《剑桥高阶英语词典》《麦克米伦高阶英语词典》这“五大

① 此节由安华林撰写，曾以同名题目发表于中国辞书学会语文辞书专业委员会所编《语文辞书论集》（第10辑）（人民教育出版社，2017）。此处有改动。

② 章宜华．二语习得与学习词典研究［M］．北京：商务印书馆，2015：1.

英语学习词典”，代表全球学习词典编纂的最高水平。它们有许多共性特征[①]，显著共性之一便是都严格控制释义用词的数量，分别是：《朗文当代高级英语辞典》《剑桥高阶英语词典》为2 000个，《柯林斯COBUILD高阶英语词典》《麦克米伦高阶英语词典》为2 500个，《牛津高阶英语词典》为3 500个，释义用词都控制在2 000～3 500个。这种做法，“使学习者在有限词汇量的基础上快速理解词条释义，实现语言解码的高效化，充分体现了词典编纂的用户原则”[②]。

汉语学习词典已经取得了不少编纂成果，如吕叔湘的《现代汉语八百词》(1980)、孙全洲的《现代汉语学习词典》(1995)、李忆民的《现代汉语常用词用法词典》(1995)、李晓琪的《汉语常用词用法词典》(1997)、徐玉敏的《当代汉语学习词典》(2005)、鲁健骥和吕文华的《商务馆学汉语词典》(2006)等[③]。但也存在不少问题，突出的一点是，迄今尚未出现一部严格使用限量释义词（下文称为“释义元词符”）释义的汉语学习词典。

基于上述，我们尝试编纂一部严格采用释义元词符解释所有词条的汉语学习词典——《新方法对外汉语学习词典》（以下简称《新方法》）。目前已经编纂完成，正处于加工完善阶段。《新方法》在学习词典编纂的诸多方面尝试有所创新。

一、《新方法》简介

（一）收词范围

《新方法》是一部高阶汉语学习词典，目标用户是母语非汉语、高级以上汉语水平的学习者。收录词语约12 000条，都是常用或比较常用的词或固定语，不收不成词的字或语素。所收词语有三个来源：一是国家汉语水平考试委员会办公室考试中心制定的《汉语水平词汇与汉字等级大纲(修订本)》[④] 中收录的词语；二是国家语言文字工作委员会发布的《现代

① 安华林，叶玲．国外学习词典编纂综述［J］．北华大学学报（社会科学版），2015（3）：5－7.

② 安华林，叶玲．国外学习词典编纂综述［J］．北华大学学报（社会科学版），2015（3）：7.

③ 尉晋嫩，安华林．外向型汉语学习词典编纂与研究综述［J］．广东海洋大学学报（社会科学版），2014（5）：71－72.

④ 国家汉语水平考试委员会办公室考试中心．汉语水平词汇与汉字等级大纲［Z］．修订本．北京：经济科学出版社，2001.

汉语常用词表（草案）》[①] 中频序在前 1 万的词语；三是前面两项没有而汉语释义元词符总表里列有的词。对前两个来源，删除了一些专名、姓氏、不成词语素、自由短语等。全典约 150 万字。

（二）结构体例

宏观结构：前言—凡例—字头索引—词典正文。

微观结构：字头—词目—注音—客观信息—词性—（语体标注）—释义—举例—（◇词义关联）—（☞语用、文化等信息提示）。（笔者按：加括号表示可以不出现）

（三）示例（按《新方法》格式）

A

阿（ā）

阿姨 āyí △ 名，乙；6842；前附。

名 ❶对某些没有亲属关系的妇女的称呼，她们跟母亲辈分相同，年龄也差不多：张～/管理员～/孩子，问～好。❷对某些没有亲属关系的妇女的称呼，她们帮助照顾儿童或处理家庭事务：这是我家的～/请个～来照顾孩子。

爱（ài）

爱 ài △ 动，甲；323；单纯。

动 ❶对人或事物有很深的感情：～屋及乌/～不释手/～祖国～人民～和平/他深～着那个姑娘/～的春天不会有天黑。❷爱惜；爱护：～面子/～公物/他很～集体荣誉。❸喜欢；爱好：～游泳/～干净/～结伴旅游/她非常～看动漫。❹经常发生某种行为；容易发生某种变化：～笑/他～发脾气/铁特别～生锈。

◇ 反义词：爱❶｜恨（憎）。

爱戴 àidài △ 动，丁；11712；并列。

动 尊敬、热爱而且拥护：～领袖/衷心～/这位老师深受学生的～。

☞“爱戴”一般用于对领袖人物或令人尊敬的有声望有地位的人，含有敬意，如“人民爱戴自己的领袖”，“学生十分爱戴这位德高望重的老教授”。

爱好 ……

爱护 ……

爱面子 ……

① 《现代汉语常用词表》课题组．现代汉语常用词表（草案）［Z］．北京：商务印书馆，2008.

爱情 ……

爱人 àiren △ 名，甲；5519；偏正。

名 ❶丈夫或妻子：带着～和孩子一起看望老人/小张的～是位小学老师。❷恋爱中男子或女子的对方：这个女人即将和交往三年的～步入婚姻殿堂。

☞“爱人”不用于面称。

爱惜 àixī △ 动，丁；14976；并列。

动 认为重要而保护；不浪费：～粮食/～光阴/我们要～自己的身体。

◇ 同义词：爱惜－爱护。都有“不浪费；不破坏”的意思。区别在于侧重点不同：“爱惜”侧重“珍惜”，不浪费；“爱护”侧重“保护”，使不受伤害。

◇ 反义词：爱惜｜糟蹋。

爱心 ……

B

博士 bóshì △ 名，丙；1645；偏正。

名 学位的最高一级。也指取得这种学位的人：医学～/他正在读～/我们单位有三个～。

◇ 类义词：学士、硕士、博士。

☞“博士”在上古本是学官名，是一种传授经学的官职。从战国到秦汉，都设置博士。从唐代开始，“博士”又作为对专精某种技艺或专门从事某种职业的人的尊称，有“茶博士”“酒博士”的说法。后来借入满语，借回时成了“把势”；借入日语，借回时成了学位的最高一级。

说明如下：

第一，字、词分家，以字带词，字头只为检索之用。起头字相同的词目排在同一字头之下，如“阿姨”排在“阿”下，“爱、爱戴、爱好……”排在“爱”下。如果字头不成词，则不立词目，如“阿”；如果字头成词，则立词目，如“爱”。

第二，三角符号“△”后提供词目的客观信息，如“阿姨”，“名，乙”是《汉语水平词汇与汉字等级大纲》（修订本）中的词性和等级，“6842”是《现代汉语常用词表》（草案）中的频序（即词频所在的序号，“6842”就是排在第6842位），“前附”是结构类型。其余类推。如果不提供词性、等级或频序，就说明在《汉语水平词汇与汉字等级大纲》（修订本）或《现代汉语常用词表》（草案）中没有这个词。

第三，收词不凭语感，而是严格限定在上述收词范围之内，所收都是常用或比较常用的词或固定语。如“阿”下只有“阿姨”一个词条，“爱”下也只有9个词条。因为常用词语是词汇的核心，把它们解释好了，会对语言学习有切实的帮助。

第四，菱形符号“◇”后按义项提供同义、类义、反义等词义关联，如“爱”下的反义词、“爱惜”下同义词和反义词、“博士”下的类义词。凡同义词都给出简明扼要的辨析。

第五，手形符号“☞”后提供语言、文化、语用等多种信息，如“爱戴”“爱人”“博士”下。下文再详述。

二、《新方法》的创新尝试

除了上述内容之外，《新方法》还尝试在以下方面有所创新。

（一）释义以义位为本位

义位是指最小的造句时独立使用的语义单位。单义词只有一个义位，多义词有多个义位。[①] 义位必须以“词”为载体，与词典中通常所列的义项并不全同。例如，《现代汉语词典》第6版（本节内以下简称《现汉6》，直接引用仍依原文）对“妈”的解释是：

> **妈** ❶母亲。❷称长一辈或年长的已婚妇女：姑～｜姨～｜大～。❸旧时连着姓称中年或老年的女仆：王～｜鲁～。（《现汉6》第860页）

“妈”有3个义项，只有义项❶才是义位。

《新方法》收词立目以“词”为本位，释义以“义位”为本位，对不成词的语素或语素义不予收录或解释。

> **妈** mā △ 2008；单纯。
> 名〈口〉母亲：爸～/有～的孩子像块宝/～，我回来了。（《新方法》）

再请比较以下两种释义：

> **兵** ❶兵器：短～相接｜秣马厉～。❷名 军人；军队：当～｜～种｜骑～。❸名 军队中的最基层成员：官～一致。❹指军事或战争：～法｜～书。❺名 姓。（《现汉6》第92页）

> **兵** 名 ❶参加军队的人；军人：当～/他是个新～/我是一个～，来自老百姓。❷武装力量；军队：雄～百万/带～打仗/～民是胜利之本。❸军队中级别最低、最基本的成员：官～平等/尽管还是个～，但他没有怨言。❹比喻主要人物领导下的人：公司刚起步，他手下没几个～/我只是他的～，一切听他安排。（《新方法》）

---

① 安华林．语言学理论与训练［M］．广州：暨南大学出版社，2015：87.

《新方法》不收《现汉6》“兵”的义项❶❹，因为它们不是独立的义位；不收义项❺，则是体例所致，全典不收姓氏义；将义项❷分解为两个义项，因为一为个体，一为集体；增加了一个比喻义。可见，《新方法》的释义与《现汉6》有诸多不同。

义位的确定以成词为前提，而学界对汉语中词与非词的划界存在游移。主要原因在于，“词”这一概念是个“原型范畴”（prototype category），从词到非词是一个连续统，大致如下：

非词 —— 词 —— 非词
（不成词语素）—（非自由词—半自由词—自由词）—（固定语—自由语）

“词”以下的不成词语素，《新方法》不予收录；“词”以上的固定语和自由语，《新方法》酌收部分在收词范围之内的固定语。而“词”这级单位本身又是一个连续统，从“非自由词”到“自由词”是渐变的，中间还存在“半自由词”。以往对词的认识有些简单化，没有充分认识到词本身的复杂性。为了显示词在使用上的复杂多样性，《新方法》对三类词在一律标注词性的同时，加以分别对待：对自由词不作任何提示，因为它们是典型的词；对非自由词，在词条下提示该词或该词的相关义项“作为词使用时不自由”；对半自由词，在词条下提示该词或该词的相关义项“作为词使用时不太自由”。例如：

弊 名 害处；毛病：利多～少/兴利除～/这样做利大于～。

☞ 作为词使用时不自由。多跟“利”对举。（《新方法》）

滨 ❶名 水边；靠近水的地方：海～/湖～/湘江之～。❷动 靠近（水边）：～海/～江大道。

☞ 作为词使用时不太自由。（《新方法》）

金 ❶名 金子：淘～/打～/第一桶～/～银铜铁锡。❷区 用金子做成的：～币/～首饰/～项链。❸区 像金子一样颜色的：～发碧眼/～色的阳光。

☞ “金❶”作为词使用时不太自由；“金❸”作为词使用时不自由。（《新方法》）

“弊”“滨”各义，《现汉6》皆不注词性，但说它们不是词似乎又不行。“金”的义项❶，《现汉6》注为名，但使用时并不那么自由，比如“是金子总会发光的”，其中的“金子”就不能用“金”替换，所以《新方法》提示为“作为词使用时不太自由”；“金”的义项❸，《现汉6》未注词性，说明不把此义项的“金”看作词，但《现汉6》不收“金色、金发”，说明把“金色、金发”看作自由短语，反映出处理上的犹疑，《新方法》提示为“作为词使用时不自由”。这些都是上文所说的半自由词或非自由词，《新方法》采用提示的方式以显示它们使用上的特殊性和非典型性。

（二）释词严格受控

五大英语学习词典不约而同地提取并使用了一套专门的释义用词，数量控制在2 000～3 500个，而汉语学习词典迄今尚无释词严格受控的成熟成果。主要原因在于缺乏完备而适用的汉语释义元词符集。2005年，苏新春的《汉语释义元语言研究》① 和安华林的《现代汉语释义基元词研究》② 几乎同时提取了汉语释义元词符集（前者4 000多个，后者近3 000个），但都未全面付诸词典编纂实践。《新方法》即是对笔者的原创成果“汉语释义元词符集”的全面实践。在词典编纂过程中，根据释义的实际需要，我们已将释义元词符调整至3 300多个。《新方法》即以这套元词符为释义工具，所有词条的释义用词都控制在这些元词符之内。这种严格的元语言释义方法是《新方法》的最大创新。例如：

> **水**[1]❶[名] 最简单的氢氧化合物，化学式H_2O。无色、无味、无臭的液体，在标准大气压（101.325千帕）下，冰点0℃，沸点100℃，4℃时密度最大，为1克/毫升。（《现汉6》第1218页）
>
> **水**❶[名] 最普通的液体，没有颜色、味道和气味，可以供人和动物喝：（例证略）（《新方法》）

《现汉6》采用的是语文兼百科释义，使用了“氢氧化合物、化学式、H_2O、标准大气压、千帕、冰点、沸点、密度”等专科词语，没有相当的化学等专业知识，是很难理解释义内容的。《新方法》采用的是语文释义，只解释受众熟知的语文义，释词严格限定，以使读者解码顺畅。

即使是专科词语，《新方法》也尽量做出通俗易懂的解释，用词同样不超出元词符范围。例如：

> **艾滋病**[名] 获得性免疫缺陷综合征的通称，是一种传染病。病原体是人类免疫缺陷病毒，通过性接触或血液、母婴等途径传播，侵入人体后，使丧失对病原体的免疫能力。蔓延迅速，死亡率高。（《现汉6》第4页）
>
> **艾滋病**[名] 一种传染迅速的病，使身体对病失去抵抗能力，多通过性或

---

① 苏新春．汉语释义元语言研究［M］．上海：上海教育出版社，2005.
② 安华林．现代汉语释义基元词研究［M］．北京：中国社会科学出版社，2005.

血液传播，得病后容易感染上其他病而死去：～的早期症状/预防～/12月1日是世界～日。

☞“艾滋”来自英语 AIDS 的音译。全称是“获得性免疫缺陷综合征”。不宜写作“爱滋病”。（《新方法》）

之所以有此不同，取决于词典的性质和读者定位：《现汉6》是内向型语文规范词典，面向中等文化水平以上的以汉语为母语的读者群；《新方法》是外向型汉语学习词典，面向高级汉语水平以上的以汉语为外语（或二语）的读者群，要考虑读者的词汇基础和接受程度。

（三）释文浅显易懂

释文由释义用词和释义语句两方面构成。要使释文浅显易懂，就必须做到用词浅显，语句易懂。《新方法》通过控制释义用词（全部限定在释义元词符范围之内）以求用词浅显，上文已述；在释词受控的前提下，尽量使用容易理解的语句将释义元词符组织起来，使释文自然通畅，易懂易解。即使对专科词语或专科知识，也尽量使用比较浅易的语文释义。

请看《现汉6》对“电压”的释义：

电压 名 电势差的通称。（《现汉6》第295页）

电势差 名 电场或电路中两点之间电势的差。单位是伏特。通称电压。旧称电位差。（《现汉6》第294页）

查“电压”，却带出了“电场、电路、电势”等多个专科词语，可能不懂，需要再查。比如再查“电势”，《现汉6》解释如下：

电势 名 单位正电荷从某一点移到无穷远时，电场所做的功就是电场中该点的电势。正电荷越多，电势也越高。单位是伏特。旧称电位。（《现汉6》第294页）

结果又带出了“正电荷、功”等术语。如果没有相当的物理学知识，恐怕只能“望词兴叹”。

《新方法》对“电压”的释义如下：

电压 名〈专〉输电线路中两点之间电的能量差别，是电流形成的原因：～表/测量～/～不稳定，电灯忽明忽暗。（《新方法》）

可能不那么精确，但容易理解多了。我们的想法是，在不违背科学性的前提下，对专科词语以及词语的专科义项，尽量采用通俗的语言进行释义。

要做到语句易懂，除了使专科知识通俗化之外，《新方法》还尽量使用短句、简单句释义。例如上文举过的“水”，也可以解释为：

水 ❶ 名 没有颜色、味道和气味，可以供人和动物喝的最普通的液体。

这里使用的是单句、整句，《新方法》使用的是复句、散句，此处释语似乎完整了一些，但代价是多了两个定语：“没有颜色、味道和气味”和“可以供人和动物喝”，形成三层定语，句子内部结构更复杂，增加了理解难度。

语句组织属于释义元句法的范围，这方面目前研究得很不够，亟待加强。

（四）义项排列以历时为序，凸显共时

以《新华字典》《现代汉语词典》为代表的语文辞书，义项排序大多以词义引申线路为主。《现汉 6》“不以考求词义历史发展为己任，而是立足现代，着力反映现代汉语的使用实际；同时也注意尽量反映词义间的引申和逻辑关系，力求把二者有机地结合起来”①，就是说“采用的是多重标准”②。

理论上，学习词典不必照搬语文词典的义项排序方法，比如可按义项的常用度排序，以提高查检效率，国外学习词典大多如此排序。但对汉语学习词典来说，难处在于，目前没有基于大规模语料库的义项使用频度的统计数据，仅凭语感是靠不住的。

按义项引申线路排序是历时维度，按义项使用频度排序是共时维度。两个维度各有千秋，难以兼顾。《新方法》尝试采用一种新的义项排序模式：历时和共时兼顾，即以义项历时引申为序，在此基础上用黑体字或不同颜色凸显基本义或常用义，试图解决历时和共时不易统筹的难题。例如：

兵 名 **❶参加军队的人；军人**：当～/他是个新～/我是一个～，来自老百姓。**❷武装力量；军队**：雄～百万/带～打仗/～民是胜利之本。**❸军队中级别最低、最基本的成员**：官～平等/尽管还是个～，但他没有怨言。**❹比喻主要人物领导下的人**：公司刚起步，他手下没几个～/我只是他的～，一切听他安排。（《新方法》）

---

① 江蓝生.《现代汉语词典》第6版概述［J］. 辞书研究，2013（2）：7.

② 张博.《现代汉语词典》第6版释义修订的类型及特征［J］. 辞书研究，2013（2）：31.

> **按** ❶[动] **用手或手指压**：～下葫芦浮起瓢/～住歹徒不放/在签名的地方～上手印。❷[动] 控制在一定范围内不发出，不放出：～兵不动/～下此事不说/～不住心头火气。❸[介] **引进作为根据的事物**：～劳分配/～月计息/～人头计算/～他的说法，双方都有责任。(《新方法》)

以上用黑体字的义项都是基本义或常用义。

（五）例证丰富多样

《新方法》凡义项必有例证，每个义项的例证一般为2～5个。例证尽量显示词目的语义、语法、语用等功能的多样性。例如：

> **啊** ɑ [语气] ❶用在句子最后，帮助表示赞叹、肯定、辩解、催促、嘱咐、疑问、讽刺等语气：这里真美～！/这话说得是～！/不是我不想去，我确实有事～！/你倒是说话～！/路上小心～！/你找谁～？/让你别去你非去，你可真行～！❷用在句子中间稍微停顿的地方，表示列举或让人注意下面的话：苹果～，香蕉～，这里有很多/我这次来～，是想和你们商量点儿事情。❸用在重复的动词或不同的动词的后面，表示动作反复进行或过程比较长：大家挖～挖～，终于把地道挖通了/乡亲们等～等～，终于等到了这一天/姑娘们聚在一起，说～，笑～，闹个不停。

不仅对《现汉6》的义项进行了合并，而且例证与释义紧密配合，使释义内容一一落到实处。

再看“爱”的例证：

> **爱** [动] ❶对人或事物有很深的感情：～屋及乌/～不释手/～祖国～人民～和平/他深～着那个姑娘/～的春天不会有天黑。❷爱惜；爱护：～面子/～公物/他很～集体荣誉。❸喜欢；爱好：～游泳/～干净/～结伴旅游/她非常～看动漫。❹经常发生某种行为；容易发生某种变化：～笑/他～发脾气/铁特别～生锈。

《现汉6》的例证（只列例证）是：❶～祖国｜～人民｜他～上了一个姑娘。❷（上文❸）～游泳｜～劳动｜～看电影。❸（上文❷）～公物｜～集体荣誉。❹～哭｜～晕车｜铁～生锈。

比较可见，《新方法》不仅丰富了例证，而且尽量显示“爱”的句法结构和句法功能的多样性，比如可作定语（“爱的春天”），可受“深”“非常”等程度副词修饰（“深爱”“非常爱”），宾语可以是形容词（“爱干净”）等。另外，还尽量显示“爱”的语义功能的多样性，如《现汉6》

义项❹的例证似乎显示“爱”只用于消极的感情倾向，《新方法》补充了“爱笑”，表示“爱”也可以用于积极的感情倾向。

（六）语用提示着力强化

词典的终极目标是使用。因此，语用信息对学习者来说至关重要，尤其是学习词典。《新方法》在词条下用“☞”符号提示语言、语用、文化等信息，以便扩展知识，引导应用。提示的信息是多方面的。略举几例。

> “掰”下提示：“掰”的左边是“手”字的变形，第四笔是长撇（丿），不是竖钩（亅）。

提醒不要写错，属于语言信息类提示。

> “不错”下提示：“不错”作为评价性词语使用时，不是对“错”的否定，意思跟“好”差不多，只是程度稍微弱一些，口语色彩强一些，但比“还行”“马马虎虎”“凑合吧”等说法的积极程度高。

提示词语运用，属于语用信息类提示。

> “败”下提示：“败”有使动用法，就是“使败”的意思，所以有时“胜”“败”同义。例如，“甲队大胜乙队”与“甲队大败乙队”表达的意思是一样的，都是甲队打败（或战胜）了乙队，原因就是“甲队大败乙队”中的“败”用的是“使败”的意思。“胜”没有使动用法。

提示词语·句法运用，属于语用信息类提示。

> “红”下提示：汉文化里，红色是代表喜庆、吉利的颜色，凡是喜庆的场合，都以红色为主色调。因此“红”可以引申出“喜庆、顺利、成功、革命”等向好的意义。

此条属于文化信息类提示。

> “白菜”下提示：白菜有大白菜、小白菜等多种，一般指大白菜。

此条属于百科知识类提示。

三、结语

汉语学习词典脱胎于普通语文词典，至今仍未完全“断奶”，尚未形成成熟的编纂范式。正如陆俭明在《商务馆学汉语词典》序中所言：“基本上都是《新华字典》和《现代汉语词典》的删减本，没有真正从外国学生学习汉语的角度来考虑编写，包括收字、收词、释义、举例等。”① 若从1976年北京语言学院首次编印的供外国人学习汉语使用的《汉英小词典》《汉法小词典》算起，汉语学习词典已经走过了40多个年头，如果一直沿着传统的轨道滑行，很难赶上世界先进水平。《新方法》虽然远不完善，但是探索之意明显，旨在促进汉语学习词典成熟的编纂模式早日形成。只有用别样的方法，走别样的道路，才有可能形成独立的类型，打造中国的乃至世界的汉语学习词典品牌。

① 陆俭明．陆俭明序［Z］//鲁健骥，吕文华．商务馆学汉语词典．北京：商务印书馆，2006：6.

第四章　汉语释义元词符研究

第一节　汉语释义元词符的界定问题①

《现代汉语词典》第6版②（本节内以下简称《现汉6》，其他版本简称仿此，直接引用仍依原文）对“界定”的释义是：“❶划定界限；确定所属范围。❷下定义。”（第660页）就本节论题而言，对“界定”既可以理解为对“汉语释义元词符”这个术语概念的界定，也可以理解为对汉语释义元词符每个词项的读音、词形、词性、词义、等级等的界定。本节在这两个意义上理解“界定”一词，着重讨论后一种理解。

一、释义元词符的特点

释义元词符是指用来解释字词意义、处于基础地位而且数量有限的词。它可以用于日常交际、母语教学、二语教学、古文训释、词典编纂等多个领域，其典型功能是用于语文辞书释义。它具有以下几个主要特点：

第一，工具性。释义元词符不同于一般的词，它的首要功能是给其他字词释义，这是它的最根本特点，其他特点都由这个特点派生而来或跟它密切相关。理论上，任何一个词都可以用来释义，所以每个词都具有天然的“元”属性，但作为工具的成效是不同的。释义元词符是那些作为释义工具使用时功能强大、成效显著的词。

第二，基础性。既然用来释义，就要以熟释生，用已知释未知，这就决定了释义元词符的基础性。释义元词符应以基本词和常用词为首选对象，但不是每个基本词和常用词都能成为释义元词符，还要考虑下面所说的限量性以及释义的必需性。例如“爸爸”“妈妈”既是常用词，又是基

---

① 此节由安华林撰写，曾以“关于汉语释义基元词的界定问题”为题发表于《辞书研究》2013年第3期。此处有改动。

② 中国社会科学院语言研究所词典编辑室．现代汉语词典［Z］．6版．北京：商务印书馆，2012.

本词，但根据苏新春[①]和安华林[②]对《现汉 3》[③]、安华林等[④]对《新华字典》第 10 版[⑤]（本节内以下简称《新华 10》，其他版本简称仿此，直接引用仍依原文）全部释义用词的统计，《现汉 3》一次也没用到，《新华 10》只用到一次，而且还可以不用。出处如下：

父 ㊀fù ❶父亲，爸爸。（《新华 10》第 138 页）

母 mǔ ❷母亲，妈妈，娘：～系．～性．（《新华 10》第 344 页）

第三，元素性。即最小、不可再分的特点。如果再往下分解，就变成不成词语素或其他词了。例如“耳朵”，如果分开，就出现了一般不单用的“耳”和量词“朵”；“东西（dōngxi）”如果切分成“东”“西”，就成了另外的两个词。对不符合元素性特点的“短语词”，应再次切分，如“不久”（《现汉 6》收录），可以分成“不”和“久”，因为它们都可以单用，“不久”义是两者的直接加合义。元素性可以保证释义元词符数量的有限性、功能的孳生性和组配的灵活性。

第四，限量性。基础性必然要求限量性，因为人们对语言知识的掌握是有限的，文化程度偏低的人或外语学习者尤其如此。释义元词符力求找到最低限量和准确释义的最佳平衡点。根据国内外研究的成果和国外词典编纂实践的经验，3 000 个左右的释义元词符可以基本满足语文词典（主要是学习词典）的释义需要。当然，释义广度和深度不同对释义元词符的要求不同，释义元词符的数量会有波动，但一种语言释义元词符的核心部分应该是大体稳定的。因此，对释义元词符进行分级研究就显得很有必要。

第五，成词性。既然取名“释义元词符”，它就应该是词，以“词”的形式存在，而不是不成词语素或大于词的短语。由于汉语的词在造句时不依靠严格的形态变化和形式标志来表达语法意义，加上古今普方不同系统、不同语体、不同语域的交错杂糅，长期以来没有词界的书写习惯，节奏韵律对结构的影响等原因，对词的判定一直是个棘手的问题。我们曾提出确定汉语词的通用、典型、系统、柔性等原则以及具体方法。例如在仿

---

① 苏新春．汉语释义元语言研究［M］．上海：上海教育出版社，2005.

② 安华林．现代汉语释义基元词研究［M］．北京：中国社会科学出版社，2005.

③ 中国社会科学院语言研究所词典编辑室．现代汉语词典［Z］．3 版．北京：商务印书馆，1996.

④ 安华林，等．汉语释义元语言理论与应用研究［M］．上海：学林出版社，2009.

⑤ 中国社会科学院语言研究所词典编辑室．新华字典［Z］．10 版．北京：商务印书馆，2004.

古格式里可以说“民以食为天”，在植物学里可以说“根茎叶花果”，在这种特定的语境里不承认“民”“食”“叶”“果”是词是不行的，但它们出现的语境不通用，词形不典型，只能说是特殊语境下的词，或者说是典型词的变体。为此我们提出“词位”的概念，词位是对同一个词的不同变体的概括。① 就语文辞书而言，如果一个字符串同时符合以下条件，就不宜收作词条：①各成分都可以独立成词；②组合义等于成分义的加合，没有转义；③各成分的意义词典都有解释。② 由于元素性、限量性的要求，释义元词符的定词标准宜严不宜宽。

释义元语言至少包含两个重要的组成部分：释义元词符和释义元句法（将释义元词符组织起来的规则和模式）③。之所以称为“释义元词符”，是想强调其基础性和作为词时的不可分解性（元素性）。国外有 definition vocabulary④、defining vocabulary⑤，国内有“定义原语”⑥“词典元语言”⑦“释义元语言”“释义元词”⑧“释义基元词”⑨ 等多种称呼，与此处的“释义元词符”大体相当。释义元词符是释义元语言更为基础的部分，没有它，释义元句法便无从谈起。

汉语释义元词符就是汉语系统中的释义元词符。广义的汉语既有古代、现代等历时的差异，又有普通话、方言等共时的区别，是个杂糅的系统，如果不加限定，就难以提取释义元词符。“汉语释义元词符”中的“汉语”特指现代汉民族共同语，即普通话。因此，汉语释义元词符就是

---

① 安华林．词的确定和汉语拼音正词法的处理［J］．北华大学学报（社会科学版），2006（2）：22.

② 安华林．质的标准和量的依据——谈语文词典的收词问题［J］．辞书研究，2008（6）：38.

③ 释义元语言还包括其他一些为释义设计的特殊符号、用语等，如“名”“动”等词类标注，“口”“书”等语体标注，以及各种专门符号和用语。

④ 迈克尔·韦斯特（Michael West）把他确定的用来给其他词释义的词的集合称为“definition vocabulary”，可译为“定义词表”“定义词汇”“释义词汇”等。

⑤ 伦道夫·夸克（Randolph Quirk）在给 *Longman Dictionary of Contemporary English* 作序时称为“defining vocabulary”，译作“释义专用词汇”。见朗文当代高级英语辞典：英英·英汉双解［Z］．北京：商务印书馆，1998：F11 英文版序（汉译）．

⑥ 张津、黄昌宁称为“定义原语”。见张津，黄昌宁．从单语词典中获取定义原语的一种方法［J］．清华大学学报（自然科学版），1997（3）：28－33.

⑦ 张志毅、张庆云称为“词典元语言”。见张志毅，张庆云．词汇语义学［M］．北京：商务印书馆，2001：346－348.

⑧ 苏新春称为“释义元语言”或“释义元词”。见苏新春．汉语释义元语言研究［M］．上海：上海教育出版社，2005.

⑨ 安华林称为“释义基元词”。见安华林．现代汉语释义基元词研究［M］．北京：中国社会科学出版社，2005.

普通话系统中的释义元词符。

二、释义元词符的研究概况

国外对释义元词符的研究起步较早，用于词典编纂的成果丰硕。如果从1928年奥格登（C. K. Ogden）和理查兹（I. A. Richards）提出的含有850个词的“基础英语”（basic english）词表算起，已有90余年；即使从1935年韦斯特（Michael West）提出的含有1 490个词的定义词表（definition vocabulary）算起，也有80多年的历史。西方在进行释义元词符研究的同时，也开始用于词典编纂，不仅成果丰硕，而且日趋成熟。1932年奥格登的《基础英语词典》（*The Basic English Dictionary*）用850个基础词解释了20 000个词，拉开了释义词限量的序幕；1935年韦斯特与恩迪科特（J. G. Endicott）合编的《新方法英语词典》（*New Method English Dictionary*）用1 490个定义词解释了24 000个词，从而成为第一部英语教学词典。其后《朗文当代高级英语辞典》从1978年出第一版开始，虽经多次修订，但释义用词（defining vocabulary）始终控制在2 000个左右。至此用释义元词符编纂词典的探索已趋成熟。1995年英国出版的四本英语教学词典，释义用词全部限量，数量从2 000个至3 500个不等①。当今各大英语学习词典，如《朗文当代高级英语辞典》《牛津高阶英语词典》《剑桥高阶英语词典》《柯林斯COBUILD高阶英语词典》《麦克米伦高阶英语词典》等，纷纷推出释义用词限量的新成果，并把它作为吸引读者的一个亮点。可见，在国外当代学习词典编纂的实践中，使用释义元词符方法是一种主导趋势。

然而，国内对释义元词符的系统研究要晚了很多。1996年，张津、黄昌宁提交了国家自然科学基金重点项目研究报告《从单语词典中获取定义原语方法的研究及现代汉语定义原语的获取》，提取了近4 000个定义原语②③，这是国内第一份关于汉语释义元词符的系统研究成果。但直到21世纪初期，元语言及其分支释义元语言问题才引起汉语学界的广泛关注。

---

① 常晨光. 1995年英国新版的四本英语教学词典［J］. 中山大学学报论丛，1996（3）：265-272.

② 张津，黄昌宁. 从单语词典中获取定义原语的一种方法［J］. 清华大学学报（自然科学版），1997（3）：28-33.

③ 苏新春. 元语言研究的三种理解及释义型元语言研究评述［J］. 江西师范大学学报（哲学社会科学版），2003（6）：93-102.

学者们在进行汉语元语言理论探讨的同时（如李葆嘉[①]），对汉语释义元词符也开始了艰苦细致的提取工作。2005 年，同时出版了两部汉语释义元词符研究的专著：苏新春的《汉语释义元语言研究》和安华林的《现代汉语释义基元词研究》，最终目标都是汉语释义元词符的提取。前者通过细致的计量分析以及跟《同义词词林》义类的比对，初步确定 4 324 个汉语释义元词符[②]；后者通过多种词表比对以及释义验证等多道程序，最终确定 2 878 个汉语释义元词符[③]。这些成果还需要得到更大规模的释义验证才能检验其效度。由此可见，目前国内对汉语释义元词符的研究基本还停留在理论探讨和词元提取阶段，既缺乏对每个释义元词符的音、形、义各方面进行界定的成果，更缺乏将释义元词符全面用于汉语学习词典或语文词典编纂的实践成果，不利于研究的进一步深入以及成果转化。本研究试图在释义元词符的界定方面有所突破。

三、汉语释义元词符的界定

（一）为什么要界定

上文说过，释义元词符是释义元语言的基础，而提取和界定又是释义元词符研究的两大基础性工作。提取工作基本完成以后，接下来要做的就是对每个释义元词符的读音、词形、词性、词义以及等级等信息进行全面界定。其中词义的界定是关键。“工欲善其事，必先利其器。”只有将释义元词符的每个词项都界定明确，才能更好地为释义服务。因为释义元词符是一套解释对象语言字词意义的工具词集，如果工具本身意义不明确、不确定，就势必影响释义语句的明确性和准确性。例如，“上面”除了表示方位，还有“上级”的意思，假如把“报”其中的两个义项解释为：

> **报** bào ❶动 告诉使知道；向上面报告。❸名 上面有新闻、用来阅读的报纸。

就会出现在同一词条里两个“上面”的意思不一致的情况。即便不会产生歧解，也会造成理解不畅，对汉语水平不高的外国读者来说尤其如此。如果把作为释义元词符的“上面”限定为只用于方位义，不用于“上级”

---

① 李葆嘉．汉语元语言系统研究的理论建构及应用价值［J］．南京师范大学学报（社会科学版），2002（4）：140－147.

② 苏新春．汉语释义元语言研究［M］．上海：上海教育出版社，2005：233.

③ 安华林．现代汉语释义基元词研究［M］．北京：中国社会科学出版社，2005：210.

义，义项❶的“上面”改为“上级”，释义就容易理解多了。

虽然目前汉语语文辞书还没有全面使用释义元词符进行释义的成果，但简明准确始终是辞书释义追求的目标。这方面尚有不小的改进空间。例如：

> **报** bào ❹回答：~恩.~仇.（《新华10》第17页）
>
> **线** xiàn ❶（~儿）名 用丝、棉、麻等制成的细长而可以任意曲折的东西，主要用来缝补、编织衣物。（《现汉6》第1416页）

“报”条用的“回答”义跟人们通常理解的意思不同，典型理解是“回答：[+言语行为，+答复别人提出的问题、要求]”。《现汉6》分化为“报答”和“报复”两个义项来分别解释“报恩”“报仇”中的“报”（第48页）。“线”条释义使用的“曲折”放在“可以任意”之后，应为动词用法，而《现汉6》的“曲折”条只注形容词用法（第1070页），显然照应不上，可改为“弄弯”“使它弯曲”之类的说法。

（二）如何界定

“如何界定”分为界定内容和界定方法两个方面。以下分别讨论。

1. 界定内容

界定内容包括释义元词符的读音、词形、词性、词义、等级等主要信息。

（1）读音。

按规范读音界定每个词的语音形式。读音不仅是词的重要信息之一，有的还起分化词义、固定词形的作用，因此必须界定明确。例如，多音多义词：好 hǎo（形）/好 hào（动）；异读词：血 xiě（单用）/血 xuè（用于构词，如“血液”）；轻声词：买卖 mǎimai（名，一个词）/买 mǎi 卖 mài（动，两个词）；儿化词：一点儿 yīdiǎnr（很小、很少，是词）/一点 yī diǎn（一个点，不是词）。

（2）词形。

按规范词形界定每个词的书写形式。属于同一个词位的词，可能存在书写异形、带或不带“子、儿”缀等不同的书面变体，根据已有规范、权威辞书或通用度来确定词位的代表形式。例如“想象/想像、窗户/窗子/窗儿/窗、叶子/叶儿/叶、一会儿/一会”等，每组都确定第一个为代表词形。

（3）词性。

根据释义需要界定每个词的词性。释义元词符意义越明确、词类越单一越好。兼类词尽量减少兼类，如“道德”只确定为名词，它的形容词用法在释义时可用“符合道德的”代替。对于功能交叉或重合的词群尽量进行功能分化或汰同处理，如“和（介、连）/与（介、连）/同（形、介、连）/跟（动、介、连）”，四个词都有介词和连词的用法，取消词项“与”，功能由其他三个词分担；“和”只取连词用法，“同”只取形容词用法，“跟”只取动词和介词用法。

（4）词义。

根据典型认知界定每个词的词义。单义词容易处理，按一般的意义界定即可，如“桌子”。多义词（含兼类词）则选择那些比较常用的义项，如“树”，除姓氏外，《现汉6》收列三个义项：

> **树** shù ❶名 木本植物的通称。❷种植；栽培。❸动 树立；建立。
>
> （《现汉6》第1210页）

其实❷义在一定条件下也可以成词（动词），如“十年树木，百年树人”。作为释义元词符的“树”，只界定为❶义。如果多义词的若干义项都比较常用，释义时难以被其他词义所替代，就要全选，如“代表”“领导”，几个义项按常用度排序，常用度分不出高低的，则按义项引申线路排序。义项顺序也暗示释义时的选用顺序，即排在前面的义项优先选用。

词义界定主要是界定元词符的理性意义，理性意义也只选取语言使用者典型认知的语文义，不取科学义。有些词需要界定感情色彩、语体色彩等附加意义以及特殊的语法功能，虚词主要界定语法意义和功能。

（5）等级。

根据释义时使用的频率界定每个词的等级。尽管释义元词符会随着解释对象数量的增加和释义内容的加深而有所扩展，每个词的具体频次随着释义规模的变动而有所不同，但核心元词符的数量应该是有限的，主要依据频位而确定的等级应该是基本稳定的。确定等级的好处是，利于找到释义元词符的底座，为释义选词提供优选顺序。假如有三个词分属壹、贰、叁三个级别（地位由高到低），在一定的语境中都能满足释义而可以任选其一，就选择壹级词。

2. 界定方法

虽然词义界定是界定工作的核心，但采用何种方法却费斟酌。因为释义元词符是解释对象语言字词意义的工具，属于元语言层次，如果再用对象语言的词语进行解释，即采用词典释义的一般方法，理论上必然导致循环释义。如果采用义素分析法，也存在一定困难。由于目前义素分析法并不成熟，还没有对汉语词进行全面义素分析的成果，已有的分析也是莫衷一是，不仅各家提取的义素多少不同，即使义素相同而各家的表述也是异彩纷呈，因此分析成果难以全面利用。

我们觉得可以采用语义分解法和语境举例法来综合揭示释义元词符的意义和功能。所谓语义分解法，就是对释义元词符的每个义项根据语言使用者的典型认知将其分解为类别、特征、结构、功能、方式、方向、工具、材料等意义元素，以便揭示典型的意象图式。所谓语境举例法，就是通过典型语境中的典型实例来揭示释义元词符的基本用法，在运用中体现意义和功能。语义分解法侧重理性分析，尽量突出核心，简明易懂；语境举例法侧重实例感悟，尽量结构多样，贴近生活。

3. 界定示例

水 * shuǐ [名] {名物；具体事物；普通液体；没有颜色、气味和味道；供人和动物喝}

[举例] 我们每天都要喝~/长时间不下雨，小河里的~都干了/鱼在~中游/他不小心掉进~里了。

踩# cǎi [动] {动变；具体动作；脚部动作；用脚接触；脚底放在地面或物体上；有一定重量或用力量}

[举例] 你~着我的脚了/别~坏了庄稼/一~油门，车子便开动了/~在梯子上换灯泡。

暗 + àn [形] {性状；性质；光线不充足；颜色不明亮}

[举例] 这房间光线很~/天色渐渐~了下来/脸色发~/这布料颜色太~。

按 * àn ①[动] {动变；具体动作；用手或手指压}

[举例] ~下葫芦浮起瓢/~住歹徒不放/~手印。

②[介] {标记；引进事物；表示以某事物为根据}

[举例] ~劳分配/~月计息/~人头计算/就~你说的办。

很 * hěn [副] {情态；表示程度；比一般程度高；修饰性质形容词和心理动词；作状语或补语}

[举例] ~好/车子~快地开走了/他~喜欢养花/听到这个消息，她伤心得~。

和 * hé [连] {标记；表示关系；并列；连接两个以上类别相同的词语；表示加合或选择}

[举例] 老师~学生/工业、农业~商业/去~不去都由你自己决定。

注：词后加不同符号表示不同等级，加*号表示壹级，加#号表示贰级，加+号表示叁级。

第二节　汉语释义元词符的词义界定模式①

安华林曾发表《关于汉语释义基元词的界定问题》② 一文，探讨了如何对汉语释义元词符③（以下简称“元词符”或“词符”）每个词项的读音、词形、词性、词义、等级等进行界定，尤其认为对词义的界定是关键，并且论述了词义的界定内容和界定方法：内容上主张根据典型认知来界定词义，方法上提倡用语义分解法和语境举例法来揭示元词符的意义和功能。鉴于词义界定模式的构建是元词符词义界定的关键，本节拟在安文研究的基础上，着重探讨词义界定模式问题。

一、界定模式的含义

就本节论题而言，所谓“界定模式”是指：在界定汉语释义元词符词义过程中构建的典型的认知模型，以及与之相适应的系统的结构形式。认知模型即元词符的意象图式；系统的结构形式，即在释义层次上最大限度地体现语义结构和认知因素有序和对应的呈现形式。因此，界定模式体现为界定结构和界定方法，具有总括性和系统性。安文在这方面已经做出有益的探索，提出的语义分解法，就是“对释义基元词的每个义项根据语言使用者的典型认知将其分解为类别、特征、结构、功能、方式、方向、工具、材料等意义元素，以便揭示典型的意象图式”④。我们认为这种界定方法不仅注意到了词义的结构性，而且很有创意地把认知因素引入词义的界定，但还不是很成系统。因此，我们尝试在安文既有的研究基础之上，在结构主义思想和认知理论的双重指导下，进行进一步探讨，希望能在元词符词义界定的系统化、层次化、模式化上有所突破，这也是探讨元词符词义界定模式的意义所在。

二、构建元词符词义界定模式的必要性

主观上来说，之所以要讨论并确定元词符词义的界定模式，是由元词

---

①　此节由赵艳梅撰写，曾以“汉语释义元词符词义界定模式探究——兼与安华林先生商榷”为题发表于《北华大学学报》（社会科学版）2015 年第 4 期。此处有改动。

②　安华林．关于汉语释义基元词的界定问题［J］．辞书研究，2013（3）：15－20.

③　安华林在原文中称“汉语释义基元词”，但他在后来的研究中为了更加严谨、科学，统一称为“汉语释义元词符”。本节取“汉语释义元词符”的说法。

④　安华林．关于汉语释义基元词的界定问题［J］．辞书研究，2013（3）：19.

符的根本特点“工具性”决定的。元词符的最主要功能是给其他字词释义。“工欲善其事，必先利其器。”构建词义界定模式就是“利其器”的一个重要方面。

客观上来讲，没有现成的词义界定模式可以照搬或模仿。首先，一般性语文词典的词义解释模式无法借用。因为词典中收录的词条属于对象语言，对对象语言意义的认识，运用的是语文词典的词义解释模式。而元词符属于元语言，虽然它与对象语言具有语形上的一致性，但二者的性质和作用不同，因此对它们的解释或界定就无法等同。也就是说，在词义解释或界定的模式上一定要有所区别，元词符要有自己的词义界定模式，否则就会导致理论和实践上的循环释义，那也将意味着元词符词义界定工作没有意义。其次，传统的义素分析法及其成果不便直接利用。由于缺乏统一的义素提取操作规范，导致出现提取角度不同、提取数量不等、标示用语不一等问题，即使能够提取出来，标示的符号化、人工化过强，不够明了易懂，这不符合元词符的工具性质，更不能有效地发挥释义作用。

另外值得一提的是，苏新春主编的《现代汉语分类词典》中，按照词的意义分类编排，把通用程度较高的语文性词语划分为五级语义层，建构了一个覆盖面广、层次清晰的词汇分类体系①。鉴于元词符词义界定的特殊性，本节没有直接采用该词典的语义分类体系，但其体系对本节词义界定模式的构建有极高的参考价值和很大的启发作用。

综上所述，理论上和实践上都要求必须为元词符找到一种独特的词义界定模式。传统的释义或界定方法虽然不能借用，但可以借鉴，即在语文词典的一般释义程序和释义原则的指导下，用典型认知来整合词的意义和语法功能，达到界定结构和界定方法的统一。

三、释义元词符词义界定模式层次的构建

上文提到，界定模式体现为界定结构和界定方法，而界定结构主要体现在层次性上。我们认为，元词符词义界定模式层次的构建包括宏观和微观两个层面。宏观层面主要是考察元词符之间的关系，微观层面主要着眼于元词符词义内部。微观构建基于宏观考察之上。

（一）宏观的层次化

宏观构建涉及元词符整体，因此原则上可以把已经确定的 3 300 多个

① 苏新春．现代汉语分类词典［Z］．北京：商务印书馆，2013：前言．

元词符作为对象，构建对比组，建立语义场，这类似于词类划分的过程。对比的依据是“词的语法功能”和“词的意义”，这也是划分词类的两条依据。汉语词类划分一般依据词的语法功能，这里之所以采用双重依据，并且按照词的语法功能为先、词的意义为后的顺序，是因为安华林已在前期工作中完成了对元词符词性的界定，所采取的策略是“释义基元词意义越明确、词类越单一越好”[①]，从中可以看出安文在界定元词符词性的过程中兼顾了词的意义，并按照传统的词类名称给每个元词符确定了词性。本节对元词符词义的界定就可以在词性确定的基础上更凸显“词的意义”。这里的“词的意义”，我们采用黄廖本《现代汉语》对“词的意义”的解释，即“语法上同类词的概括意义或意义类别”，如“名词表示人或事物的名称，动词表示动作、行为等，形容词表示性质、状态等”[②]。因此，对元词符的整体划分，是用词的语法意义类别来整合传统上的功能分类，这也体现了元词符词义界定的特殊性。

基于以上分析，首先把3 300多个元词符划分为8个语义场，分别为：名物场（即名称、事物，包括除时地名词外的名词），时空场（即时间和空间，包括所有时间、处所、方位名词[③]），动变场（即动作、变化、存在、判断等，包括除助动词外的动词），性状场（即性质、状态，包括所有的形容词和区别词），指代场（即指示、代替，包括所有的代词），数量场（包括所有的数词、量词，含度量词），情态场（即情感、态度或情况、状态，包括所有副词以及助动词[④]），标记场（即关系标记或功能标记，包括所有介词、连词、助词、语气词）。从划分的结果可以看出，词的意义类别和功能类别（即词类）基本保持了一种整齐的对应，前7个语义场包括了元词符中所有的实词，后1个语义场包括了元词符中所有的虚词。

然后，对其中每一个语义场进行次类的划分，构建次对比组，这也类似于对每类词进行次类划分的过程。构建的依据可以是“词汇意义”，也可以是“语法意义”，更确切地说，划分元词符中所有实词（名词、动词、形容词、区别词、数词、量词、代词）次对比组的主要依据是“词汇意义”，划分元词符中所有虚词（介词、连词、助词、语气词）和部分实词（副词、助动词）次对比组的主要依据是“语法意义”。

---

① 安华林. 关于汉语释义基元词的界定问题［J］. 辞书研究，2013（3）：19.

② 黄伯荣，廖序东. 现代汉语：增订本下册［M］. 5版. 北京：高等教育出版社，2011：8.

③ 因为时地名词具有情景性，所以从名词中独立出来。

④ 因为助动词多表示情态，所以归入情态场。

1. 词汇意义的层次构建

这里所说的“词汇意义”，按照指向的不同可以分为两类，即“存在事物”和“意义本身”。意义指向为“存在事物”，指词义所陈述的是客观事物，包括名物场、时空场和指代场，这三个场涵盖了元词符中所有的名词和代词。

名物场和时空场，包含元词符中所有的名词。参考张斌在《新编现代汉语》中对名词的定义——“名词主要是指称人和事物的，除了指称具体的人或事物的名词之外，名词也可以表示一些抽象的概念、性质、关系等”[①]，可以把“存在事物”分为具象和抽象两种。“具象”指有具体的形象，反之，“抽象”指没有具体的形象。因此名物场和时空场的次类都可以分为具象事物类和抽象事物类两个语义子场。如名物场中以C字母开头的“菜、蚕、草、茶叶、秤、翅膀、尘土、窗户、床”等属于具象事物类语义子场，而“才能、财富、层次、差别、产量、长度、成分、传统、次序、错误”等则属于抽象事物类语义子场；时空场中以C字母开头的“车间、车站、厨房、城市、村庄、春天”等属于具象事物类语义子场，而“层（名）[②]、场地、场合、场面、朝代”等则属于抽象事物类语义子场。

对于指代场，它包含元词符中所有的代词。代词就是替代或指称存在事物的。张斌认为，把代词分为人称代词、指示代词、疑问代词是比较通行、实用的分类方式[③]。借用这种分类方法，可以把指代场次类分为人称、指示、疑问三个语义子场。如“我、你、他们、自己”等属于人称语义子场，“这、那、每、一切”等属于指示语义子场，“谁、什么、为什么”等属于疑问语义子场。

意义指向为“意义本身”，指词义陈述的就是动作、行为、变化、性质、状态、数量本身，并不指向某种客观事物，包括动变场、性状场、数量场。这三个场涵盖了元词符中所有的动词（助动词除外）、形容词、区别词、数词、量词。

在动变场中，包含元词符中除助动词外的所有动词。根据动作、行为、变化的特点，可以分为自主类、非自主类、持续类、非持续类，这其实也是对动词（除助动词）某种语义特征取值情况的分类。这里参考的是马庆株《汉语动词和动词性结构》中对动词的分类。马庆株认为，自主动词和非自主动词的区分能大致反映出动词语义特征的不同，“自主动词从

① 张斌．新编现代汉语［M］．2版．上海：复旦大学出版社，2012：288.

② 有些元词符的词性不止一种，所以在括号中注明所举词例的词性或读音，以示区别。下同。

③ 张斌．新编现代汉语［M］．2版．上海：复旦大学出版社，2012：317.

语义上说是能表示有意识的或有心的动作行为的”，“非自主动词表示无意识、无心的动作行为”。他还认为，自主义和非自主义与动词其他的语义特征，如持续义、完成义、状态义、致使义等语义特征之间有的是并存关系，有的是排斥关系。[①] 本节对动词（除助动词）的意义分类之所以把［±自主］和［±持续］并列起来，也是鉴于元词符词义界定的特殊性，即根据典型认知提取最凸显的语义特征。这样，动变场次类划分的结果就形成了自主类行为、非自主类行为、持续类行为、非持续类行为等语义子场。如“站、煮、垂”就是典型的持续类行为，而“进、死、断”则属于典型的非持续类行为；“藏、唱、采用”等属于典型的自主类行为，而“成年、出身、存在”等则属于典型的非自主类行为。

对于性状场来说，它涵盖了元词符中的形容词和区别词，更多地需要凭借典型认知来划分语义子场。根据对性状场元词符概念义的整体认知，界定出的性质或状态的所属层面分别为“物理”“生理”“心理”“生物”“社会”“自然”。当然其中每个层面还可以再细分，如“物理”可以分为“颜色”“形状”“气味”“声音”“硬度”等，“心理”可以分为“感觉”“知觉”“认识”“判断”“意识”等。需要注意的是，有些性状场元词符的归属层面要以人的主观评判作为主要依据，这也反映了元词符词义界定中认知方式的典型性和认知作用的主导性。这样，性状场次类划分的结果是：物理性状、生理性状、心理性状、生物性状、社会性状、自然性状等语义子场。如元词符中的“彩色、侧扁、短、臭、粗、脆”等属于物理性状语义子场，“胖、疲劳”等属于生理性状语义子场，“惭愧、诚恳、聪明”等属于心理性状语义子场，“雌、雄、男、女”等属于生物性状语义子场，“繁荣、兴旺、艰苦”等属于社会性状语义子场，“阴、晴、暗”等属于自然性状语义子场。另外，还有少数元词符属于“跨场”情况，如“成熟”既可以归属心理性状语义子场，也可归属生物性状语义子场。

在数量场中，涵盖了元词符中所有的数词、量词（包括度量词）。黄伯荣、廖序东认为数词的意义是“表示数目或次序”[②]；张斌认为量词是“表示计算的单位”，可以分为“物量词、动量词、时量词”三大类[③]。综合两者对数词、量词的定义以及分类，可以把数量场次类分为数目、次序、事物单位、动作单位、时间单位、度量衡单位等语义子场。如“一、三、百、倍”等属于数目语义子场，“第、初”等属于次序语义子场，“根

① 马庆株．汉语动词和动词性结构［M］．北京：北京语言学院出版社，1992：22－23.

② 黄伯荣，廖序东．现代汉语：增订本下册［M］．5版．北京：高等教育出版社，2011：15.

③ 张斌．新编现代汉语［M］．2版．上海：复旦大学出版社，2012：295.

(量)、张(量)、群、种(zhǒng)、等(量)、册”等属于事物单位语义子场，“次、场、顿、遍、回(量)”等属于动作单位语义子场，“秒、分、小时、年”等属于时间单位语义子场，“尺、寸、米、斤”等属于度量衡单位语义子场。

2. *语法意义的层次构建*

元词符按“语法意义”划分出的语义场是情态场和标记场，涵盖了元词符中所有的副词、助动词、介词、连词、助词、语气词。

情态场中，副词是汉语里比较特殊的词类，范围比较封闭，句法功能单一，用法却复杂多样，而且大都词汇意义空灵，语法意义突出。张斌从语法意义着眼，把副词分为6个小类：程度副词、范围副词、时间副词、情态副词、否定副词、语气副词。① 至于助动词，也叫能愿动词，是动词的一个附类，这里把它和副词一起划入情态场，是因为它的词汇意义接近语法意义，语法功能接近副词，主要做状语。张斌认为助动词主要表示三种意义：可能、意愿、必须。② 综合张斌对副词和助动词的分类，可以把情态场分为以下9个次类：表示程度的语义子场，如“很、更、稍微、非常”等；表示范围的语义子场，如“都、只、总、每”等；表示时间的语义子场，如“曾经、经常、不断、重新、已经”等；表示情态的语义子场，如“亲自、忽然、暗中、单独、顺便”等；表示否定的语义子场，如“不、别、没有、不必”等；表示语气的语义子场，如“偏、简直、难道、竟然”等；表示可能的语义子场，如“会、能、可能”等；表示意愿的语义子场，如“要、敢、愿意”等；表示必须的语义子场，如“得(děi)、应该、不得不”等。

标记场涵盖了元词符中所有的介词、连词、助词、语气词。它们具有封闭性，但使用频率非常高。黄伯荣、廖序东认为，“介词常常充当语义成分的标记，标明跟动作、性状有关的时间、处所、方式、原因、目的、施事、受事等”，“连词起连接作用，连接词、短语、分句和句子等”，“语气词的作用在于表示语气”。③ 张斌认为：“助词是附着在其他语言单位上的，表示一定辅助性附加义的虚词。”④ 综合两者对介词、连词、助词、语气词的认识，可以把标记场次类分为义标、连接、辅助、语气等四个语义

---

① 张斌．新编现代汉语［M］.2版．上海：复旦大学出版社，2012：313.

② 张斌．新编现代汉语［M］.2版．上海：复旦大学出版社，2012：305.

③ 黄伯荣，廖序东．现代汉语：增订本下册［M］.5版．北京：高等教育出版社，2011：26－31.

④ 张斌．新编现代汉语［M］.2版．上海：复旦大学出版社，2012：329.

子场。如“从、在（介）、于、顺着（介）、按（介）、根据（介）、靠（介）、用（介）、通过（介）、拿（介）、比（介）、由于、为了、被（介）、由、对（介）、关于、跟（介）”等属于义标语义子场，“和（hé）、及、或、而且、不但、虽然、但是、如果、不管、既然、因为”等属于连接语义子场，“的（de）、得（de）、地（de）、着（zhe）、了（le）、过（助）、来（助）、一样（助）、所（助）”等属于辅助语义子场，“啊（ɑ）”属于语气语义子场。

基于上述分析，释义元词符词义界定模式层次的宏观建构基本完成，这样就形成了“｛大类；小类；区别特征｝”的词义宏观界定模式。其中“大类”是根据元词符的概括意义划分的8大类语义场；“小类”是元词符所属的语义子场；“区别特征”是每个元词符的典型认知义特征，也是元词符词义界定模式层次的微观构建要讨论的主要内容。安文的示例中，每个示例只给出了一个意义类属，有的对应“大类”，有的对应“小类”，有的处于“大类”和“小类”之间。而本节界定模式中的宏观构建是给每个元词符既确定出“大类”，也确定出“小类”，是对元词符意义类属的系统化和层级化。因此，元词符中三大词类名词、动词、形容词（含区别词）的词义宏观界定模式可分别表述如下：

（1）名词：｛名物；具象事物/抽象事物；区别特征｝
｛时空；具象事物/抽象事物；区别特征｝

（2）动词：｛动变；持续类行为/非持续类行为；区别特征｝
｛动变；自主类行为/非自主类行为；区别特征｝

（3）形容词：｛性状；物理性状/生理性状/心理性状/生物性状/社会性状/自然性状；区别特征｝

（二）微观的层次化

元词符词义界定模式的微观构建着眼于元词符词义内部，应以宏观考察为基础。也就是说，词义界定模式的宏观构建是给元词符确定意义类属，微观构建是在明确意义类属的基础上，进行词义典型意象图式的构建。语义场不同，选取的典型语义特征不同，构建出的意象图式自然会有差别。实质上，微观的层次化都可视为典型意象图式的建构过程，因为“大类”“小类”的构建是为了确定每个元词符的基本类属，这实际上就是在大范围内建构典型的意象图式。“区别特征”是微观层次构建中最重要的部分，但很复杂，在一定程度上是元词符类属次类的再分甚至多分的结果，也是根据每个具体元词符的典型意象图式选取的语义特征的综合。基于以上分析，微观层次构建中区别特征的界定要遵循两个认知原则，也就是“认知因素的结构化原则”和“认知机制的一致性原则”[①]。

1. 认知因素的结构化

施春宏认为：“语义的结构化要求释义也要体现出结构化的特点，这种结构化的特点体现在成分及其关系中。”[②] 此处参考他的观点，根据语义特征在语义结构中的性质差异，将元词符的区别特征大体分为两个部分：核心特征和辅助特征。核心特征是凸显认知框架的语义特征，而且根据元词符词性的不同，认知框架一定要与之对应，如名词元词符的认知框架一定是名词性结构，动词元词符的认知框架一定是动词性结构等。辅助特征是依附于认知框架而存在的附加成分，参考安文的“语义分解法”，辅助特征一般表现为工具、方式、方向、材料、特性、功用、结果、对象等。在界定模式的层次中，核心特征先于辅助特征。如安文对元词符“水”的词义界定为：[+具体事物，+普通液体，+没有颜色、气味和味道，+供人和动物喝]。[③] “普通液体”是核心特征，“没有颜色、气味和味道”表特性，“供人和动物喝”表功用，都属于辅助特征。因此，区别特征的界定顺序为：{普通液体；没有颜色、气味和味道；供人和动物喝}。又如“削”，安文的词义界定为：[+动作，+去掉物体的表层，+用刀，+斜着或平着用力，+成薄片]。[④] 按照词义的宏观界定模式层次，“削”属于“动变；持续类行为”，次类可再分为“手部动作”，而“手部动作”也可看成是根据“削”的典型意象图式提取的语义特征，“去掉物体的表层”是核心特征，“用刀”表工具，“斜着或平着用力”表方式，“成薄片”表结果。因此，区别特征的界定顺序为：{手部动作；去掉物体的表层；用刀；斜着或平着用力；成薄片}。

2. 认知机制的一致性

施春宏认为认知机制的一致性体现在“纵向”和“横向”两个方面。其中“纵向”指词义的生成和衍生，“横向”指不同词义之间的关联。[⑤] 鉴于元词符区别特征界定的特殊性，这里主要考虑的是“区别特征的生成”和“不同区别特征之间的联系”两个方面。

“区别特征的生成”是认知过程结构化的结果，被凸显的语义特征就

① 施春宏在《词义结构的认知基础及释义原则》（刊于《中国语文》2012 年第 2 期）一文中提出这两个原则。此处借用这两个提法，但解释有些不同。

② 施春宏．词义结构的认知基础及释义原则［J］．中国语文，2012（2）：123.

③ 安华林．关于汉语释义基元词的界定问题［J］．辞书研究，2013（3）：20.

④ 安华林．关于汉语释义基元词的界定问题［J］．辞书研究，2013（3）：20.

⑤ 施春宏．词义结构的认知基础及释义原则［J］．中国语文，2012（2）：123－124.

必须在结构中有其相应的结构位置。这就要求在界定元词符区别特征的时候，要能够体现出从日常经验到语义结构在认知机制上的一致性。也就是说，在对元词符及其语义特征的感知到语义结构的构建这个过程中，典型的意象图式起到了关键作用，它将不同的内容图式化为一个结构性单位，这个结构单位语言化后就构成了基本的语义结构。举例来说，看到“水”这个元词符，人们凭借日常经验联想到它的特征，然后把“水”的各种典型特征图式化为一个结构单位，再把这个结构单位用语言表达出来，就是“没有颜色、气味和味道，供人和动物喝的普通液体”这样一种语义结构。然后，再进一步把“水”的语义结构层次化、序列化，就是前面说过的表述：“｛普通液体；没有颜色、气味和味道；供人和动物喝｝。”“不同区别特征之间的联系”是指在元词符区别特征的界定上要做好远距离照应，这种照应既体现在内容上，也体现在格式上。内容上的照应是指相同语义场的元词符在界定区别特征时要考虑内容上的相关性。如“踩”和“削”同属“动变场”，一个与脚有关，一个与手有关，因此“踩”的区别特征要包含“脚部动作”，“削”的区别特征要包含“手部动作”，这样才能达到“横向”的照应性。另外，这种照应也体现在格式上。还是以“踩”和“削”为例，如果把“踩”区别特征中的“脚部动作”说成是“用脚的动作”，而“削”的区别特征还是说“手部动作”，二者就没有达到格式上的一致，这不符合界定模式的系统性和规范性要求。

四、余论

以上分析了元词符词义界定模式的宏观构建和微观构建。构建之后的界定模式体现在每类元词符的词义界定结构上。因此元词符词义的通用界定模式为：｛大类；小类；核心特征；辅助特征｝。具体到某类词，因词类不同，具体的界定模式也会不同。囿于篇幅，这里仅以名物类的元词符为例，包括除了时地名词外的名词。根据小类的不同，可以分为具象事物类和抽象事物类。具象事物类名词的核心特征一般是认知因素影响下次类再分的结果，为了强调其中的认知因素，可以称之为“认知类”；辅助特征多涉及特性、材料、功用、对象等。所以具象事物类名词的具体界定模式为：｛大类；小类；认知类；特性；（材料）；（功用）；（对象）｝。其中“材料”“功用”和“对象”都可以没有。示例如下：

叉子｛名物；具象事物；常见用具；一头有两个以上的长齿，另外一头有柄；用来挑起或扎取东西｝

柴｛名物；具象事物；植物的部分；树枝、木头、杂草或农作物的茎

等；可以做燃料用｝

菜 ①｛名物；具象事物；能做副食品的植物；也包括供做副食品的鱼、肉、蛋类等｝

②｛名物；具象事物；常见副食品；由蔬菜、蛋类、鱼、肉等经过烹调、加工而成；供吃饭、喝酒用｝

抽象事物类名词的核心特征一般是认知因素影响下的对事物本质的概括，可以称之为“认知特征”；辅助特征一般是对事物功用的认识，也可以没有辅助特征。所以抽象事物类名词的具体界定模式为：｛大类；小类；认知特征；（功用）｝。示例如下：

称呼（名）｛名物；抽象事物；名称；表示彼此关系或对方身份；用于招呼别人｝

长度｛名物；抽象事物；两点之间的空间水平距离；用于计量｝

成分｛名物；抽象事物；构成事物的各种不同物质或因素｝

第三节　汉语释义元词符集的研制与应用[①]

一、汉语释义元词符集的研制

笔者自2001年攻读博士学位时即开始研制元词符，2004年在博士论文《现代汉语释义元语言研究》中确定元词符2 873个，2005年在专著《现代汉语释义基元词研究》中确定元词符2 878个[②]。2017年在编纂完成《新方法对外汉语学习词典》（本节内以下简称《新方法》）之后最终确定含有3 327个词符的汉语释义元词符集。研制过程如下：

（1）词符的选取。在前期研究成果的基础上，初步厘定各个词符，用于编纂词典；在词典编纂实践中加以调整完善，最终确定3 327个词符。如以A字母开头的有19个词符，分别是：啊、爱、爱好、爱护、爱情、爱惜、安定、安静、安排、安全、安慰、安稳、安装、按、暗、暗中、岸、案件、凹。

（2）词符的界定。首先对每个词符的读音、词形、词性、词义等信息进行界定，以使明确。我们采取语义分解法和语境举例法综合揭示每个词

---

① 此节由安华林撰写，曾以同名题目提交第十一届全国语文辞书学术研讨会（2017年9月9—11日于江西井冈山），此处有改动。

② 安华林. 现代汉语释义基元词研究［M］. 北京：中国社会科学出版社，2005：210.

符的意义和功能。语义分解法就是将释义元词符的每个义位根据典型认知分解为大类、中类、小类、区别性特征等意义元素。大类共分8个，分别是：名物、时空、动变、性状、情态、指代、数量、标记。至于中类、小类和区别性特征，根据各词具体情况进行标注。语境举例法就是通过典型语境中的典型实例展示释义元词符的基本用法，在使用中体现其意义和功能[①]。待第（3）步工作完成后，再增补频次、等级等信息。

（3）词符的频率统计和等级划分。在完成词典编纂的基础上，对释义元词符进行全面的频率统计，根据频次划分等级。

（4）汉语释义元词符集的研制。以上工作完成以后，最终研制成两份词表形式的汉语释义元词符集——《汉语释义元词符音序总表》和《汉语释义元词符界定集》（详见后附样例）。前者类似简表，用作索引；后者包括词目、词形、读音、词性、结构、频次、等级、词义、例证等信息。元词符信息和界定情况示例如下：

火 * huǒ △ 名词；单纯；42；壹。

❶名 {名物；具体事物；一种燃烧着的气体，燃烧时会发出很热的光}

[举例] ~光/炉~/救~/~被扑灭了/队员们用捡来的柴草升起了一堆~。

❷名 {名物；抽象事物；愤怒的情绪}

[举例] 发~/~冒三丈/事情不顺，他心中有~。

作为工具语言的元词符不同于作为自然语言的词。以“火”为例，《现代汉语词典》第6版（本节内以下简称《现汉6》，直接引用仍依原文）收列10个义项，而作为元词符的“火”，只使用两个名词性义位，在其他意义上都不用作元词符。

二、汉语释义元词符集的应用

我们已将确定的3 327个元词符全面用于《新方法》的编纂。《新方法》尝试突显以下特色：

其一，释词严格受控，所有词条的释义用词都限定在3 327个元词符的范围之内。

其二，释文浅易自然，容易理解。

其三，以“词”为本位，对不成词的字（或语素）不予收录和解释，

---

① 安华林．关于汉语释义基元词的界定问题［J］．辞书研究，2013（3）：19.

酌收部分固定语。字头只作为检索、“带词”之用。

其四，每个义项都有例证，一般为2~5个。

其五，增加同义词、类义词、反义词等词义关联提示，同义词都进行辨析。

其六，加强语用、文化等信息提示，以便扩充知识，引导运用。

下面以《现汉6》为比较对象，分类列举元词符在《新方法》中的应用情况。

第一类情况是用于普通词语语文义的解释。以“兵”为例。试比较：

兵 bīng ❶兵器：短~相接丨秣马厉~。❷[名] 军人；军队：当~丨~种丨骑~。❸[名] 军队中的最基层成员：官~一致。❹指军事或战争：~法丨~书。❺[名] 姓。(《现汉6》第92页)

兵 bīng △ 名，乙；1173；单纯。

[名] ❶参加军队的人；军人：当~/他是个新~/我是一个~，来自老百姓。❷武装力量；军队：雄~百万/带~打仗/~民是胜利之本。❸军队中级别最低、最基本的成员：官~平等/尽管还是个~，但他没有怨言。❹比喻主要人物领导下的人：公司刚起步，他手下没几个~/我只是他的~，一切听他安排。(《新方法》)

对“兵”的解释，《新方法》和《现汉6》除了义项分合不同之外，还有一点重要区别，就是《新方法》的每个释义用词都控制在元词符的范围之内。这些释义用词按出现先后顺序排列如下（不重复列举）：“参加、军队、的、人、军人、武装、力量、中、级别、最、低、基本、成员、比喻、主要、人物、领导、下、人”，它们都是元词符。用于对普通词语语文义的解释是元词符最基本的功能。

第二类情况是用于普通词语专科义的解释。以“水”为例。试比较：

水[1] shuǐ ❶[名] 最简单的氢氧化合物，化学式 H_2O。无色、无味、无臭的液体，在标准大气压（101.325千帕）下，冰点0℃，沸点100℃，4℃时密度最大，为1克/毫升。(《现汉6》第1218页)

水 shuǐ △ 名，甲；143；单纯。

❶[名] 最普通的液体，没有颜色、味道和气味，可以供人和动物喝：淡~/纯净~/节约每一滴~/多喝~有益于健康。(《新方法》)

对于“水”的基本义，《现汉6》采用的是语文兼百科释义，使用了“氢氧化合物、化学式、H_2O、标准大气压、千帕、冰点、沸点、密度”等专科词语，没有相当的化学、物理等专业知识，是很难理解释义内容的。《新方法》为了使释义通俗易懂，主要使用两种办法：一是舍弃百科释义、专科词语而采用语文释义，二是运用元词符重新组织释义语句。例如，从三方面解释“水”：“最普通的液体”（性质），“没有颜色、味道和气味”（特征），“可以供人和动物喝”（功能）。这样，大体做到了专科意义的通俗化解释。

第三类情况是用于专科词语专科义的解释。以“艾滋病”为例。试比较：

艾滋病 名 获得性免疫缺陷综合征的通称，是一种传染病。病原体是人类免疫缺陷病毒，通过性接触或血液、母婴等途径传播，侵入人体后，使丧失对病原体的免疫能力。蔓延迅速，死亡率高。(《现汉6》第4页)

艾滋病 名 一种传染迅速的病，使身体对病失去抵抗能力，多通过性或血液传播，得病后容易感染上其他病而死去：~的早期症状/预防~/12月1日是世界~日。(《新方法》)

即使是专科词语，《新方法》也尽量给出通俗易懂的解释，用词同样不超出元词符范围。之所以有此不同，取决于词典性质和读者定位：《现汉6》是内向型语文规范词典，面向中等文化水平以上的以汉语为母语的读者群；《新方法》是外向型汉语学习词典，面向高级汉语水平以上的以汉语为外语（或二语）的读者群，要考虑读者的词汇基础和接受程度。

总之，不论是普通词语专科义还是专科词语专科义，《新方法》都采取语文化、通俗化处理，释义用词严格控制在元词符范围之内，以使释文通俗易懂，读者解码顺畅。

三、问题与思考

1. 元词符的层级问题

元词符系统根据必需性和有效性可分为三个层级：第一层级为外向型学习词典释义所需的元词符，处于整个释义元词符系统的底层，数量可控制在3 500个以内；第二层级为普通语文词典释义所需的元词符，数量可控制在5 000个以内；第二层级为百科词典释义所需的元词符，数量可控制在7 000个以内。

2. 元词符的数量问题

元词符的数量取决于词典的定位以及释义的深度和广度。由于汉语的词缀相对较少，构词以复合式为主，如果不计词缀，元词符的数量可能会略多于英语。根据中外研究成果和汉英外向型学习词典的编纂经验，我们认为第一层级、处于底座的元词符控制在3 500个以内比较适宜。它们主要用于外向型汉语学习词典的编纂。其他类型的词典可根据需要在此基础上增补和完善，上文已谈预估数量。即使再多，释义元词符的数量也是有限的。

3. 元词符的多义性问题

元词符用自然词符表示。由于基础性等特点，元词符所用的自然词符大多具有多义性。这样就跟元词符的工具性相矛盾，因为工具性要求词义越明晰越好。解决的策略是，将元词符的意义限定为基本义或常用义，而且对每个义位都进行界定，这样可使每个词符的意义都比较明确。例如作为元词符的“树”，只选定名词性义位（如“一棵树”“栽树”），舍去动词性义项（如“树新风”“百年树人”）；作为元词符的“和（hé）”，只选定连词性义位（如“我和你”），舍去介词性等义项（如“把你的想法和我说说”）。

4. 元词符的效度问题

为了保证每个元词符都是必需、有效的，既没有冗余，也没有缺漏，就必须经过相当规模的释义验证。我们的做法是，把拟定的元词符集用于《新方法》整部词典的释义，在编纂实践中查漏补缺、增删完善，词典定稿后全面统计、剔除冗余，最终得到现有的包含 3 327 个词符的汉语释义元词符集。

附录：汉语释义元词符集样例（以 A 字母为例）

汉语释义元词符音序总表

（共计 3 327 个词符）

说　明

(1) 各词符按音序排列，同音词按起笔笔形“札”字五笔法排序。(2) 词符后加“＊”号表示壹级词（928 个），加“#”号表示贰级词（1 406个），加“+”号表示叁级词（993 个）。(3)“△”后的信息分别为词性、结构、频次（以《新方法对外汉语学习词典》为统计范围）和等级。

词符等级划分的原则和方法是：主要根据《新方法对外汉语学习词典》全部释义用词的词频统计结果，结合原来划分的等级（此前曾根据一定程序划分为甲、乙、丙三级①），进行综合评定。具体步骤是：第一步，

① 安华林．现代汉语释义基元词研究［M］．北京：中国社会科学出版社，2005.

将频次30以上（含30）、原甲级词定为壹级词，将频次1~9、原丙级词定为叁级词。第二步，将频次30以上（含30）、原乙级词，以及频次50以上（含50）的原各级词，增补为壹级词；将频次5以下（含5）的原各级词，增补为叁级词。第三步，经过第一步、第二步处理后剩余的部分确定为贰级词。

每个词符的意义界定和用法示例详见《汉语释义元词符界定集》。

A（19）

啊+ ɑ △ 语气词；单纯；2；叁。
爱# ài △ 动词；单纯；15；贰。
爱好# àihào △ 动词、名词；并列；13；贰。
爱护# àihù △ 动词；并列；12；贰。
爱情+ àiqíng △ 名词；偏正；2；叁。
爱惜# àixī △ 动词；并列；13；贰。
安定# āndìng △ 形容词；并列；33；贰。
安静# ānjìng △ 形容词；并列；16；贰。
安排 * ānpái △ 动词；并列；50；壹。
安全# ānquán △ 形容词；并列；26；贰。
安慰+ ānwèi △ 动词、形容词；并列；5；叁。
安稳# ānwěn △ 形容词；并列；10；贰。
安装# ānzhuāng △ 动词；并列；23；贰。
按 * àn △ 动词、介词；单纯；241；壹。
暗+ àn △ 形容词；单纯；5；叁。
暗中# ànzhōng △ 副词；偏正；32；贰。
岸# àn △ 名词；单纯；11；贰。
案件# ànjiàn △ 名词；偏正；34；贰。
凹# āo △ 形容词；单纯；26；贰。

汉语释义元词符界定集

（共计3 327个词符）

说　明

本集是对汉语释义元词符的全面界定，包括词形、读音、词性、结构、频次（以《新方法对外汉语学习词典》为统计范围）、等级、词义和示例，目的是使这套工具在释义时能够明确清晰。

意义界定工作涉及义类层级划分，有不小难度，且带有主观性。界定的顺序是（“{}”里的内容）：大类—中类—小类—区别性特征。我们初步把所有的元词符分为 8 个大类，分别是：名物、时空、动变、性状、情态、指代、数量、标记。

名物，即名称、事物，包括除时间名词和处所名词以外的名词。

时空，即时间和空间，包括所有的时间名词和处所名词，因为它们具有情景性，所以从名词中独立出来。

动变，即动作、变化等，包括除助动词以外的动词。

性状，即性质、状态，包括所有的形容词，含区别词在内。界定区别词时，可表示为：{性状；属性；……}。

情态，即情感态度或情况状态，包括所有的副词以及助动词，因为助动词多表示情态。

指代，即指示、代替，包括所有的代词。

数量，即数目和计量单位，包括所有的数词、量词（含度量词）、数量词语。

标记，即关系或功能标记，包括所有的介词、连词、助词、语气词、叹词、拟声词。

至于中类、小类和区别性特征，根据各词具体情况标注。

A（19）

啊＋a △ 语气词；单纯；2；叁。

❶ 语气 {标记；语气；用在句子的末尾；表示赞叹、肯定、辩解、催促、嘱咐、疑问、讽刺等语气}

[**举例**] 这里真美～！/这话说得是～！/不是我不想去，我确实有事～！/你倒是说话～！/路上小心～！/你找谁～？/让你别去你非去，你可真行～！

❷ 语气 {标记；语气；用在句中词语的末尾；表示停顿、列举、动作反复等语气}

[**举例**] 苹果～，香蕉～，这里有很多/我这次来～，是想和你们商量点儿事儿/大家挖～挖～，终于挖通了/乡亲们等～等～，终于等到了这一天/姑娘们聚在一起，说～笑～，闹个不停。

爱# ài △ 动词；单纯；15；贰。

动 {动变；心理动作；对人或事物有很深的感情}

[**举例**] ～憎分明/～祖国～人民/我～我家/他深～着那个姑娘/～的春天不会有天黑。

爱好# àihào △ 动词、名词；并列；13；贰。

❶动 {动变；心理动作；对某种事物具有强烈的兴趣；喜欢去做某种行为}

[举例] ～集邮/～文体活动/他十分～读书/中国人民是～和平的。

❷名 {名物；心理倾向；对某种事物所具有的强烈兴趣}

[举例] 业余～/～广泛/他有个～，那就是钓鱼。

爱护# àihù △ 动词；并列；12；贰。

动 {动变；心理动作或具体行为；爱惜并保护}

[举例] 关心～下一代/～花草树木/互相关心，互相～/～地球就是～我们自己。

爱情+ àiqíng △ 名词；偏正；2；叁。

名 {名物；抽象事物；感情；男女互爱或一方爱另一方}

[举例] ～诗/浪漫的～/追求～/～专一/～是美好的，但有时也会让人痛苦不堪。

爱惜# àixī △ 动词；并列；13；贰。

动 {动变；心理动作；认为重要而保护；不浪费}

[举例] ～粮食/～光阴/一定要～自己的身体/他十分～公共财物。

安定# āndìng △ 形容词；并列；33；贰。

形 {性状；性质；形势、局面、情绪等稳定、平静、正常}

[举例] ～团结/生活～/情绪很～/忙了好一阵才～下来/保持社会～是我们的职责。

安静# ānjìng △ 形容词；并列；16；贰。

形 {性状；性质；没有声音的；安稳平静}

[举例] 图书馆里很～/写作需要一个～的环境/过了几年～的生活/他～地坐在沙发上/孩子睡得很～。

安排＊ ānpái △ 动词；并列；50；壹。

动 {动变；抽象动作；有条理地处理事情；把人员放在合适的位置}

[举例] 我去～一下会务/他把生活～得井井有条/单位正在想办法～引进人才家属/主管领导～小李分管财务。

安全# ānquán △ 形容词；并列；26；贰。

形 {性状；性质；没有危险的；不受威胁的；不出事故的}

[举例] ～通道/人身和财产～/这里很～/飞机～着陆/注意交通～/要保护好首长的～。

安慰+ ānwèi △ 动词、形容词；并列；5；叁。

❶动 {动变；使动；用语言或行动使心情安静舒适}

[举例] 自我～/～死者家属/他很伤心，你去～一下。

❷形 {性状；性质；心情安静舒适}

[举例] 有儿女在身边，老人心里很~/看到丈夫的病情有好转，她感到一丝~。

安稳# ānwěn △ 形容词；并列；10；贰。

形 {性状；性质；物体稳定、平衡；情绪、生活等平静、安定}

[举例] 桌子没放~，直晃/船大，很~，有点儿风浪也不怕/事情没做完，心里不~/终于可以睡个~觉了/如今过上了~日子。

安装# ānzhuāng △ 动词；并列；23；贰。

动 {动变；具体动作；把材料或零件固定在一定的地方}

[举例] ~电话/~宽带网/本公司负责水电~。

按＊ àn △ 动词、介词；单纯；241；壹。

❶动 {动变；具体动作；用手或手指压}

[举例] ~下葫芦浮起瓢/~住歹徒不放/~手印。

❷介 {标记；引进事物；表示以某事物为根据}

[举例] ~劳分配/~月计息/~人头计算/就~你说的办。

暗＋ àn △ 形容词；单纯；5；叁。

形 {性状；性质；光线不充足；颜色不明亮}

[举例] 这房间光线很~/天色渐渐~了下来/脸色发~/这块布料颜色太~。

暗中# ànzhōng △ 副词；偏正；32；贰。

副 {情态；表示私下里、不公开}

[举例] ~打听/~勾结/他在~做了手脚。

岸# àn △ 名词；单纯；11；贰。

名 {时空；空间；陆地；高出水边的}

[举例] 河~/海~/靠~/停船上~/两~尽是绿树红瓦。

案件# ànjiàn △ 名词；偏正；34；贰。

名 {名物；抽象事物；事件；违反法律的或需要法律机关解决的}

[举例] 民事~/恶性~/侦破一起重大刑事~。

凹# āo △ 形容词；单纯；26；贰。

形 {性状；性质；中心比周围低}

[举例] ~地/~透镜/这块木板凸~不平/眼窝深深地~下去了。

第五章　学习词典实证研究

第一节　留学生汉语学习词典使用情况的调查与分析①

一、学习词典使用研究的国内外现状

（一）词典使用研究的相关背景

随着我国经济迅速发展、综合国力不断增强、国际地位不断提高，全球兴起了一股汉语热。在此背景下，我国对外汉语教学事业也进入了空前繁荣的阶段。近年来由于来华学习汉语的人数不断增多，为满足广大学习者对工具书的需求，各类外向型汉语学习词典应运而生。然而对于词典编纂者来说，只有充分了解词典用户的使用情况，才能使所编词典更好地满足用户的需求。

词典的编纂与使用之间是一种相辅相成的关系。前者以科学的方式指导后者，服务于后者；而后者的需求又促使前者不断地改进、完善和发展，在一定程度上起到导向作用。② 为了使词典能够更好地满足用户的需求，词典编纂者必须了解用户的基本情况和词典的使用情况，如用户选择词典的偏好和原因、使用的态度和目的以及需求和评价等，才能更好地了解用户对词典的查阅需要，并编纂出能够满足更多词典用户的优质学习词典。

早期的词典理论与实践调查从词典本体论出发，以编者为中心，主要强调词典文本的规定性和规范性（如词典本身信息的内容、结构和呈现方

① 此节由广东海洋大学文学院对外汉语专业2010级本科生司呈婧至撰写，在安华林教授的指导下完成。此处有较大改动。

② 安德源．新疆少数民族大学生汉语词典使用研究［M］．乌鲁木齐：新疆教育出版社，2012：30.

式等）[①]，而忽视了词典用户不同的需求、技能、习惯及偏好，致使词典所提供的信息与词典用户所希望得到的帮助之间产生了差距[②]。直至20世纪30年代，词典用户视角的调查研究才开始萌芽。自此以后，关注词典用户和词典使用的研究越来越多，但就目前而言，词典使用研究仍是“词典学中一个相对滞后的领域”[③]。

词典使用研究取得相对独立的学科地位始于20世纪60年代的美国。1962年，美国著名词典学家Barnhart首次采用问卷调查的方式对美国一年级大学生使用母语词典的六个信息范畴进行调查，随后发表了《单语商业词典编纂问题研究》（*Problems in Editing Commercial Monolingual Dictionaries*）一文，标志着词典使用研究进入萌芽时期。

到了20世纪70年代，词典使用研究虽然仍处在萌芽阶段，但在研究主题上有了一定的突破。这时期的研究主题主要有：①用户类型，内容涉及用户的年龄、性别、职业、教育水平等。②词典与用户参考需要，主要讨论词典信息范畴与用户需求之间的关系，并根据用户需求对词典信息按重要性程度进行排序。③词典技能及其教学，讨论词典技能的构成内容、词典使用策略、词典技能教学的必要性、词典技能教学与用户类型等。[④]

20世纪80年代是词典使用研究稳步发展的探索阶段。1987年英国词典学家Hartmann发表的《词典使用研究的四个取向：研究方法述评》（*Four Perspectives on Dictionary Use：A Critical Review of Research Methods*），对当时的词典使用研究状况进行了总结性研究，并指出当时的词典研究主题主要集中在“词典语言信息范畴及其对词典用户的重要性”“学习活动与词典用户参考需求”“词典使用技能与词典使用效益调查、词典用户及其态度”和“期待与批评研究”四个方面。[⑤] 至此，词典使用研究进一步深入。

20世纪90年代，词典使用研究者们开始探索新的研究理论和研究方法。在哲学、认知科学、心理学等学科的影响下，研究者们对词典使用的

---

① 罗思明，赵海萍．当代词典使用研究主题综述［J］．辞书研究，2005（4）：173.

② 陈玉珍．词典使用研究：背景、意义及其代表人物［J］．洛阳师范学院学报，2006（6）：138.

③ 安德源．新疆少数民族大学生汉语词典使用研究［M］．乌鲁木齐：新疆教育出版社，2012：1.

④ 安德源．新疆少数民族大学生汉语词典使用研究［M］．乌鲁木齐：新疆教育出版社，2012：2.

⑤ 转引自安德源．新疆少数民族大学生汉语词典使用研究［M］．乌鲁木齐：新疆教育出版社，2012：2.

类型和词典用户的类型研究得更深更广，进而主张从用户的视角重新审视传统词典理论，运用社会学、心理学、心理语言学、语料库语言学和认知语言学的理论和方法去研究词典用户的心理表征、认知能力、认知模式和认知结构，通过外在的行为研究词典用户内在的心理活动和规律，从“以人为本”出发，以“从人到典”和“从典到人”的双重模式去建构新时期的词典理论框架。①

而到了当代，词典使用研究逐渐从以词典本体论出发转变为以词典用户为中心，重视编者和用户之间的互动关系，强调词典用户参与的重要性；提出词典编纂应从词典用户需要的角度出发，将用户需要、用户技能、用户认知能力和水平以及认知策略等课题纳入理论研究框架。在此基础上，积极寻求认识论和方法论上的突破，探索建立新的理论框架。②

经历半个多世纪的发展，词典使用研究正式成为词典理论研究的一部分，并取得与词典历史研究、词典类型研究、词典批评研究等相同的分支学科地位，开辟了词典使用研究的新时代。

（二）学习词典使用调查研究的国内外现状

1. 国外现状

在国外，调查研究学习词典使用情况的成果较多，最早如美国著名词典学家 Barnhart 于 1955 年向美国 99 所大学共 108 位教师发放问卷，要求他们根据新生对各项词典信息的重视程度，对大学词典里六项常见的信息进行排序。由于他把词典用户引进词典理论研究领域，使得词典学家开始关注用户在词典编纂和使用中的角色，并让词典编纂者开始重视用户在词典选择和决策上的影响。③

20 世纪 90 年代，时代的发展和各国广泛的交流促使国外学者对于外语学习词典的研究热情持续升温，先后出现对《牛津高阶英语词典》《朗文当代高级英语辞典》以及《柯林斯 COBUILD 高阶英语词典》等外向型英语学习词典的使用研究。如学者 Atkins 于 1998 年结集出版的《词典使用：从语言学习者和翻译者角度开展的词典使用研究》，收录多篇有关词典使用研究的文章；欧洲词典学学会主席 Hartmann 于 1999 年发表了 200 多页的调查报告——“语言学习环境中的词典”，内容汇集了欧洲 10 多个

---

① 曹杰旺，罗思明．词典使用技能教学的理据与内容［J］．外语研究，2005（5）：51.

② 罗思明，赵海萍．当代词典使用研究主题综述［J］．辞书研究，2005（4）：173－174.

③ 柳苗．中亚留学生汉语词典使用情况调查研究［D］．乌鲁木齐：新疆师范大学，2011：6.

国家词典编纂和词典使用等方面的调查结果。①

纵观国外学习词典的研究趋势，未来的词典学将朝着更加关注词典用户、更加关注词典使用的方向发展。

2. 国内现状

章宜华认为："我国的汉语学习词典包含两个类别：一类是面向汉语本族语学生的、旨在提高其汉语母语能力的积极型词典，可以称为内向型汉语学习词典，或按国际惯例称作'学生词典'；另一类是面向非本族语的汉语学习者、旨在提高其汉语作为外语的语言能力的积极型词典，可以称为外向型汉语学习词典。"② 由于留学生用户在实际选购和使用汉语学习词典的过程中，并没有区分外向型和内向型汉语学习词典，为便于讨论，下文对此不做细分，统称为"汉语学习词典"。随着词典使用调查研究的不断深入和学术地位的上升，国内许多词典学家开始重视词典用户使用的调查研究。就目前搜集到的资料来看，国内学者对学习词典使用的调查研究大多以国内内向型词典互比或国外内向型与外向型词典使用的对比研究为主，针对汉语学习词典使用的调查和研究较少。以下列出国内现阶段有关学习词典使用调查研究的部分成果。

陈伟、王维波对中国内地英语专业和非英语专业大学生使用内向型汉英学习词典的情况进行了调查和研究，指出大学生对于内向型汉英学习词典的使用频率不高、多在翻译和写作时使用等问题，并总结了大学生对现有词典的意见。③

夏立新通过问卷调查和口头访问两种形式，对在广州地区学习汉语的外国留学生使用对外汉语学习词典的情况进行了调查，在了解词典用户对词典开本、大小、价位等实际要求的基础之上，对该类词典的出版提出了具体建议。④

杜焕君通过访谈、交流和问卷调查三种形式，从暨南大学华文学院对外汉语教师的视角对外国留学生用户进行调查，分析留学生使用汉语学习词典的情况和对词典的需求，探讨他们不接受和不了解我国国内汉语学习词典的原因。⑤

---

① 王小海．国外的词典使用研究［J］．辞书研究，2005（1）：195.

② 章宜华．基于用户认知视角的对外汉语词典释义研究［M］．北京：商务印书馆，2011：6.

③ 陈伟，王维波．关于内向型汉英学习词典使用情况的调查［J］．广东外语外贸大学学报，2005（B11）：161－164.

④ 夏立新．对外汉语学习词典的出版和使用者调查研究［J］．出版科学，2009（1）：65－69.

⑤ 杜焕君．教师视角的对外汉语词典用户需求研究——对外汉语词典用户需求调查［J］．广东外语外贸大学学报，2010（5）：20－23.

柳苗通过问卷调查、观察和访谈的方式从词典的数量与种类、词典的使用态度和目的等六个方面对不同阶段的中亚留学生使用汉语学习词典的情况进行了调查，旨在为汉语学习词典编纂者提供参考信息、为留学生的汉语教学提供建议。①

解海江、李莉通过问卷调查的方法，利用 SPSS 软件对留学生的汉语学习词典使用现状以及该类词典的收词释义情况进行了分析，并得出一些如何满足以汉语为第二外语学习者需求的启示，为词典编纂者提供借鉴。②

上列文献的结论均是建立在问卷调查、访谈等实际调查方法的基础之上。随着汉语热的兴起，各种各样针对留学生学习汉语的词典不断涌现，如《HSK 汉语 8000 词词典》（北京语言大学汉语水平考试中心，2000），《商务馆学汉语词典》（鲁健骥、吕文华，2007），《现代汉语学习词典》（商务印书馆辞书研究中心，2010），《当代汉语词典》（当代汉语词典编委会，2011）等，但使用情况却不容乐观，于是关注并研究留学生汉语学习词典使用情况的学者也逐渐增多。词典使用研究者和编纂者们逐渐意识到了一个现实，即在没有充分了解用户使用情况的前提下所编的词典，并不能很好地被留学生所使用。

“所有词典都是受到读者词汇需求的激发而编写的，并以之为评判的标准。”③ 对目标用户了解得越多，词典为用户提供的服务就越好。

虽然要求词典编纂者编纂出一部既能迎合所有类型的读者、又能满足他们所有需求的词典是不现实的，但也只有对目标用户进行全面深入的了解研究，才能确定词典的类型、规模、内容及其编排体例，才能让所编词典更有助于用户的使用、将学习词典的价值发挥到最大。正如 Hartmann 所说：“如果不考虑到各种读者在各种场合中可能的需求，任何词典的设计都是不现实的。”④ 因此，对目标用户词典使用情况的研究是编写一部高质量词典的基本前提，以用户为中心的研究直接影响词典编纂的决策。

目前，国内关注留学生汉语学习词典使用情况的调查研究仍较少，而且主要以欧美、日韩或少数民族学生为研究对象，对留学生汉语学习词典使用情况的广泛研究还没有得到发展。通过对汉语学习词典使用情况的调

---

① 柳苗．中亚留学生汉语词典使用情况调查研究［D］．乌鲁木齐：新疆师范大学，2011：1－51.

② 解海江，李莉．外向型汉语学习词典需求状况调查［J］．鲁东大学学报（哲学社会科学版），2012（1）：62－68.

③ 柳苗．中亚留学生汉语词典使用情况调查研究［D］．乌鲁木齐：新疆师范大学，2011：5.

④ 转引自陈玉珍．词典使用研究：背景、意义及其代表人物［J］．洛阳师范学院学报，2006（6）：139.

查和研究，可以反映出用户在使用不同类型词典时的现状和在使用中遇到的困难及问题，为词典编纂者提供词典编纂或修订的参考信息，同时也能够更好地发挥词典作为工具书的作用，使所编词典能更高效地为词典用户服务并实现价值的最大化。

二、留学生汉语学习词典使用情况的调查

（一）调查范围的确定

本节主要采用问卷调查法、访谈法、统计法、对比分析法等，以综合了解和探讨现阶段留学生汉语学习词典的使用情况。调查范围主要确定在留学生较多的广州和深圳的五大高校，分别为：暨南大学、华南师范大学、广东外语外贸大学、中山大学和深圳大学。

暨南大学华文学院（以下简称暨大华文学院）现有来自印尼、泰国、韩国、美国等多个国家及地区的2000多名学生在校就读。

华南师范大学国际文化学院（以下简称华师国际文化学院）现阶段在校就读学生700人以上。

广东外语外贸大学留学生教育学院（以下简称广外留学生教育学院）留学生规模突破2 000人，来自111个国家和地区。

中山大学国际汉语学院（以下简称中大国际汉语学院）留学生规模达3 000人以上。

深圳大学国际交流学院（以下简称深大国际交流学院）每年招收并培养留学生1 500名以上。

广州和深圳作为我国沿海经济发达地区的两座代表城市，吸引了大量海外留学生来华求学。我们确定以上五所留学生较为聚集且教育体系较为完善的高校为调查范围，是由于这些学校常年丰富的生源有利于保证调查样本的多样性和足量性，而且广州市高校较为集中，留学生较多，交通便利，便于调查的顺利开展。从五大高校的汉语专业留学生招生办和相关老师处了解到，五所高校主要将来华学习汉语的留学生分为两类：非学历汉语进修和学历汉语本科。对来校学习汉语的非学历汉语进修学生均进行了初级、中级、高级班的合理分配安排；对有学历要求的本科学生入学有汉语HSK等级要求。因此，这样的分班编排既有利于调查问卷的集中派发，同时也有助于调查者对不同汉语水平调查对象数量的均衡安排，使调查结果更具全面性和可靠性，避免单一性和局限性。

（二）调查对象的选择

调查对象由五校“非学历汉语进修班”和“学历汉语语言本科班”学

生（均为学汉语的留学生，不包含学习其他专业的留学生）共同组成。

通过前期询问调查对象所在院方了解到，由于五校对非学历汉语进修班（以下简称进修班）有不同的入学测试并按照各自汉语水平测试标准安排授课，所以部分留学生并没有参加过 HSK 汉语水平测试。对于学历本科，五校有不同的入学要求：暨大华文学院要求 HSK 四级 180 分以上或相当的汉语水平；中大国际汉语学院、广外留学生教育学院、华师国际文华学院以及深大国际交流学院都要求学历汉语本科生入学时，若没有 HSK 汉语水平成绩则需要在本校进修班进修后才能学习本科课程，进修后参加 HSK 考试达到四级可以插班本科二年级、五级可以插班本科三年级。因此下文将对非学历汉语进修班留学生进行较为合理的分组，对本科生不做细述。

据调查，我们发现五校均在不同程度上将进修班学生按照不同汉语水平（配有入学测试）分配到入门班、初级班、中级班和高级班等不同级别的班级。例如，中大国际汉语学院将汉语进修班分为初级 1、初级 2、初级 3、初级 4、中级 1、中级 2、中级 3、中级 4、高级 1、高级 2 共 10 个班，初级班对应的是词汇量在 800 以内的学生（入学前学汉语 50 ~ 350 小时左右，HSK 等级 0 ~ 3 级），中级班对应的是词汇量在 3000 以内的学生（入学前学汉语 600 ~ 950 小时左右，HSK 等级 4 ~ 5 级），高级班对应的是词汇量在 4 000 ~ 5 000 的学生（入学前学汉语 1 200 ~ 1 500 小时，HSK 等级 6 级）。再如，深大国际交流学院把汉语进修班分为入门 A 班与 B 班、初级 A 班与 B 班、中级 A 班与 B 班以及高级班，入门班为入学前学过 0 ~ 160 小时左右的汉语，初级班为入学前学过 300 ~ 360 小时左右的汉语，中级班为 600 ~ 720 小时左右，高级班超过 900 小时。华师国际文化学院也分为初级班、中级班和高级班；广外留学生教育学院分为零起点入门班、初级班、中级班和高级班等 10 个班级；暨大华文学院分为汉语初级班、中级班、高级班等。

虽然初级班的留学生汉语水平较低、参加 HSK 一级和二级考试的留学生较少，但其汉语水平基本上相当于 HSK 汉语水平的一级和二级。经向院方老师了解并参考“中国国家汉语国际推广领导小组办公室”（简称“国家汉办”）所发布的“新汉语水平考试（HSK）介绍”及国家汉办制定的《国际汉语能力标准》①，本研究将五校中所调查到的不同汉语水平和汉语班级的留学生群体较为合理地分为以下三个组别（见表 5 - 1），以便于调

① 国家汉语国际推广领导小组办公室．国际汉语能力标准：英汉对照［S］．北京：外语教学与研究出版社，2007.

查数据的整理与分析：

表 5－1 调查对象的汉语水平分组情况

<table>
<tr><td colspan="2">本研究所分组别</td><td colspan="2">新 HSK 汉语水平考试标准</td><td>深大</td><td>中大</td><td>暨大</td><td>华师</td><td>广外</td></tr>
<tr><td>汉语水平</td><td>词汇量</td><td>汉语水平</td><td>词汇量</td><td>进修班</td><td>进修班</td><td>进修班</td><td>进修班</td><td>进修班</td></tr>
<tr><td rowspan="3">初级</td><td rowspan="3">800 左右以下</td><td>HSK 一级</td><td>150</td><td>入门班</td><td rowspan="3">初级班</td><td rowspan="3">初级班</td><td rowspan="3">初级班</td><td>入门班</td></tr>
<tr><td>HSK 二级</td><td>300</td><td rowspan="2">初级班</td><td rowspan="2">初级班</td></tr>
<tr><td>HSK 三级</td><td>600</td></tr>
<tr><td>中级</td><td>800～2 500</td><td>HSK 四级</td><td>1 200</td><td>中级班</td><td>中级班</td><td>中级班</td><td>中级班</td><td>中级班</td></tr>
<tr><td rowspan="2">高级</td><td rowspan="2">2 500 及以上</td><td>HSK 五级</td><td>2 500</td><td rowspan="2">高级班</td><td rowspan="2">高级班</td><td rowspan="2">高级班</td><td rowspan="2">高级班</td><td rowspan="2">高级班</td></tr>
<tr><td>HSK 六级</td><td>5 000 及以上</td></tr>
</table>

注：由于各个院校定期会给进修班学生进行期中和期末考试并根据考试成绩将学习后达到不同汉语水平的留学生进行再分班，而且教师会在学生达到 HSK 三级及以上时推荐并辅导已达到中级水平的学生进行 HSK 考试，所以对于本节所分的“中级（汉语水平）”留学生组别，将会优先根据他们所填写的 HSK 等级进行分组，若没有填写 HSK 等级再根据他们所填写的进修班层次进行分组。

根据上述汉语水平分组情况，现将调查对象各组别的人数统计如表 5－2 所示。

表 5－2 调查对象各组别人数分布情况 （单位：人）

	初级组	中级组	高级组	总计
男	62	45	41	148
女	55	53	37	145
总计	117	98	78	293

由表 5－2 可见，在参与调查的 293 位留学生中，初级、中级、高级汉语水平人数分别为 117 人、98 人、78 人。他们的母语分布情况统计如下：

表 5-3　调查对象母语分布情况　（单位：人）

母语	人数	百分比	母语	人数	百分比
韩语	61	20.82%	法语	6	2.05%
泰语	39	13.31%	德语	6	2.05%
英语	38	12.97%	柬埔寨语	3	1.02%
日语	36	12.29%	乌兹别克语	3	1.02%
印尼语	24	8.19%	吉尔吉斯语	2	0.68%
越南语	16	5.46%	缅甸语	2	0.68%
俄语	16	5.46%	阿塞拜疆语	1	0.34%
西班牙语	15	5.12%	波兰语	1	0.34%
马来语	8	2.73%	蒙古语	1	0.34%
阿拉伯语	7	2.39%	尼泊尔语	1	0.34%
土耳其语	6	2.05%	意大利语	1	0.34%
总计	266	90.78%	总计	27	9.22%

由表 5-3 可见，以韩语为母语的留学生以 20.82% 居首位，以泰语、英语、日语为母语的留学生分别以 13.31%、12.97%、12.29% 位列其后。其中，留学生母语属于印欧语系[①]约占 28.67%、汉藏语系[②]占 14%、南岛语系[③] 10.92%、南亚语系[④] 5.46%、阿尔泰语系[⑤]约占 4.43%、闪含语系[⑥]约占 2.39%。由于韩语（20.82%）和日语（12.29%）在语系分布上尚有争议，此处不归属任何语系[⑦]。其中汉藏语系、阿尔泰语系、南亚语系、南岛语系、闪含语系、韩语和日语主要在亚洲地区使用，占总数的 71.33%。由此说明，来华学习汉语的留学生多来自亚洲地区。

① 印欧语系包括英语、德语、俄语、法语、波兰语、西班牙语、尼泊尔语、意大利语等。

② 汉藏语系包括缅甸语、泰语等。

③ 南岛语系包括马来语、印度尼西亚语等。

④ 南亚语系包括越南语、柬埔寨语等。

⑤ 阿尔泰语系包括土耳其语、乌兹别克语、阿塞拜疆语、吉尔吉斯语、蒙古语等。

⑥ 闪含语系包括阿拉伯语等。

⑦ 中国大百科全书总编辑委员会. 中国大百科全书·语言文字 [Z]. 北京：中国大百科全书出版社，1998.

（三）调查问卷的设计

本次调查问卷共设计了17个问题，其中12个单项选择题（单选题）、5个多项选择题（多选题），主要分为四个部分：调查对象的基本情况（题目1~4）、词典选择的偏好和原因（题目5~9）、词典使用的态度和目的（题目10~13）、词典使用的需求和评价（题目14~17）。在正式发放调查问卷之前，已向调查对象申明问卷调查内容仅供论文和相关研究之用，不对调查对象的姓名及其他私人信息做任何要求，以保证问卷的真实性。

调查问卷共设计成中文和英文两个版本（详见附录。由于篇幅所限，英文版的调查问卷略去），并在正式大批量发放之前做了小范围的测试性调查，目的是为了使调查问卷的有效率达到最高，一来减少因问卷中出现的各种小错误而重复做无用功；二来保证调查对象配合调查的热情和积极性，进而实现调查研究结果的科学性和全面性；三来避免二次随机调查导致学生重复回答的情况，影响调查结果。

本次调查共计派发调查问卷350份（包括召集问卷和面谈问卷），回收336份，其中有效问卷293份，问卷回收率为96.0%，问卷有效率为87.2%。

最终通过对调查资料的汇总和分析以及书面材料的整理和归纳，总结出留学生汉语学习词典的使用情况和实时需求，并在此基础上提出相应的意见和建议，为外向型汉语学习词典的编纂提供参考。

（四）调查工作的实施

调查工作实施前期所做准备在于调查问卷的设计、测试性调查（测试性调查数据不纳入最终的数据统计），各大高校园区地点、留学生作息时间、课程安排与上课地点以及各高校对不同汉语水平留学生班级安排情况等资料信息的收集。

本次调查实施分两个阶段完成：2013年11月至12月对部分深大国际交流学院2011级、2012级、2013级汉语言文学留学生及2010级汉语言文学（商务方向）留学生进行测试性调查；2014年3月至5月分别对深大国际交流学院、华师国际文华学院、暨大华文学院、中大国际汉语学院和广外留学生教育学院汉语专业留学生进行正式调查。

测试性调查通过对比访谈和发放调查问卷两种方式进行。调查中发现，多数留学生在面对访谈时会更乐于表达自己的意见，且通过访谈的形式了解到的情况更具体、更有代表性。因此在正式调查过程中，以面谈问卷调查和访谈的形式为主。同时，在测试性调查中，我们发现大部分留学生较常使用电子词典，所以细化了调查问卷中电子词典的选项。

正式调查针对以班级为单位的留学生采用召集问卷调查，非以班级为单位的留学生则采取面谈问卷调查和召集问卷调查相结合的方法，并按约10%的比例对不同汉语水平的留学生进行访谈。访谈内容主要有以下几点：

（1）请问您认为当前使用的汉语学习词典比起其他汉语学习词典有什么优势？

（2）请问您在使用汉语学习词典时遇到了哪些问题？

（3）请问是否有老师指导您选择和使用汉语学习词典？

（4）请问您在日常生活中会使用汉语学习词典吗？如果有，一般是什么时候？

（5）请问您希望汉语学习词典能够为您提供什么样的帮助？

三、留学生汉语学习词典使用情况的统计分析

（一）留学生词典选择的偏好和原因

1. 偏好

调查获悉，初级组有21.37%（25人）的同学表示没有使用过任何汉语学习词典。通过访谈了解到，他们没有使用词典的原因主要有两个：一是在学习中遇到不会的内容，老师在课堂上都已讲清，所以不需要用；二是看不懂、不会使用汉语学习词典。而中级组和高级组的留学生均表示在不同程度上使用过汉语学习词典。不同汉语水平的留学生使用过汉语学习词典的情况如表5－4所示。

表5－4　留学生使用过的汉语学习词典　　（单位：人）

选项	人数（使用过汉语学习词典）				
	初级组	中级组	高级组	总计	
	人数	人数	人数	人数	比例（%）
《现代汉语词典》	21	32	39	92	34.33
《现代汉语学习词典》	3	19	27	49	18.28
《商务馆学汉语词典》	0	5	14	19	7.09
《当代汉语学习词典》	0	1	10	11	4.10
《HSK汉语8000词词典》	9	15	36	60	22.39

（继上表）

选项	人数（使用过汉语学习词典）				
	初级组	中级组	高级组	总计	
	人数	人数	人数	人数	比例（%）
电子词典	92	89	76	257	95.89
其他	0	9	3	12	4.48

注：“其他”项中出现的词典有《汉语图解词典》（泰语版和英语版）和《韩汉·汉韩词典》，字典有《新华字典》。

表5-4数据显示，不同汉语水平的留学生在是否使用过纸质版汉语学习词典的情况上有很大差异。初级组留学生使用过纸质版汉语学习词典的较少，中级比初级要多一些，较多高级组留学生都表示使用过纸质版。为使调查情况更加具体，我们在电子词典选项上增加了“折叠式电子词典（Electronic Dictionary）”“手机软件词典（Application Dictionary，即App词典）”和“网页在线词典（Online Dictionary）”三个选项。其中，使用App词典的留学生人数超过总数的一半，使用折叠式电子词典的人数次之，其次是纸质版词典和在线词典。

调查显示，除去没有使用过任何词典的留学生（25人），在选择最常用的汉语学习词典时，初、中、高级三组留学生绝大部分选择了电子词典。由此说明，比起较为权威、专业的纸质版词典，快捷、便利的电子词典受到更多留学生的青睐。

在访谈中，一位HSK三级（初级汉语水平）的德国留学生表示，他使用折叠式电子词典的原因在于“看到有不懂的字和词，可以直接手写在词典上”，并且电子词典容易查询相关读音和含义，而使用纸质词典太难找到。另一位在华师进修、汉语表达能力非常好的马来西亚女留学生表示，她使用过《现代汉语词典》和《现代汉语学习词典》，但是“太难查找了，太复杂了，有些字翻了很久都找不到，所以常用电子词典”，并向笔者展示她使用的手机应用软件：“KTdictC-E”，一种英汉词典手机软件。由此说明，汉语学习词典的编纂要在媒介和使用方法上进行改良，以便于留学生查阅，才能更多地为留学生所使用。

2. 原因

对于语言学习者来讲，词汇知识的储备是非常重要的。无论是中国的HSK还是欧美国家的TOFEL（托福）、IELTS（雅思），各种考试对学生的词汇量都有一定的要求。由于词典本身既可以作为提升语言水平的资料使用，也可以作为工具书使用，那么留学生购买和使用汉语学习词典是出于什么原因呢？我们对此进行了调查。

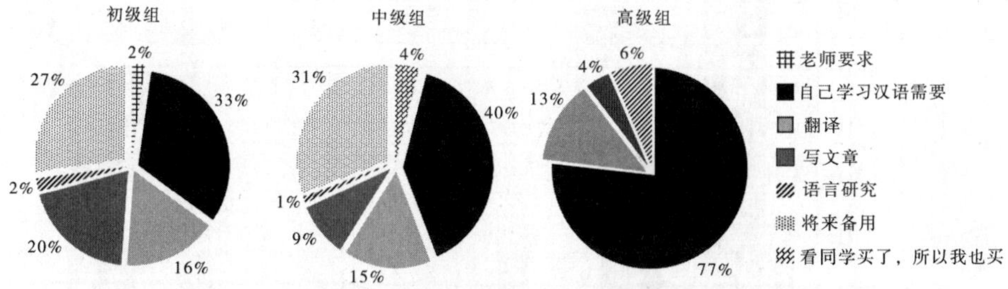

图5－1　留学生购买和使用汉语学习词典的主要原因

在调查中，当被问到选择当前所用汉语学习词典的原因时，有71.67%的留学生认为是出于“实用”的价值而购买和使用的，而对于词典的学术价值、趣味的关注度较低。在采访中也有学生表示，词典的印刷是否是彩色的也是他们选择词典的原因之一。由图5－1中的调查结果可见，影响留学生购买汉语学习词典的主要原因在于自己是否需要，与家长、老师关系不大，很少因为“跟风”而购买。

由此说明，留学生在选择词典时，并没有过多地受到老师的影响，而是根据自己的需要去购买。因此，我们认为高校在设置汉语专业课程时，可以提供必要的词典选购和使用指导课，就像国内九年义务教育时要求教师向青少年学生讲授字典使用法一样。通过课堂上教师的指导，留学生不仅会对汉语学习词典的种类有一定的认识，而且可以掌握汉语学习词典的使用方法，从而促进自己的汉语学习。

（二）留学生词典使用的态度和目的

1. 态度

留学生对学习词典的态度会影响汉语学习的效果。及时了解使用者使用词典的情况和态度会对词典编纂思想的确立、体例的安排、使用对象的考虑以及编纂手段的改进产生积极作用。① 鉴于此，我们对留学生使用汉语学习词典的情况和对汉语学习词典的认知态度做了调查，具体如图5－2和图5－3所示。

① 安德源．新疆少数民族大学生汉语词典使用研究［M］．乌鲁木齐：新疆教育出版社，2012：26.

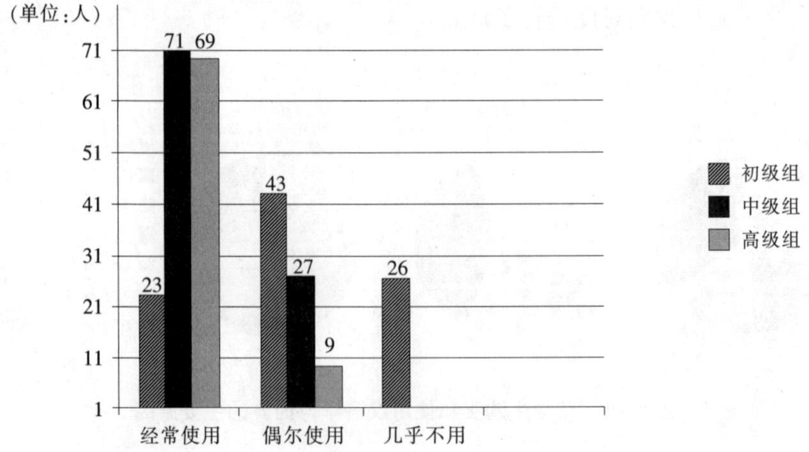

图5-2　学习者对汉语学习词典的使用情况

如图5-2所示，初级组选择“偶尔使用”的人数较多，有26人表示几乎不用现有的汉语学习词典；中级组和高级组中大多数人都会“经常使用”现有汉语学习词典。

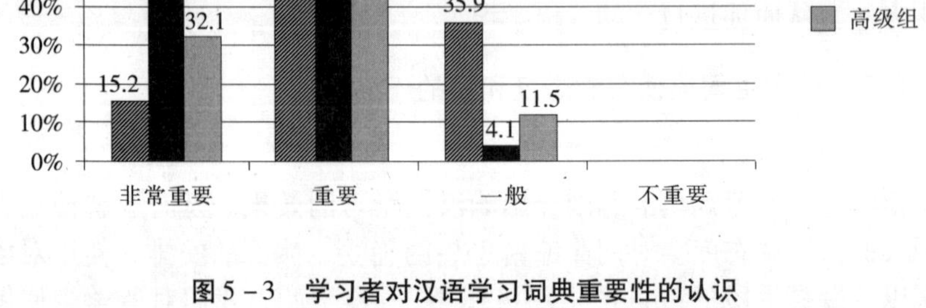

图5-3　学习者对汉语学习词典重要性的认识

由图5-3可见，无论是初级、中级或高级组的留学生，都在一定程度上认为词典在汉语学习过程中是重要的，进一步肯定了汉语学习词典存在的必要性。但同时，有35.9%的初级组留学生认为汉语学习词典的重要性“一般”。综合上文对初级组留学生词典使用情况所做的分析和图5-2所示，三者成正相关关系：由于对词典的拥有率低、使用频率低，因此对汉语学习词典重要性的认可程度也较低。

在对词典重要性的认识上（见图5－3），大部分学生认为汉语学习词典对自己的汉语学习很重要，但事实上就这个问题对比图5－2和图5－3，可发现二者之间有矛盾：既然并非所有调查者都经常使用汉语学习词典，那么何以认为汉语学习词典在学习过程中是重要的呢？既然认为是重要的，为何又不常用呢？这里便涉及认知心理学的问题：被调查者在面对词典这样有利于学习的工具书时会产生定式思维，并没有就实际情况回答。因为古往今来，无论在哪个国家，权威的语言词典在语言学习过程中都是重要的。但即便如此，却并非每一个人都会去使用。这说明单纯的问卷调查在面对人类复杂的心理时力有不及，调查结果会有一定程度的失真。

2. 目的

在语言使用过程中，听、说、读、写、译通常是互相影响的，同时也是语言交际过程中不可分割的组成部分，然而这些语言技能却并非分别对应着具有某种单一功能的词典。词典使用者在进行各种各样的语言活动时，都会对词典提出不同的要求。作为解惑释疑的工具，词典不仅要有为使用者提供查询词义的功能，而且还要帮助使用者了解字词的读音、形体、用法等。为此，本研究针对留学生使用汉语学习词典的任务情境设计了专项调查，以期考察留学生使用词典的目的所在。调查结果如图5－4所示。

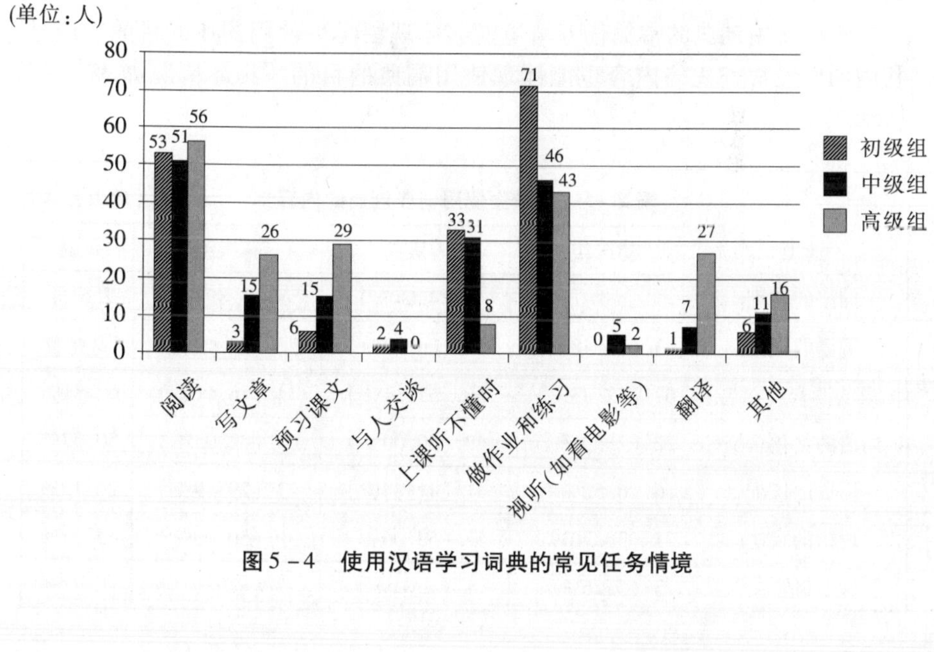

图5－4　使用汉语学习词典的常见任务情境

由图5－4可见，初级组留学生在“做作业和练习”时使用汉语学习词典最多，初级组和中级组用户选择“上课听不懂时”的人数较多，而初级、中级和高级各组留学生都在“阅读”时使用汉语学习词典较频繁。说明大部分留学生都会在阅读遇到困难的时候选择查词典。而在“与人交谈”情况下，普遍都不会使用词典。我们在调查时观察发现，许多留学生在上课时会用手机或者电子词典查询课堂上听不懂的词语，说明部分留学生在读、听两方面都较为依赖词典的帮助。

对于不同汉语水平的留学生来说，汉语学习词典用于日常交谈的场合都较少。这或可表明留学生们在日常交流时不太留意自己所用语言的准确性，或可表明不管何种媒介的词典，查询都需要时间，难以满足口头交流的需求。但这并不表明各级水平的留学生在日常交流上就不存在问题了。在访谈过程中我们发现，较多汉语水平较低的留学生选择逃避交流，一般不愿回答问卷或接受访谈。另外，通过访谈和调查发现，选择了“其他”项的留学生会在“旅行”“购物”“上网”“坐车”“吃饭”等任务情境中使用词典。

综合初、中、高级三组数据可知，三个组别的留学生都在专业学习时较为频繁地使用汉语学习词典，而初、中级组用户多用于“输入型”学习（如听课、写作业、阅读），高级组用户则逐渐偏向于输出时使用，如写文章、翻译等。由此可见，对留学生来说，汉语学习词典较多用于学习，而较少用于日常生活和娱乐。

不仅使用词典的常见任务情境能够体现留学生使用词典的目的，而且利用词典经常查找的内容也能体现使用词典的目的。具体情况如表5－5所示。

表5－5　留学生使用词典查找的内容　（单位：人）

选项	初级组	中级组	高级组	汇总
词语的类别	0	4（4.08%）	3（3.85%）	2.61%
词语的词义	63（68.48%）	67（68.37%）	78（79.49%）	71.64%
词语的读音（拼音）	67（72.83%）	56（57.14%）	44（56.41%）	62.31%
词语的文化含义	22（23.91%）	49（50.00%）	64（82.05%）	50.37%
词语的搭配	6（6.52%）	41（41.84%）	23（29.49%）	26.12%
词语的写法	31（33.70%）	52（53.06%）	39（50.00%）	45.52%
其他	3（3.26%）	1（1.02%）	7（8.97%）	4.10%

由表5－5可见，初级组留学生查询的内容主要集中在词语的读音（72.83%）、词义（68.48%）和写法（33.70%）上；中级组留学生除了较少查找词语的类别（4.08%）外，其他选项（即词语的音、义、写法乃至搭配等）都是常见的查询内容；而高级组留学生在查询词语的词义和文化含义上特别集中。综合三组数据可见，初、中、高级组的大多数留学生都不约而同地选用词典查找词语的词义和词语的读音，这也与词典的基本功能相吻合。

下面的折线图可直观显示出汉语水平的变化对查询内容有影响。

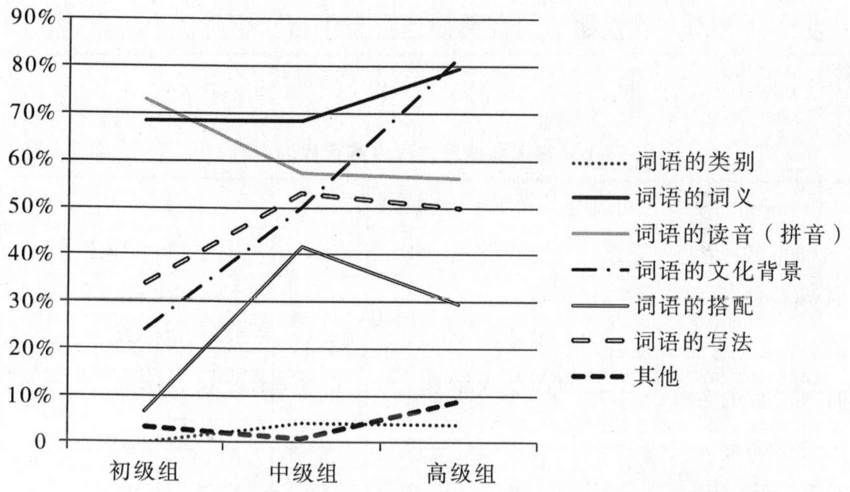

图5－5　留学生使用词典查找的内容与汉语水平的关系

由图5－5可见，随着汉语能力的提高，留学生们开始重视对词语文化含义的了解和在日常生活中的使用（由“其他”项所得）。然而查询词语的读音和词义两项内容的频率居高不下，说明对词语的意义和读音的查询是留学生使用汉语学习词典的主要目的。

因此，编纂词典时应多注意词义的准确性和全面性，从而更好地满足用户的查询需求。调查发现，大部分留学生常用的汉语学习词典为电子词典，这主要因为电子词典在表现词语的读音上比纸质词典更有优势。所以，如何在有限的条件下，尽可能地满足词典使用者听、说、读、写、译的多种需求，是词典编纂者和出版者亟待解决的问题。

四、留学生汉语学习词典使用的需求和评价

（一）词典使用的需求

在辞书出版业竞争日益激烈的今天，对用户的友好性便成为词典取得成功的重要因素之一。“而用户友好性一般体现在：词典的实用性、语言的覆盖性、信息的详尽性、信息的完整性、信息的检索性、知识的时效性和体例的新颖性上。”① 因此，在词典使用情况的调查研究中，关于用户友好性的调查便显得尤为重要。只有充分地了解并满足了用户的实际需求，才能使词典的价值最大化。

表5－6罗列了在汉语学习词典使用过程中留学生所认为的难查找的内容。

表5－6　在词典使用过程中难查找的内容　（单位：人）

选项	初级组	中级组	高级组	总计	
一个词的多种意思	78	68	58	204	76.12%
同义词、反义词	13	69	67	149	55.60%
词语的文化含义	37	46	51	134	50.00%
同义词之间的区别	7	54	51	112	41.79%
专业术语	7	39	18	64	23.88%
新词（网络词语）	17	22	24	63	23.50%
词语的褒贬含义	0	3	21	24	8.96%
词语的例句	11	9	3	23	8.58%
词语的搭配	2	4	11	17	6.34%
其他	3	11	7	21	7.84%

由表5－6可见，留学生比较普遍地认为“一个词的多种意思（76.12%）”和词语的“同义词、反义词（55.60%）”及“词语的文化含义（50.00%）”的内容较难查找。同时，认为“同义词之间的区别”“专业术语”“新词（网络词语）”难以查找的人数也不少。由于大部分学生

① 章宜华．基于用户认知视角的对外汉语词典释义研究［M］．北京：商务印书馆，2011：26－27.

需要参加 HSK 考试，而考试内容中涉及同义词辨析，这便提高了中、高级组留学生对同义词和反义词的关注度。

随着互联网技术的发展和自媒体的流行，许多新兴的网络用语也不断充实到现实语言生活中，受出版周期制约，这部分词语较难及时反映在纸质词典中，而电子词典则能更迅捷地及时更新词条。留学生在学习汉语、融入中国生活时，接触到的中国元素、中国朋友越来越多，线上线下不可避免会遇到许多纸质词典未能及时收录的新兴词语。这也是许多留学生选择使用电子词典的重要原因之一。

那么，留学生在使用汉语学习词典的过程中，是否需要老师来指导词典的选择和使用呢？对这个问题，我们调查的结果如表 5－7 所示。

表 5－7　是否需要老师指导词典的选择和使用

选项	初级组	中级组	高级组
有必要	36.96%（34 人）	27.55%（27 人）	66.67%（52 人）
没必要	25.00%（23 人）	39.80%（39 人）	11.54%（9 人）
无所谓	38.04%（35 人）	32.65%（32 人）	21.79%（17 人）

如表 5－7 所示，在是否需要老师指导选购和使用词典的问题上，认为"没必要"和"无所谓"的初级组留学生占 63.04%，中级组留学生占 72.45%，明显高于高级组留学生。虽然有部分初、中级组留学生认为老师有必要讲授如何选择和使用词典，但是都没有超过半数。高级组留学生中有 66.67% 的人认为老师有必要讲授如何选择和使用汉语学习词典。这表明，高级组留学生在掌握了一定词汇量的情况下，希望利用汉语学习词典进一步提高自己的词汇水平乃至汉语水平的愿望更强烈。

通过访谈我们也了解到，在目前的课堂教学当中，很少有教师向学生介绍如何选择和使用汉语学习词典。由于缺少教师的引导，许多留学生仅根据自己的需求在市面上或网络上搜寻各种各样且质量参差不齐的汉语学习词典。据笔者对部分词典软件的调查，网络上很多下载量非常高的汉语学习词典都是非正规出版社推出的软件，这些软件多是个人或公司根据市场需求所制，其准确性和权威性都难以得到保证。

（二）对目前所用词典的评价和意见

在关于最常用的汉语学习词典的调查中，除去 25 位没有使用过汉语学习词典的留学生（前文已述），只有 24 位留学生选择了纸质词典，其余

244 位都选择电子词典。因此，我们将使用两种不同类型词典的用户分开讨论。

1. 对纸质词典的评价

在经常使用纸质词典的 24 位留学生中，有 12 人使用问卷选项所列出的词典，而另外 12 人则使用调查问卷中未列出的其他纸质词典。在这 24 位词典用户中，选择问卷列出的词典情况是：1 人选择《现代汉语学习词典》，5 人选择《现代汉语词典》，6 人选择《HSK 汉语 8000 词词典》；另外使用未列入问卷的词典情况是：3 人使用《汉语图解词典》（泰语版、英语版），3 人使用《韩汉·汉韩词典》，6 人使用《新华字典》。[①] 因此，我们对以上 6 本词典[②]的基本信息做了梳理，如表 5－8 所示。

表 5－8　纸质词典基本信息

词典	版本	出版社	页数	开本	重量	定价
《现代汉语学习词典》	2010 年第 1 版	商务印书馆	1740 页	32 开	980g	75 元
《现代汉语词典》	2012 年第 6 版	商务印书馆	1790 页	32 开	1.3kg	95 元
《HSK 汉语 8000 词词典》	2000 年第 1 版	北京语言大学出版社	1709 页	32 开	1.6kg	98 元
《汉语图解词典》（英语版）	2009 年第 1 版	商务印书馆	349 页	16 开	762g	298 元
《新华字典》	2011 年第 11 版	商务印书馆	711 页	64 开	299g	24 元
《韩汉·汉韩词典》	2009 年第 1 版	外语教学与研究出版社	916 页	64 开	440g	49.9 元

由表 5－8 可见，留学生常用的汉语学习词典均为专业出版社出版，开本不一，重量多在 500 克以上，价位在 20～300 元不等。

留学生对所用纸质汉语学习词典的意见如表 5－9 所示。

① 《现代汉语词典》和《新华字典》是普通语文辞书，并非真正的汉语学习词典。由于留学生分不清其中的界限，本节就姑且把它们当作“汉语学习词典”而不做区分。

② 《新华字典》其实是字典，不是词典。本节暂用“词典”统称字典和词典。

表5－9　留学生对所用纸质词典的意见

您所使用的纸质汉语学习词典有什么不足的地方？（多选题）						
选项	《现代汉语学习词典》	《现代汉语词典》	《HSK汉语8000词词典》	《汉语图解词典》（英语版）	《新华字典》	《韩汉·汉韩词典》
词汇少	0	1	0	0	5	0
复杂难懂	1	1	0	0	0	0
不容易查找	1	5	3	0	5	0
例句少，不利于理解	1	1	0	2	3	2
同义词、反义词较少	1	1	5	1	4	2
没有文化含义注解，难理解	1	3	5	0	3	1
不便于携带	1	5	6	0	0	0
价格高	1	3	6	2	0	0
其他原因	0	0	0	0	0	0
您认为您所使用的纸质汉语学习词典最大的优点在于________？（单选题）						
选项	《现代汉语学习词典》	《现代汉语词典》	《HSK汉语8000词词典》	《汉语图解词典》（英语版）	《新华字典》	《韩汉·汉韩词典》
新词多	0	0	1	0	0	1
简明易懂	0	0	3	2	3	2
容易查找	0	0	0	1	0	1
例句多，便于理解	0	4	3	0	0	0
同义词、反义词较多	0	0	0	0	0	0
有文化含义注解	0	0	0	3	0	0
便于携带	0	0	0	3	6	3
其他	词汇多	专业	对考试有用	有图片、色彩鲜艳	容易翻看	

由表5－8和表5－9综合可见，《现代汉语词典》《HSK汉语8000词词典》的部分用户认为，它们不便于携带、价格高，而且文化注解较少、不便于查找；但其优点在于例句多、便于理解，而且词汇多，比较权威、专业，对考试有用。使用《汉语图解词典》（英语版）、《新华字典》和《韩汉·汉韩词典》的用户认为它们方便携带（重量均小于1千克）。

因此，纸质词典的优势在于质量和内容能够得到保证，让用户用得放心，但比起电子词典则不够轻便。在检索方式上，多采用拼音和部首查找法，对于汉语水平不高而且不知道如何使用部首检索法的留学生来说，使用起来确实有一定难度。个别词语的释义也不简明，例如《现代汉语学习词典》中对“爱莫能助”的解释是：“有心帮助，但是无能为力：……”①，“爱莫能助”本身就是一个成语，在解释的时候又出现“无能为力”这个成语，会使留学生产生困惑，不能通过词典的解释立即明白一个复杂词语的意思。

在访谈时，一位HSK四级的泰国女留学生表示，她常用《汉语图解词典（泰语版）》（吴月梅，2009）的原因在于，词典有生动的图片辅助释义，而且能够对应自己国家的语言，使她可以更快更好地理解一个词语的意思和其中的文化含义。虽然她也购买了《现代汉语词典》，但是由于太大、太重了，所以没有带到中国来。

鉴于上述，我们认为，汉语学习词典在释义时，可以参考较为成熟的外向型英语学习词典《朗文当代高级英语辞典》等限定释义词的做法，比如把释义词限定在3 000个左右；在词典不便携带、不便查找的问题上，可考虑开发官方词典软件或相应词典的电子版本。

2. 对电子词典的评价

在最常用词典的调查中，有244位留学生最常用的是电子词典。在调查问卷中，我们将电子词典细分为折叠式电子词典（如快译通）、手机软件词典和网页在线词典三种，供调查对象选择。具体使用情况如图5－6所示。

① 商务印书馆辞书研究中心．现代汉语学习词典［Z］．北京：商务印书馆，2010：5.

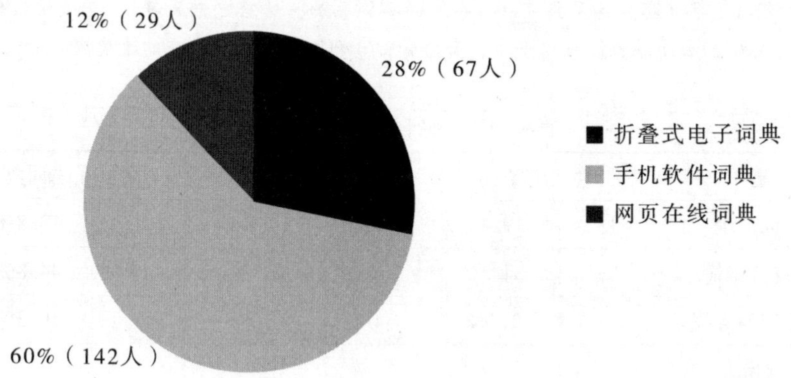

图5－6　电子词典的使用情况

注：此题为单选题，但有6位留学生选择了两项以上答案，因此这6人的这道题做无效处理。

由图5－6可见，使用手机软件词典的人数最多（142人），占60%；使用网页在线词典的人数最少（29人），仅占12%；使用折叠式电子词典的人数居中（67人），占28%。

具体使用评价和意见如表5－10和表5－11所示。

表5－10　现行电子词典的优点

选项	折叠式电子词典		手机软件词典		网页在线词典	
新词多	1	1.5%	2	1.4%	5	17.2%
简明易懂	59	88.1%	78	54.9%	1	3.4%
容易查找	65	97.0%	138	97.2%	8	27.6%
例句多，便于理解	34	50.7%	12	8.5%	12	41.4%
同义词、反义词较多	3	2.1%	1	0.7%	5	17.2%
有文化含义注解	11	16.4%	9	6.3%	13	44.8%
便于携带	45	67.2%	139	97.9%	17	58.6%
其他	23	34.3%	4	2.8%	1	3.4%

注：“其他”项包括：①折叠式电子词典：可以更新、有发音、可以手写（查

询)、可以复习（据采访是指可以将查过的生词添加，然后定期复习）；②手机软件词典：有更新、画面漂亮、可以手写、有语音；③网页在线词典：查询速度快。

表5－11　现行电子词典的不足

选项	折叠式电子词典		手机软件词典		网页在线词典	
词汇少	13	19.4%	21	14.8%	4	13.8%
复杂难懂	23	34.3%	5	3.5%	13	44.8%
不容易查找	1	1.5%	0	0.0%	3	10.3%
例句少，不利于理解	43	64.2%	34	23.9%	12	41.4%
同义词、反义词较少	56	83.6%	102	71.8%	22	75.9%
没有文化含义注解，难理解	24	35.8%	79	55.6%	11	37.9%
不便于携带	11	16.4%	0	0.0%	3	10.3%
价格高	58	86.6%	21	14.8%	0	0.0%
其他	11	16.4%	3	2.1%	2	6.9%

注："其他"项包括：①折叠式电子词典：用电太快、上网不方便、有错误、更新慢；②手机软件词典：解释太少、有错误；③网页在线词典：不方便、网络不好就用不了。

通过对留学生当前使用电子词典的意见调查可知，电子词典的优势主要在于容易查找、便于携带，不足在于例句少、没有文化含义注解、不利于理解等方面。与纸质词典相比，折叠式电子词典并没有在价格上占优势，但手机软件词典和网页在线词典的价格却占有优势，这也是手机软件词典使用用户最多的原因之一。同时，电子词典由于操作方便，可以不定期地进行互联网更新，而且在及时补充和不断修订等服务上方便快捷。比如当编纂者修改和更新完成一个新的词库和软件后可以在同一时间内推送给所有用户，速度快且效率高，这也是电子词典的优势之一。

综上所述，电子词典与纸质词典相比，优势如下：携带方便；查找方便，可以利用手写查找；更新和优化速度快；提供长期免费的手机词典软件更新服务。而纸质词典的优势在于：例句多；错误较少。电子词典和纸质词典的共同不足都在于提供的同义词与反义词的说明不足，因此在同义词的辨析和同义词量的扩充问题上，词典编纂者应予以重视。

同时也有留学生指出，电子词典存在部分错误而且解释太少，没有网络或没有电时就用不了等问题。通过对参与调查的部分留学生进行访谈了解到，虽然他们知道纸质词典更为权威、正规，也希望可以查阅纸质词典，但是由于查找起来太复杂，使用较为困难，所以只能作罢。

五、结语：问题与对策

本节通过问卷调查、访谈等方式分别从留学生选择汉语学习词典的偏好和原因、使用的态度和目的以及使用的需求和评价等方面，对暨南大学、华南师范大学、广东外语外贸大学、中山大学和深圳大学五所高校共293名汉语专业留学生的词典使用情况进行调查，初步掌握了当前来华留学生使用汉语学习词典的实际情况，并通过对调查结果的统计和对比分析，结合访谈情况得出以下结论并提出建议，供汉语学习词典研究者和编纂者参考。

第一，在对留学生选择汉语学习词典的偏好和原因的调查中，我们发现：

在词典选择的偏好方面，留学生倾向于使用电子词典。由于电子产品具有方便、快捷、更新速度快的优势，91%以上的留学生把电子词典作为日常学习和生活中最常用的词典。虽然随着汉语水平的提高，留学生涉猎各种词典的机会越来越多、使用汉语学习词典的能力也越来越强，但这并没有过多地改变他们选择使用电子词典的习惯。由此说明，虽然电子词典在专业、权威、质量等方面可能不如纸质词典，但快捷、便利、易查找、易使用是影响广大学习汉语的留学生选择电子词典的主要因素。

在词典选择的原因方面，留学生关注是否符合自己学习的需要和是否实用，对其他因素考虑较少，也较少受到老师、同学或其他因素的影响。所以有部分留学生并没有有意识地选择权威、专业的词典。

针对上述问题，我们认为可以从以下几个方面做出改进：

在词典使用方法上，词典编纂者可提供简洁易懂的使用说明（或图解说明）。

在词典输出形式上，参考电子词典方便、快捷、易查找、可发声的优势，建议出版纸质词典的同时制成电子词典和词典软件，以扩大使用范围。

此外，词典编纂者在编写优质词典的同时，可以协同对外汉语教师向学习汉语的留学生推荐权威的、具有科学指导性的汉语学习词典，并介绍使用方法。一方面有利于优质、权威的汉语学习词典的推广，另一方面有利于编纂者在词典被广泛使用的背景下收集更多的使用者实际使用情况，进一步促进词典编纂内容和形式的不断优化。与此同时，高校可以为有需要的留学生开设词典选购和使用指导课程。

第二，在对留学生使用汉语学习词典的态度和目的的调查中，我们发现：

在词典使用的态度方面，留学生都是积极的。调查结果显示，并没有用户认为词典的使用是无意义的，但也不是所有被调查者都会经常使用汉语学习词典。

在词典使用的目的方面，初、中、高级三组留学生都将汉语学习词典用于日常学习，特别是在“阅读”时使用较多，而较少用于日常生活和娱乐。初、中级组用户用于“输入型”学习，如听课、写作业、阅读较多，高级组用户则偏向于“输出型”使用，如写文章、翻译等。同时，大多数留学生都不约而同地使用词典查找词语的词义和读音。随着汉语水平的提高，留学生更希望通过词典查找相应字词的文化含义。

针对这些情况，我们建议，编纂词典时应更侧重对词义、读音等方面的优化，尽可能在有限的条件下，满足词典使用者在学习上所遇到的词形、读音、词义等多方面的知识需求以及听、说、读、写、译等多元化的使用需求，同时加强字词文化含义的解释。

第三，在对留学生使用汉语学习词典的需求和评价的调查中，我们发现：

在词典使用的需求方面，留学生普遍认为一个词的多种意思和词语的文化含义较为难查，同时中、高级组留学生认为汉语学习词典中同义词和反义词、同义词之间的区别也很难查找。首先，对于同义词的查找需求来源于大部分学生需要参加 HSK 考试，而考试内容涉及同义词辨析。其次，随着留学生汉语水平的提高，他们对于新兴词汇的查找需求也不断增加。虽然留学生都在不同程度上对词典选购和使用方法上存在疑惑，但认为需要老师指导的学生未超过半数，主要原因在于大部分留学生常用的是电子词典，在使用方法上不存在较大困扰；而且多数留学生认为查词典是自己的事情，不劳旁人操心。

在词典使用的评价方面，纸质词典用户认为纸质词典的优势在于例句多、错误较少，而且是正规出版社出版，专业性较强；不足在于价格过高、不便于携带、不便于查找。而电子词典用户认为电子词典的优势在于携带方便、查找便利、查找方式灵活，而且词库和服务的更新和优化速度快；但缺点在于折叠式电子词典价格高，个别手机软件词典的价格也偏高，而且电子词典错误偏多、内容不详细完整。

针对上述情况，我们建议：

在词典内容方面，一来可以扩充词典中一词多义和同义词辨析方面的内容；二来可以提供典型、容易理解的例证。同时在保证释义准确简明的前提下，尽量使用受控的基础词汇来解释较难的词语。

在词典形式方面，可以考虑在出版纸质词典的同时提供多种类型的电子版本。这样既能满足词典用户对于方便携带、及时更新的要求，也能给汉语学习者提供优质的词典查询和学习条件，使所编词典的价值最大化。

正如章宜华所说："词典是描述自然语言的，而自然语言是人类在长期的社会认知中创造出来的复杂符号系统，蕴含着人类所有的智慧和知识。"① 一部词典成功与否在于能否满足使用者的需求。汉语学习词典作为汉语言和汉文化传播的媒介、留学生获取汉语知识的有效工具之一，对其不断优化不仅能够更好地满足学习者的知识需求，激发学习者学习的兴趣和积极性，而且能够更好地传播汉语言和汉文化，进一步推动我国对外汉语教学和汉语国际推广事业的发展。

附　录

问卷调查

——留学生使用汉语学习词典情况

亲爱的同学：您好！以下这份问卷是为了了解留学生在学习汉语时使用汉语学习词典的情况而设计，以助于分析研究、进一步完善汉语学习词典的编纂。

问卷设计者在此向您保证，此调查问卷只用于问卷设计者的毕业论文及为相关研究提供佐证，不做其他任何不法用途，也不会透露被调查者的私人信息，请您放心并如实填写，谢谢！

1. 请问您是：[单选题]

○男性♂　　○女性♀

2. 您的母语是：[单选题]

○英语　　○韩语　　○意大利语　　○乌兹别克语　　○法语

① 章宜华．基于用户认知视角的对外汉语词典释义研究［M］．北京：商务印书馆，2011：前言1.

○德语　○土耳其语　○泰语　○俄语　○西班牙语
○葡萄牙语　○马来语　○阿拉伯语　○汉语　○蒙语
○日语　○其他：________
3. 请问您是否参加过 HSK 等级考试？[单选题]
○有　（○一级　○二级　○三级　○五级　○六级）
○没有　（○初级班　○中级班　○高级班）
4. 请问您在学习汉语的过程中是否使用过汉语学习词典？[单选题]
○ 有　○没有（为什么？○不方便 ○解释不清楚 ○不会用）
5. 您用过哪些汉语学习词典：[多选题]
○《现代汉语词典》　○《现代汉语学习词典》
○《商务馆学汉语词典》　○《当代汉语学习词典》
○《HSK 汉语 8000 词词典》　○ 只用过电子词典
○ 其他________
6. 请问您有没有听说过汉语学习词典？[单选题]
○知道、听说过（哪一本？________）　○ 不知道
7. 您学习汉语时最常用的是哪一本词典？[单选题]
○《现代汉语词典》　○《现代汉语学习词典》
○《商务馆学汉语词典》　○《当代汉语学习词典》
○《HSK 汉语 8000 词词典》　○电子词典（○折叠式电子词典
○手机词典软件　○网页在线词典）　○其他________
8. 您选择汉语学习词典的主要标准是？[单选题]
○实用　○能提供足够的知识　○具有学术价值　○有趣
○其他：________
9. 您购买汉语学习词典的主要原因是？[多选题]
○老师要求　○自己学习汉语需要　○写文章　○翻译
○将来备用　○语言研究　○看同学买了，所以我也买
10. 您经常使用吗？[单选题]
○经常使用　○ 偶尔使用　○几乎不用
11. 您觉得汉语学习词典在汉语学习过程中的作用如何？[单选题]
○非常重要　○重要　○一般　○不重要
12. 您通常利用汉语学习词典查找什么内容？[多选题]
○词语的类别　○词语的词义　○词语的读音（拼音）
○词语的文化含义　○词语的搭配　○字词的写法
○其他________

13. 在以下哪种情况，您使用汉语学习词典的频率（机会）最高（多）？［单选题］

○阅读　○写文章　○预习课文　○与人交谈

○上课听不懂时　○翻译　○视听（如看电影等）

○做作业和练习　○其他________

14. 在使用汉语学习词典的过程中，你认为最难查找的是？［多选题］

○一个词的多种意思　○同义词、反义词　○新词（网络词语）

○专业术语　○词语的搭配　○同义词之间的区别

○词语的文化含义　○词语的例句　○词语的褒贬含义

○其他________

15. 您认为需要老师教授如何选购和使用词典吗？［单选题］

○有必要　○没必要　○无所谓

16. 您认为您使用的汉语学习词典最大的优点是？［单选题］

○新词多　○同义词、反义词多　○容易查找

○例句多，便于理解　○ 简明易懂　○有文化含义注解

○便于携带　○其他________

17. 您所使用的汉语学习词典有什么不足的地方？［多选题］

○词汇少　○不容易查找　○例句少，不好理解

○同义词、反义词少　○没有文化含义注解，难理解

○ 不方便随身带　○ 价格高　○ 复杂难懂

○其他：________

感谢您在百忙之中抽出时间来回答我们的问题！谢谢您！祝您生活愉快、学习顺利！

第二节　第二语言学习者双语词典使用技能的实证研究[①]

一、国内外相关研究概述

国外词典学家对于词典使用技能的论述较为详细。Cowie 认为，词典

① 此节由安德源、刘伟乾撰写，曾以“第二语言学习者双语词典使用技能的实证研究——以华东师范大学对外汉语学院汉语本科专业留学生为例”为题发表于《民族教育研究》2012 年第 5 期。此处有改动。

使用技能是指“用户应该拥有，并通过习得而具备的有效检索和充分利用词典信息的各项技能”①。对使用技能的研究是词典用户研究的重要方面。

Hartmann 等人在《词典学词典》中指出，词典使用技能是指“词典用户查找到所检索信息的能力”②。目前对它的研究主要集中在词典用户教育，而在其他方面尚有许多空白。同时 Hartmann 对 Mitchell 等 15 人的研究结果进行分析后指出，词典使用技能的研究最理想的方法除问卷调查法之外，还应综合观察和实验等研究方法，这样得出的结果更能正确反映用户行为。③

Berwick、Horsfall、Wright、Nesi 等的研究表明，目前词典使用效率不高的根本原因是词典编纂的复杂性与词典使用者技能低下形成的矛盾，主张加强词典使用者词典使用技能的研究，提高词典使用效率。④

国内的研究成果主要集中在以下方面：

曹杰旺、罗思明指出词典使用技能教学是词典用户研究的一个重要领域，并从认知角度出发，着重围绕词典使用技能教学的性质、理据、用户的心理表征、教学内容等问题展开讨论。他们指出，词典使用技能教学的理论基础为哲学、心理学、语言学；词典使用技能教学的内容包括选择词典、确定查阅项、定位词条信息等六项内容。⑤

张锦文对我国学英语的学生不善于使用英语词典（包括单语词典和双语词典）的现象进行描述，并对导致这种现象的相关因素进行了探讨，指出语言基础不牢、阅读能力偏低、偏爱使用电子词典、使用英语词典解决英语学习问题的目标不明确以及任课教师自身能力的缺乏等因素是导致用户词典使用技能低下的主要原因。⑥

夏立新运用国外词典查询研究的成果，并结合英语教学词典的编纂惯例，论述了如何选择词典并尽快查找生词和词义，解读词典所提供的各种

---

① COWIE A P. English dictionaries for foreign learners：a history［M］. Oxford，Oxford University Press，2000.

② HARTMANN R R K，GREGORY J. Dictionary of lexicography［M］. London & New York：Routledge，1998.

③ 哈特曼. 词典学教学与研究［M］. 北京：外语教学与研究出版社，2005.

④ 转引自安德源. 新疆少数民族大学生汉语词典使用研究［M］. 乌鲁木齐：新疆教育出版社，2012：11.

⑤ 曹杰旺，罗思明. 词典使用技能教学的理据与内容［J］. 外语研究，2005（5）：51 – 53.

⑥ 张锦文. 用户、词典与词典使用技能——我国学生英语词典使用技能的问题与对策［J］. 广东外语外贸大学学报，2005，16（B11）：165 – 168.

信息，以帮助英语学习者更好地查阅和使用英语教学词典。①

梁玉玲、李蕾主要从词典用户技能、用户认知能力、认知水平、认知策略和心理表征方面，分析了学生在外语学习过程中词典使用效率低下、排斥疏离词典、忽略词典文本与词典用户的互动关系及词典使用不当等主要原因，并提出了解决问题的对策。②

罗思明、王军从实验结果出发，着重分析了词典用户技能的性质、相关研究、构成要素及词典使用过程中用户的心理表征，指出词典使用技能应包括词典用户在词典使用全过程中所涉及的心理预测（心理期待和词典认知等）、信息解码、信息加工和信息运用等综合能力，它可以通过教育手段获得。③

陈玉珍考察了学生使用的词典类型、查阅信息的类型、多义词的查阅策略、编码和解码活动中的查阅策略、不同类型词典的查阅策略以及查阅信息的记录等，并对高低年级学生的词典使用策略的显著性差异进行了分析。④

综上所述，尽管国内对于词典使用技能的研究已经展开，且取得了一定的成果，但也有一定的局限性，主要表现在以下两个方面：

一是此项研究多局限于高校英语专业或非英语专业大学生外语学习中使用外语词典或外汉双语词典方面，而对于在华留学生使用双语词典的技能研究成果相对较少。

二是国内对于词典使用技能的研究多从宏观上加以考虑，成果相对较多地集中在理论层面，部分研究者的理论研究仅建立在日常教学中的感性认识上，缺乏实证作为理论支撑，而如罗思明等通过实验、观察、内省等方法获得实验数据进行实证性分析从而得出研究结论的成果较为少见。

二、研究的理论依据与调查对象

（一）理论依据

词典使用实际上是词典编者和词典用户通过词典实施交际互动的行

---

① 夏立新．词典查询与英语教学词典的使用［J］．郑州航空工业管理学院学报（社会科学版），2006（1）：99－100，104.

② 梁玉玲，李蕾．外语学习中词典使用的策略与技能［J］．兵团教育学院学报，2005（1）：48－50.

③ 罗思明，王军．高级词典用户技能心理表征实验研究［J］．外语与外语教学，2003（5）：58－60.

④ 陈玉珍．词典使用策略与英语词汇水平的相关性研究［J］．辞书研究，2009（4）：64－74.

为，词典用户研究侧重从人类处理信息的方法这一角度来探究和解释使用词典时用户的认知心理过程。对词典使用技能的研究曾通过研究高级用户得出许多成果，受此启示，我们也试图通过比较高年级组学生与低年级组学生在双语词典使用行为上的差异探究第二语言学习者双语词典使用的技能。参照国外词典学者 Nesi 和 Winkler 的分类标准，我们将词典使用者的技能分为词典使用者的词典定位、信息定位、信息阅读以及信息提取与运用等几个部分。

（二）调查对象

本研究采用问卷调查法、观察法，同时辅以定量分析方法对华东师范大学对外汉语学院 76 名本科专业留学生进行调查，学生的专业或方向涉及商务汉语、国际商务中英双语、汉语言三个。按照专业学习时间的长短，并参照 HSK 成绩，我们将三年级以上留学生定为高年级组，一年级至二年级留学生定为低年级组，如表 5－12 所示。

表 5－12　留学生人数统计表

组别	高年级组			低年级组		
人数	43			33		
专业	商务汉语	国际商务中英双语	汉语言	商务汉语	国际商务中英双语	汉语言
人数	12	16	15	17	9	7

三、调查结果与讨论

（一）第二语言学习者词典使用技能中的词典定位

词典定位是指语言学习者在语言学习与交际过程中受语音或文字（如生字词的意义、写法、用法、搭配、语法信息、文化意义）等外部条件刺激，利用已具有的对词典的认知能力和对词典的态度，结合词典的类型、功能、性质、目的、收词量而决定利用何种词典解决问题的能力。词典定位又被称为“词典选择”。

在第二语言学习者双语词典使用的词典选择调查中，我们首先进行了较权威的双语词典类型的调查（见表 5－13）。结合留学生最常用词典的调查结果，综合分析后得出结论。

表 5-13　留学生知道的较权威的双语词典类型　　（单位：人）

选项	高年级组	低年级组	总计
双语电子词典	19（44.19%）	12（36.36%）	31（40.79%）
汉语+母语型纸质双语词典	6（13.95%）	9（20.93%）	15（19.74%）
母语+汉语型纸质双语词典	8（18.60%）	5（15.16%）	13（17.11%）
母语+汉语型双解词典	7（16.27%）	2（6.06%）	9（11.84%）
汉语+母语型双解词典	0（0.00%）	1（0.00%）	1（1.32%）
简明版双语词典	1（2.32%）	2（6.06%）	3（3.95%）
袖珍型双语词典	2（4.65%）	2（6.06%）	4（5.26%）
其他	0（0.00%）	0（0.00%）	0（0.00%）

由表 5-13 可知，留学生对电子词典的权威性接受程度最高（40.79%）。留学生在双语学习中借助该类词典解决问题的比例最高，说明在双语学习活动中以选择该类词典为主。对双语词典权威性认可程度较高的还有汉语+母语型纸质双语词典（19.74%），但存在较为明显的年级组差异，低年级组学生的选择比例高于高年级组学生(20.93% >13.95%)。

调查同时发现，高年级组学生过分依赖电子词典。访谈中有部分留学生反映电子词典的使用限制了查阅词典的次数，感觉翻看纸质词典时，可以浏览到很多其他的东西，无形中扩大了词汇量，而且可以在纸质词典上看到释义和相关的例句。虽然有的电子词典可以做到这样，但容量毕竟有限。至此可以推断，部分高年级组留学生对词典的定位认识模糊，在词典的选择上需要指导。

（二）第二语言学习者词典使用技能中的信息定位

词典的信息定位主要包括以下内容：查什么、决定所查对象的具体检索形式、词典信息结构及呈现方式、词典检索途径以及在特定词条中确定所需信息的具体位置等。词典使用者在语言交际过程中受语音或文字等外部条件刺激而产生心理冲动，做出是否查阅词典以及查阅什么内容的决定。受自身语言基础、知识综合运用能力、学习方法与策略不同的影响，高年级组学生与低年级组学生在信息定位方面存在差异，如表 5-14 所示。

表 5-14　在遇到较生僻的双语词语需要查双语词典时的做法（单位：人）

选项	高年级组	低年级组	总计
比较重视第一个对应词的意思	19（44.19%）	12（36.36%）	31（40.79%）
挨个将每个对应词的意思认真看完，再做出选择	10（23.26%）	8（24.24%）	18（23.64%）
挨个查找对应词，一查到认为合适的就停止	7（16.27%）	2（6.06%）	9（11.84%）
词义太多，不知道怎么查找	1（2.32%）	2（6.06%）	3（3.95%）
先分析生词，确定词类，然后根据上下文确定词义	6（13.95%）	9（20.93%）	15（19.74%）
其他	1（2.32%）	2（6.06%）	3（3.95%）

结果显示，留学生在查阅词典时，“比较重视第一个对应词的意思”和“挨个将每个对应词的意思认真看完，再做出选择”这两项最多，分别为40.79%和23.64%。还有3.95%的人认为词义太多，不知道怎么查找。

经过分析我们认为：

第一，留学生在语言学习或交际中遇到困难需要借助词典时，对词典的定位表现出较高的一致性，在词典信息的定位中会遵循一定的检索路径。他们会逐项浏览词典所提供的信息，并借助语言、百科、逻辑等认知能力对词典信息进行分析、归纳和总结，将外在的信息内在化；然后将所得信息与现实需要相对照，看是否符合现实需要，再做出选择。各种技能在词典使用中呈现一定的系统性。

第二，留学生具有较强的词典显性信息获取能力。对词典所列义项的整体把握无论高、低年级组学生都缺乏词典信息定位的全局能力，主要表现为不少留学生找到自己认为所需的信息后，就不愿再继续查找，从而导致信息残缺。

第三，留学生在词典检索途径与特定词条下确定所需信息具体位置的方法上表现出一定的相似性，均较为重视词典所列信息义项的首条。这反映出他们对词典检索与定位经验的积累，因为不少词典往往将经过词频统计与分析后的最重要、最常用的义项放在首位，但忽视了词语释义与上下文、特定语境、语域、语用的重要关系，可能造成词典信息定位的不准确；而且也不是所有词典都把最重要、最常用的义项放在首位。

第四，与罗思明等人的研究①结果不同，高年级组与低年级组学生在词典使用中都有固定的技能，这些技能都呈现出阶段性与系统性。分别有13.95%的高年级组学生与20.93%的低年级组学生懂得查阅前先分析生词，确定词类，然后根据上下文确定词义。高年级组与低年级组在正确运用技能方面差别不大。

第五，虽然低年级组学生从数据统计中显现出已经具备了一定的词典使用技能，但在随堂听课的观察中发现，低年级组学生的词典查阅准确率、查阅速度偏低，对全面了解词语释义完整性的重视程度不够，在决定所查对象的具体检索形式上模糊不清，在将查阅词典所得信息与交际需要相对照的能力方面尚显不足。

（三）第二语言学习者词典使用技能中的信息阅读

词典使用技能中的信息阅读包括阅读词形信息（如双语词典中汉字的字形等），语音信息（如双语词典中的字词的读音标注），语法信息（如词性、句法功能等），语义信息（如字词的释义、词语的文化信息等），例证（例证的类型、功能、语境搭配等），语体信息（如正式与非正式、书面语与口语）等内容。

在词典使用目的的调查中我们发现，虽然无论高年级组还是低年级组学生都将查阅词义视为词典使用的主要目的，但对词典其他信息的把握、阅读与检索表现出较大的差异，如表5－15所示。

表5－15　除词义外，留学生对词典其他信息的关注　　（单位：人）

选项	高年级组	低年级组	总计
词类	5（11.63%）	3（9.09%）	8（10.53%）
字词的写法	1（2.33%）	4（12.12%）	5（6.58%）
词语的读音	3（6.98%）	6（18.18%）	9（11.84%）
词语的搭配	4（9.30%）	2（6.06%）	6（7.90%）
词语的例句、用法、相关的词义	19（44.19%）	14（42.42%）	33（43.42%）

① 罗思明，王军．高级词典用户技能心理表征实验研究［J］．外语与外语教学，2003（5）：58－60.

(续上表)

选项	高年级组	低年级组	总计
词语的文化意义	6 (13.95%)	1 (3.03%)	7 (9.21%)
词义的褒贬色彩及其所适用的范围(书面语/口语)	2 (4.65%)	1 (3.03%)	3 (3.95%)
语法信息	3 (6.98%)	1 (3.03%)	4 (5.26%)
其他	1 (2.33%)	1 (3.03%)	2 (2.63%)

留学生双语词典查询中除词义外，对词典信息的阅读关注程度依次是：词语的例句、用法、相关的词义（43.42%），词语的读音（11.84%），词类（10.53%），词语的文化意义（9.21%），词语的搭配（7.90%）等。对字词的写法、词义的褒贬色彩及其所适用的范围等关注程度较低。调查还发现，高年级组与低年级组学生在词典信息的阅读中存在较为明显的差异：高年级组学生阅读词典信息主要集中在词语的例句、用法、相关的词义（44.19%），词语的文化意义（13.95%），词类（11.63%），词语的搭配（9.30%）等方面，其中对词语的文化意义的关注程度明显高于低年级组（13.95% >3.03%）；低年级组学生除词义外将词典信息的阅读重点放在查阅词语的读音、字词的写法等方面，这两方面的需求都明显高于高年级组学生，分别为 18.18% >6.98%、12.12% >2.33%，而对词语的文化含义、词典中的语法信息关注度较低。

综合数据分析得出：

第一，词典信息的阅读是建立在词典定位的基础之上，词典使用者通过对词典信息结构、词典信息呈现方式把握的敏感程度以及对词典所提供的显性（词义、词性等）或隐性（如语用、语体等）信息的了解程度阅读词典所提供的内容，解决语言学习问题。

第二，词典查阅中信息的阅读是将外在信息内在化的过程。受自身语言基础、知识综合运用能力、学习方法与策略等不同的影响，高、低年级组学生在词典信息阅读的侧重点上存在差异。

第三，词典中的语法信息、词语的文化信息等属于词典的隐性信息，主要存在于词语的注释、例证、标注以及专项说明中。受第二语言掌握程度、学习时间、词典使用技能、语言认知能力、词典使用的熟练程度等的综合影响，高年级组学生在词典信息的阅读过程中对隐性信息的关注度高于低年级组学生。

第四，第二语言学习者词典使用技能中的信息阅读途径存在较大差异。对于双语水平相对较高的高年级组学生来说，词典释义中的词语与心理词库中的词语匹配程度高于低年级组学生。查阅双语词典获取单词意义主要采用由词形直接到词义的匹配型，即以字词形式为基础即可直接完成单词识别获取词义，语音代码在获得词义之后才被激活。而低年级组学生受自身语言基础等的制约，编码速度较慢，需要激活语音才能获得词义，查阅双语词典获取单词意义主要采用由词形激活语音代码再获取词义的再次编码型。低年级组学生在阅读词典信息时对语音信息的重视程度大大高于高年级组学生。

（四）第二语言学习者词典使用技能中的信息提取与运用

词典使用者查阅信息，需要借助语言认知、百科认知、逻辑认知等多种能力对词典信息进行分析、归纳和总结，将所得信息与现实需要相对照，看是否符合需要。这实际上就是信息的提取与运用过程。如果提取的信息与查阅目的相符，则在大脑中建立新的图式或补充原有图式，从而最终完成查阅任务；如果信息不相符合，则证明查阅失败或不够理想，用户将找出原因，在运用上述能力的基础上，进行新一轮或重复部分查阅活动。

词典使用技能中的信息提取与运用包括的内容主要有：找出相关信息，浏览信息（阅读所有信息，看能否找到需要的信息），提取所需信息（利用逻辑思维能力，对相关信息进行推导、归纳，找出所查词条中所有相关的显性与隐性信息），检查所提取信息与现实需求是否相符，正确运用所提取信息，建立新的信息图式或补充原信息图式，等等。

在前期关于词典使用目的的调查中发现，留学生主要利用词典查找词义，高、低年级组学生在词典信息的阅读途径上存在较大差别。建立在词典定位、词典信息阅读基础上的词典信息提取与运用能力，高、低年级组是否存在差异呢？对此，我们特选取该校对外汉语学院商务汉语专业及汉语言方向部分留学生进行了实验，对实验过程予以监测，通过分析实验结果然后得出结论。

第一，实验所用的词典：电子版双语词典。

第二，实验方法：选取三段阅读材料，每段材料中都有划定的词语要求学生在规定的时间内查阅词典写出释义。

第三，阅读材料的选定：分别选取商务类、生活类、汉民族文化类阅读材料各一篇，字数平均在 300 字左右，从中划定 30 个词，其中丙级词

37%，惯用语、成语17%，多义词22%（其中，文中语境义为词典释义的第一义项27%，非词典释义的第一义项73%），包含语法信息的词9%，包含文化信息的词6%，其他9%。为配合实验，对原文做了适当改动。实验结果如表5－16所示。

表5－16　词典信息提取与运用调查表

选项	高年级组	低年级组	总计
成语、惯用语正确率	93.54%	91.67%	92.54%
语法信息正确率	87.10%	69.44%	77.61%
文化信息正确率	64.52%	38.89%	50.75%
多义词义项正确率	83.86%	75%	79.10%
多义词中词典释义的第一义项选择率	9.68%	38.89%	45.95%
空白未回答题目数	7	13	20

统计结果显示，留学生对词典中成语、惯用语等词语信息的提取准确率较高（92.54%），而对于词典中的语法信息、词语的文化信息提取与运用的能力相对较低。而且高年级组与低年级组学生词语信息的提取与运用能力存在较为明显的差异，高年级组对语法信息、文化信息、多义词义项提取与运用的正确率均高于低年级组。

调查同时发现，低年级组学生较为重视多义词的首条义项的信息，选择率普遍高于高年级组（38.89%＞9.68%），而对多义词语境信息的提取与运用能力弱于高年级组学生。高、低年级组学生在多义词义项信息的提取与运用的正确率与第一义项的选择率上恰好成反比，反映出高、低年级组学生对词典信息的阅读与提取方式上存在差异。

由实验结果可知，留学生在词典信息的提取与运用上表现出一定的特点，对词典显性信息的提取与运用能力强于隐性信息。其中高年级组学生对词典中词语的文化、语境等隐性信息的敏感度高于低年级组学生。这与高年级组学生语言综合运用能力较强、对词典的整体把握程度较高、词典查阅经验较为丰富有关。

由实验结果还可看出，高年级组学生对语法信息的把握强于低年级组学生，也证明高年级组学生提取与运用词典信息的能力高于低年级组学生。因为查找词语中的语法信息的作用在于将各单词意义在遵循一定规则的前提下组合起来，从而获得一个命题，再根据从词典中获得的语法信息对单词排列顺序等进行分析。而单独的词汇分析或词义获取都不能真正地习得单词意义。只有将综合和分析两个过程互为补充，才能比较全面而准确地理解字词意义。高年级组学生在查阅释义时，首先通过调用心理词汇来匹配释义中出现的单词，获得多个可能的不同词义和词性，然后通过捕捉词语的语法信息并结合单词在特定的上下文（如例证或释义语句）中所处的位置，从众多的词义或词性中挑选适当的词义，从而达到理解释义、掌握词义的目的。同时高年级组学生懂得如何利用存在于长期记忆中的语义网络来构建某一词条内部的具体语义关系，以此做到全方位理解并灵活运用该单词。